Racismo e antissemitismo

Leo Spitzer

Racismo e antissemitismo

As trajetórias de Stefan Zweig, André Rebouças
e Joseph May

Tradução:
Vera Ribeiro

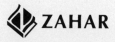

Copyright © 1989 by Cambridge University Press

Grafia atualizada segundo o Acordo Ortográfico da Língua Portuguesa de 1990, que entrou em vigor no Brasil em 2009.

Título original
Lives in Between: The Experience of Marginality in a Century of Emancipation

"Nota a esta edição" traduzida por Daniel Turela Rodrigues

Indicação editorial
Márcia Lima

Capa
Bloco Gráfico

Preparação
Leny Cordeiro

Índice remissivo
Gabriella Russano

Revisão
Angela das Neves
Natália Mori

Dados Internacionais de Catalogação na Publicação (CIP)
(Câmara Brasileira do Livro, SP, Brasil)

Spitzer, Leo
  Racismo e antissemitismo : As trajetórias de Stefan Zweig, André Rebouças e Joseph May / Leo Spitzer ; tradução Vera Ribeiro. — 1ª ed. — Rio de Janeiro : Zahar, 2023.

  Título original : Lives in Between: The Experience of Marginality in a Century of Emancipation.
  Bibliografia.
  ISBN 978-65-5979-120-0

  1. Antissemitismo 2. Exclusão social 3. Marginalidade social 4. Racismo 5. Relações étnicas 6. Relações socias. I. Título.

23-162109 CDD-305.4209

Índice para catálogo sistemático:
1. Racismo : Relações sociais 305.4209

Eliane de Freitas Leite — Bibliotecária — CRB-8/8415

Todos os direitos desta edição reservados à
EDITORA SCHWARCZ S.A.
Praça Floriano, 19, sala 3001 — Cinelândia
20031-050 — Rio de Janeiro — RJ
Telefone: (21) 3993-7510
www.companhiadasletras.com.br
www.blogdacompanhia.com.br
facebook.com/editorazahar
instagram.com/editorazahar
twitter.com/editorazahar

Para Rose e Marianne

Sumário

Nota a esta edição 9
Lista de ilustrações 11

Introdução 13

PARTE I **A entrada, 1780-1870**

1. A jornada para cima, a jornada para o mundo externo: A assimilação no século da emancipação 37

2. Erguendo-se da escravidão: A história dos May 71

3. A entrada na burguesia: A história dos Zweig e dos Brettauer 126

4. A entrada no mundo branco: A história dos Rebouças 166

PARTE II **O embaraço da marginalização, 1870-1945**

5. Situação de marginalidade, psicologia individual e ideologia 207

6. "Não pertenço a lugar algum, em toda parte sou estrangeiro": As tribulações de André Rebouças, Cornelius May e Stefan Zweig 221

7. A via de saída: Do "Deus selvagem" à "violência sagrada" 274

Agradecimentos 313
Notas 319
Referências bibliográficas 369
Índice remissivo 389

Nota a esta edição

Este livro investiga, por meio de uma abordagem histórica transcultural, três histórias humanas tão diferentes quanto incrivelmente similares. Tomando como objeto de estudo diversas gerações de famílias que foram produtos de dois ou mais mundos sociais — uma família crioula da África Ocidental, uma afro-brasileira e outra austro-judaica —, a obra examina a trajetória assimilacionista de indivíduos, outrora subordinados, no mundo dos dominadores ao longo do século XIX e da primeira metade do século XX.

Mas este trabalho é também um estudo da "situação de marginalidade" em que os indivíduos assimilados muitas vezes se encontram, em virtude de barreiras erigidas a fim de impedir sua integração social e negar sua cota de privilégios e poderes dominantes. Examinam-se as conexões entre a consciência individual dessa situação e as diferentes respostas à exclusão e à subordinação — as quais vão da colaboração à revolta, da adaptação ao exílio, da resignação à passabilidade e ao suicídio. Por fim, através da análise da correlação entre as ações individuais e a percepção do eu e da realidade social, o livro busca elucidar a complexidade da relação entre história de vida e momento histórico.

Quando concebi *Vidas de entremeio*, dei ênfase à metodologia comparativa histórica e transcultural da obra — meus esforços, ao longo do tempo, para investigar sistematicamente as semelhanças e as diferenças entre as histórias e as experiências das famílias sobre as quais eu resolvera escrever. Todavia, nos anos transcorridos desde sua primeira edição em inglês, tornei-me muito mais consciente das possíveis armadilhas relativizantes contidas nas abordagens comparativas e passei a privilegiar um enfoque na "conexão" e nas "histórias conectivas" — na possibilidade de considerar e aceitar as histórias divergentes *ao lado* umas das outras e *em conexão* umas com as outras. Tal *leitura conectiva* deste livro pelo público brasileiro neste momento político, social e ambientalmente crítico do século XXI torna-se possível graças a esta nova edição da Zahar. Fico muito feliz com a oportunidade e imensamente grato aos editores.

Lista de ilustrações

p. 101 A aldeia de Regent, em Serra Leoa.
p. 123 O reverendo Joseph May em 1887.
p. 133 Moses Josef Petrowitz Zweig.
p. 135 A Gideon Brechergasse, no *Judenstadt* de Prossnitz.
p. 146 Josefine Landauer Brettauer.
p. 147 Samuel Brettauer.
p. 151 Hermann Zweig.
p. 152 Nanette Wolf Zweig.
p. 157 Moritz e Ida Zweig.
p. 186 Antônio Pereira Rebouças em 1838.
p. 191 Rua Direita, Rio de Janeiro, na década de 1830.
p. 194 Antônio Pereira Rebouças no fim da década de 1860.
p. 225 Cornelius May na década de 1890.
p. 227 André Rebouças, provavelmente no início da década de 1880.
p. 229 Stefan Zweig em 1912.
p. 235 André Rebouças em 1861.
p. 245 O reverendo Joseph Claudius May com outros professores.
p. 247 O discurso dos maçons de Freetown em 1910.
p. 255 Cornelius e Claribel Agnes May cumprimentando o príncipe de Gales em 1925.
p. 258 Stefan e Alfred Zweig na virada do século.
p. 259 Stefan Zweig, em 1915, nos Arquivos de Guerra de Viena, na companhia de alguns colegas.
p. 267 Stefan Zweig e sua segunda mulher, Lotte Altmann.
p. 269 Stefan Zweig no Rio de Janeiro, *c.* final de 1940.

Mapas genealógicos

p. 129 Quatro gerações da família Zweig.
p. 143 Quatro gerações da família Brettauer.

Introdução

> Um dia destes, dois comerciantes judeus, sócios em uma empresa têxtil, resolveram mudar de sobrenome. Há que compreendê-los — eles se chamavam Zoberman e Moscovi! E essa combinação não ficava nada bem no letreiro acima da porta!...
> Depois de muito pensar, Zoberman decidiu adotar o nome de Smith. Isso mesmo, Smith! O que poderia haver de mais discreto?
> Por sua vez, Moscovi fez uma longa reflexão e teve uma inspiração igualmente esplêndida: também se chamaria Smith!
> "Smith e Smith"! Que feliz coincidência! Quem poderia ser mais aceitável socialmente?
> Mas vejam como isso funcionou no desenrolar da rotina cotidiana: um cliente telefonava:
> — Alô! Posso falar com o sr. Smith, por favor?
> — Smith? Pois não... Mas com qual deles quer falar? Zoberman ou Moscovi?
>
> ALBERT MEMMI, *The Liberation of the Jew*

> Vergonha. Vergonha e desprezo por mim mesmo. Náusea. Quando as pessoas gostam de mim, dizem que é apesar de minha cor. Quando não gostam, esclarecem que não é por causa de minha cor. De um modo ou de outro, fico encerrado nesse círculo infernal [...]. Acredite, [estou] cercado: nenhuma exceção se abre por meus modos refinados ou por meu conhecimento de literatura ou por minha compreensão da teoria quântica.
>
> FRANTZ FANON, *Pele negra, máscaras brancas*

Este livro é um estudo comparado do processo e da experiência de assimilação e mobilidade dentro da sociedade de classes. Empregando uma abordagem biográfica transcultural, concentra-se nos membros de várias gerações de famílias que foram produtos de dois ou mais mundos sociais: a família Rebouças, afro-brasileira; os May, uma família crioula de Serra Leoa, na África Ocidental; e a família austro-judaica Zweig-Brettauer. O livro examina a trajetória assimilacionista de indivíduos antes subordinados para o mundo dos dominadores — uma trajetória ao mesmo tempo motivada pelos próprios sujeitos e oficialmente incentivada. Compara experiências históricas a longo prazo que até hoje não tinham sido objeto de um exame comparativo rigoroso: a ascensão social de negros, pardos e judeus que "se ergueram da escravidão" e "saíram do gueto" para ingressar na sociedade burguesa, durante o período iniciado aproximadamente na época da Revolução Francesa e que se tornou conhecida como "século da emancipação". E se esforça por entender de que modo os indivíduos em processo de assimilação viam a si mesmos na vida privada e apresentavam uma imagem pública: a maneira como se identificavam e se orientavam ao longo do tempo.

Este trabalho também explora o "embaraço da marginalização" — aquela situação limítrofe, "entre dois mundos", na qual os indivíduos em processo de assimilação frequentemente se descobrem, em consequência das "barreiras" erguidas para impedir sua integração social no mundo dos dominadores e também para barrar sua participação nos privilégios e no poder do grupo dominante. O livro estuda as ligações entre a consciência individual dessas tribulações e a multiplicidade de respostas individuais à exclusão e à subordinação — respostas que vão do colaboracionismo à revolta, da adaptação ao exílio, da resignação à assunção de uma falsa identidade e ao suicídio.

Num determinado nível, ao vasculhar a ligação entre os atos individuais e as percepções que o indivíduo tem de si mesmo e da realidade social, o livro procura esclarecer a complexidade de uma relação que Erik Erikson identificou, sucintamente, como sendo a que existe entre "a biografia pessoal e o momento histórico".[1] Num nível mais amplo, ao analisar as noções de identidade individual e a multiplicidade de respostas individuais em um contexto comparativo — transculturalmente, ao longo do tempo e do espaço —, procura aprimorar nossa compreensão teórica do conceito e da função da marginalidade nos séculos XIX e XX e extrair algumas conclusões gerais sobre a formação da identidade nas sociedades coloniais e nas sociedades capitalistas emergentes, em contextos de subordinação e dominação.

NUMA APRECIAÇÃO INICIAL, não parece existir qualquer vínculo comparativo evidente entre os contextos geográficos e culturais díspares que compõem o foco de investigação deste volume, tampouco entre as três famílias em que ele se concentra. Todos parecem estar a mundos de distância uns dos outros, tão estranhos entre si e para nós, nos dias atuais, que parecem excluir qualquer denominador comum. Os May, de Serra Leoa, eram africanos negros, cujo membro fundador varão, Ifacaié, nasceu entre os iorubas em 1817, foi capturado e vendido como escravo no período das guerras civis que levaram à desintegração do Antigo Império Oió, no que é hoje a Nigéria ocidental, e libertado em Freetown, depois que uma patrulha britânica do Esquadrão Antiescravagista interceptou o navio em que ele e mais de trezentos outros escravos eram levados para o trabalho forçado no Brasil. A família brasileira Rebouças compunha-se, no início do século XIX, de pessoas de ascendência racial mestiça: pardos cujos antepassados setecentistas da Bahia haviam incluído nativos de Portugal e escravos africanos. Os Zweig e os Brettauer eram judeus cujas raízes se encontravam nos guetos da Morávia, da Boêmia e em Vorarlberg, na Europa Central.

Além disso, durante o século e meio coberto pelo presente estudo, essas três famílias estiveram afastadas umas das outras, separadas por distâncias culturais e geográficas consideráveis e morando em lugares de características políticas e sociais fundamentalmente distintas, além de terem antecedentes históricos dessemelhantes. Serra Leoa, onde Ifacaié (depois rebatizado como Joseph Boston May por missionários britânicos) se casou com Ann Wilberforce e onde, juntos, criaram seus nove filhos, era uma colônia da Coroa britânica desde 1808. Essa colônia surgira no fim do século XVIII, como um povoado de africanos e pessoas de ascendência africana provenientes da Europa e das Américas, depois de libertadas da escravidão. Ao longo de todo o século XIX, foi um local de cultura e etnia diversificadas, periodicamente sacudido por tensões entre os colonos negros protegidos pelos britânicos e seus descendentes nascidos ali, entre seus mentores e senhores coloniais europeus e os povos africanos nativos das áreas vizinhas. A colônia se manteve quase homogênea em termos raciais, já que muitos de seus dirigentes brancos morreram de doenças tropicais e poucos europeus se arriscavam a residir por muito tempo no que se temia ser o "túmulo do homem branco".²

O Brasil, em contraste, desde o século XVI até meados do século XIX havia importado milhões de africanos como escravos, para trabalhar nas plantações de cana-de-açúcar, tabaco e café, assim como nas minas. Sua população de ascendência europeia também havia crescido e continuava a crescer — por intermédio do aumento natural e de um fluxo constante de novos imigrantes, vindos predominantemente de Portugal, mas também de outras áreas da Europa Meridional. Desde cedo, tornara-se uma sociedade multirracial, com uma vasta miscigenação de negros, brancos e ameríndios. Tornou-se independente de Portugal em 1822, quando Antônio Pereira Rebouças, filho dos fundadores brasileiros da família, estava com vinte e poucos anos. Embora alforrias individuais e grupais de escravos fossem concedidas com frequência cada vez maior ao longo do século XIX, o país continuou escravocrata até 1888, dominado pelos interesses e ideias de uma poderosa aristocracia rural.

O sistema colonial de Serra Leoa e a "plantocracia" do Brasil diferiam imensamente dos domínios centro-europeus dos Habsburgo, onde viviam as famílias judias Zweig e Brettauer. A diferenciação racial baseada na cor não desempenhava papel significativo nessas "terras dos Habsburgo", mas sua diversidade étnica e cultural tornou-se objeto de um debate emocional crescente e causa de tensões políticas durante todo o século XIX. Além disso, por volta de 1850 iniciou-se um aumento considerável do número de imigrantes que iam para a Baixa Áustria, particularmente para Viena, provenientes dos países componentes do Império dos Habsburgo e de seus vizinhos mais próximos. Os imigrantes incluíam judeus recém-emancipados de comunidades (*shtetlekh*) e guetos do império, entre eles os Zweig e os Brettauer, atraídos pelo cosmopolitismo e pela sofisticação emergentes de Viena. Incluíam também muitos judeus da Europa Oriental que fugiam da opressão. Embora os judeus fossem oficialmente reconhecidos na Áustria como minoria religiosa tolerada desde as reformas iniciadas no fim do século XVIII pelo imperador José II, as dimensões crescentes desse grupo "estrangeiro" estimularam o surgimento de novas formas de antissemitismo e deram um novo alento ao espectro da *Überschwemmung* (inundação) judaica.[3]

Todavia, a despeito das evidentes diferenças societárias, culturais e físicas entre as famílias May, Rebouças e Zweig-Brettauer, todas tinham em comum importantes experiências e características, como herdeiras de um longo contato histórico entre povos de poder desigual. No caso dos May e dos Rebouças, esse contato resultou das circunstâncias da expansão imperial europeia e da escravização de africanos a serviço dos americanos; no caso dos Zweig e dos Brettauer, resultou da relação entre uma maioria dominante cristã e uma minoria subordinada judaica.

Em meados do século XIX, membros de todas essas famílias haviam se engajado no processo de assimilação: trilhavam um caminho que lhes fora aberto e parcialmente franqueado pelos primórdios da modernização comercial e industrial e pelas mudanças jurídicas, sociais e econômicas associadas à emancipação dos escravos, das minorias e de vários outros grupos subordinados. Em tais condições, esses indivíduos estavam pessoalmente implicados num processo de mudança social que ocorria ao mesmo tempo em diversas escalas, do plano da família ao da economia política global. Para eles, como para muitos outros, esse processo parecia oferecer uma possibilidade de inserção e identificação com uma ordem social baseada em classes. Os valores e os padrões culturais dessa ordem eram definidos e estabelecidos, em grande parte, pelo grupo mais atuante e mais poderoso, em termos econômicos, do mundo que se industrializava: a burguesia.

O grau em que os membros dessas famílias conseguiam se identificar com a sociedade dominante, e obter acesso a suas instituições, diferia de pessoa para pessoa e de uma situação para outra. Com certeza, nem a realidade da emancipação nem a disposição para a assimilação garantiram aos May, aos Rebouças ou aos Zweig e Brettauer uma integração sem obstáculos na cultura dominante. Seu caminho para uma inserção completa era com frequência bloqueado por barreiras baseadas na "alteridade" racial, religiosa, étnica ou sexual dos aspirantes à assimilação. Essas barreiras manifestavam-se de múltiplas maneiras, com intensidade variável, e eram percebidas de maneiras igualmente diversas pelas pessoas contra as quais eram erguidas.

Elas pareciam menos portentosas quando se expressavam sob a forma do preconceito — com sutileza, por meio de pilhérias ou de algum tipo de altivez social que impedia a intimidade, ou com arrogância, por intermédio do insulto e das agressões mesquinhas. Pareciam mais obstrutivas quando se expressavam sob a forma de uma discriminação jurídica ou extrajudicial institucionalizada, que impedia a participação em esferas da atividade social, econômica ou política. E atingiam seu grau máximo de destrutividade quando assumiam a forma de uma perseguição franca, tolerada pelo Estado.

Em todos esses casos, entretanto, as reações a tais barreiras variavam — amiúde em grau significativo — *no nível do indivíduo*. Por essa razão, um dos objetivos aqui é investigar a natureza dessas barreiras e as maneiras pelas quais eram encontradas e percebidas, assim como examinar e analisar a gama de respostas que geraram.

O FATO DE UMA SITUAÇÃO e um momento históricos específicos poderem ser diversamente percebidos por indivíduos que participam do mesmo universo situacional — de, como certa vez explicou Jacques Barzun, "nem todos os indivíduos e grupos enxergarem as mesmas realidades, e de extraírem daquelas que enxergam esperanças e medos que não são os mesmos" — é a justificativa primordial para a abordagem biográfica comparada que emprego neste livro.[4] Defendo a ideia de que, ao nos debruçarmos sobre a história da vida dos indivíduos e nos empenharmos no esforço de uma aproximação e um entendimento do sentido das situações e acontecimentos tal como esses indivíduos os perceberam ao longo do tempo, podemos descobrir o que Martin Duberman denominou de "o emaranhado de esforços individuais que subjaz ao comportamento — o sistema de motivações que se acha na origem da ação".[5] Essa descoberta, incorporada como um componente vital na estrutura global da interpretação histórica, permite-nos, então, aprimorar as explicações da gênese da ação e da reação baseadas em fatores como a ideologia, os interesses econômicos, os princípios políticos ou a consciência de classe. Nós nos tornamos aptos a adquirir um discernimento mais profundo do fio que liga o indivíduo e a coletividade.

Introdução

Naturalmente, uma história que atribui toda essa importância à experiência *qualitativa* da vida de cada indivíduo é passível de críticas. Os defensores de uma orientação analítica mais positivista, baseada na mensuração conjunta e "estatisticamente significativa" da experiência coletiva, poderiam questionar a representatividade dos indivíduos e famílias escolhidos para exposição neste livro. Afinal, meu método parece pautar-se num material retrospectivo incompleto ou, talvez, inexato — em dados "introspectivos" e "subjetivos", ao invés de "quantitativos" e "objetivos". E os críticos também poderiam questionar minha generalização a partir do particular. A perspectiva biográfica, com sua concentração na compreensão profunda da experiência e da mente individuais ao longo do tempo, parece estar intrinsecamente ligada a uma concepção singular, se não atomística, do social — a peculiaridades individuais que impossibilitariam as generalizações e a "verificação das teorias causais gerais". Nos termos em que W. M. Runyan expressou essa postura, "se não é possível fazer generalizações a partir dos [...] estudos das biografias individuais, de que adianta conduzi-los?".[6]

Há dois pressupostos no cerne desse tipo de crítica. O primeiro, de natureza metodológica, privilegia a análise no nível grupal como sendo a mais apropriada para a investigação científica social e sustenta que as generalizações derivadas do estudo da experiência coletiva irão efetivamente "esclarecer [...] as facetas das biografias individuais" e "explicar e prever, adequadamente, o comportamento [tanto] no nível grupal [quanto] no individual".[7] O segundo, de caráter atitudinal, subscreve uma concepção científica da objetividade, na qual a melhor maneira de demonstrar o esforço do historiador para manter uma "postura neutra" perante seu objeto de estudo é a busca do conhecimento "de máxima fidedignidade". Isso relega a "subjetividade" inerente aos estudos da experiência individual a uma categoria "menos fidedigna" e concebe a meta da investigação acadêmica como sendo a "dominação" desapaixonada do objeto de estudo: seu "domínio" ou "controle", sem a interferência da emoção ou do "eu intromissivo".[8]

Até certo ponto, o primeiro pressuposto é correto. Como ilustra o presente livro, as trajetórias de vida são, de fato, moldadas, direcionadas e frequentemente modificadas pela interação entre os indivíduos e seu meio coletivo social e histórico. No sentido de os indivíduos viverem pela "internalização do externo", como observou Jean-Paul Sartre em sua *Questão de método* — inscrevendo em sua história pessoal as estruturas econômicas, políticas, sociais, linguísticas e de crenças, que são "generalizáveis" a partir do meio coletivo em que eles se encontram —, alguns aspectos importantes da "situação individual" podem ser esclarecidos e explicados pela análise da experiência coletiva.[9]

Mas a abordagem biográfica comparada e transcultural deste livro permite, claramente, que as coisas sigam também o rumo inverso. Afinal, a história é uma ciência *social* e *humana*. Passando pela perspectiva múltipla dos indivíduos, das diferentes culturas, e fazendo um corte diacrônico, esta abordagem facilita uma compreensão mais rica e mais sutil dos muitos sentidos e implicações da emancipação, da assimilação e do "novo" racismo: dos três processos sociais e ideológicos que constituem o cerne deste livro. De fato, a abordagem biográfica permite a extração de tipologias gerais *e também* o reconhecimento de diferenças particulares no nível individual. A comparação das reações das várias gerações de indivíduos *dentro* das famílias May, Rebouças e Zweig-Brettauer, assim como *entre* seus membros, justifica a vinculação conceitual de vidas díspares, a identificação de elementos comuns em suas experiências individuais e a descoberta de padrões semelhantes em sua trajetória de vida e sua orientação societária. Ao mesmo tempo, o foco na vida dos indivíduos, no contexto de uma perspectiva comparativa, serve de esteio ao esforço de compreender a singularidade da experiência. Permite-nos evocar as zonas de sombra da motivação histórica, que não temos como conhecer, mas que podemos apenas sentir empaticamente.

Além disso, o conhecimento histórico que se baseia apenas no ideal científico da "objetividade neutra" é potencialmente excludente do discernimento oferecido pela experiência subjetiva qualitativa. Ligado à conquista da mestria e do domínio do objeto de estudo, esse saber cientificista exige uma relação entre o estudioso e o tema no qual, quase por definição, o campo menos fácil de "dominar" e menos "maximamente fidedigno" da experiência individual encontra pouco espaço. Em geral, tenho constatado que esse tipo de valorização da objetividade é limitante — restritivo demais para a compreensão interpretativa da multiplicidade de interesses psicológicos, afetivos e sociais examinados neste livro.

Minha abordagem procura apresentar o que Elaine Showalter denominou de "autoridade que inscreve sua própria incerteza".[10] Dada a natureza de minhas fontes — a rigor, dadas minha frequente falta de fontes e as lacunas de informação geradas por ela —, essa abordagem é menos reflexo da humildade que da realidade. Mas reflete também meu esforço de me situar numa postura menos "dominadora", menos autônoma e mais "voltada para o outro" diante dos indivíduos deste estudo. Nessas condições, ela se afasta com clareza de qualquer teoria do conhecimento que se baseie na ideia da neutralidade objetiva. Minha meta, ao contrário, foi chegar a um tipo de compreensão analítica mais encarnada e dialógica — uma compreensão que se sirva tanto da experiência subjetiva quanto do contexto objetivo; uma compreensão que, nas palavras de Evelyn Fox Keller, "se baseie explicitamente na comunhão de sentimentos e experiências" entre mim mesmo e as pessoas em quem optei por me concentrar.[11]

LEVANDO EM CONTA ESSA POSTURA, talvez seja pertinente e de certo interesse explicativo para o leitor que eu revele alguns aspectos de minha própria biografia. Sem dúvida, minha escolha dos processos a serem analisados e das perguntas a serem formuladas neste trabalho esteve inextricavelmente ligada ao fato de o assimilacionismo e a exclusão terem sido parte íntima de minha experiência de vida, bem como da de meus familiares e amigos. A marginalização foi uma presença e uma situação aflitiva desde minhas lembranças mais remotas. Nascido na Bolívia, filho de pais que fugiram da perseguição nazista na Áustria, fui criado numa comunidade de imigrantes de língua alemã, em sua maioria judeus, que tinham sido obrigados a abandonar uma terra com a qual eles e várias gerações de antepassados haviam se identificado e a cuja cultura dominante haviam tentado se integrar. Embora meus pais fossem de origem proletária e sua ideologia política da juventude tivesse sido influenciada pelo sionismo trabalhista e pelo austro-marxismo, sua visão de mundo, assim como a de muitos de seus companheiros imigrantes, fora formada pelos valores e ideais assimilacionistas que acompanharam a emancipação dos judeus na Europa Central — valores e ideais estreitamente associados aos da burguesia. Nunca se sentiram "em casa" na Bolívia — a mais não europeia das nações latino-americanas —, e os governos sucessivos do país que lhes concedera asilo tampouco os incentivaram a fazer dele sua residência permanente. Os imigrantes permaneceram como outsiders de fato e em termos afetivos. Quanto a mim, apesar de minha cidadania boliviana por nascimento, era outsider e filho de outsiders.

Nos Estados Unidos, para onde emigramos quando eu tinha dez anos, adquiri uma nova língua e, por meio dela, vivenciei a remodelagem e a reformulação culturais promovidas pela escolarização, pelo contato com os pares e pela exposição ao estilo de vida da maioria. Essencialmente sem consciência do que me acontecia, fui aos poucos "norte-americanizado" por um processo assimilacionista. Fui socializado, politizado e educado para me tornar parte da cultura dominante, e fui recompensado por suas instituições. Contudo, tendo já sido profundamente marcado na infância pela história e pela cultura de um povo que era definido como "outro", e que fora perseguido e marginalizado, também nunca me senti de todo absorvido por esse processo.

Portanto, minha perspectiva neste livro — a orientação a partir da qual examino a reação assimilacionista à emancipação e a natureza dos confrontos individuais com o racismo e outras formas de exclusão e dominação — não é neutra.

Tampouco o "lugar de onde falo" — os valores, as experiências e a consciência histórica que formam minha visão no presente, ao escrever sobre o passado — é algo que eu deseje disfarçar ou tornar invisível. Mas há uma importante ressalva a respeito desta declaração. Embora meus antecedentes e minha história de vida tenham me ajudado a conceber este livro, e embora tenham me permitido solidarizar-me com as esperanças, aspirações e frustrações das pessoas em quem me concentrei, não me permitiram conseguir o impossível. Não pude "penetrar na pele" desses indivíduos, nem me colocar no lugar deles, tampouco perceber o mundo *exatamente* como eles o percebiam. Por mais minuciosa que tenha sido minha investigação dos dados que eles "deixaram" e por mais profundo que seja meu conhecimento factual do contexto em que se encontravam, minha exposição de sua experiência é uma *interpretação* que não pode ser divorciada de minha posição pessoal, numa época e lugar distantes dos deles. E também não pode ser separada de minha familiaridade com os horrores do século XX, que cercam de aura particularmente pungente, se não trágica, os esforços individuais dos May, dos Rebouças e dos Zweig para se assimilarem à sociedade dominante.

Entretanto, ao assinalar a natureza interpretativa deste trabalho e a impossibilidade de chegar a uma percepção exata das pessoas que ele estuda, definitivamente não quero implicar que seja impossível nos *aproximarmos* de uma visão da experiência a partir da perspectiva deles — que não se possa conduzir uma pesquisa e estruturar uma análise de maneira a *compreender* como eles confrontaram seu mundo e como reagiram a ele dentro de suas limitações. Por certo uma postura solidária, que faça eco à biografia do próprio sujeito, é uma clara vantagem na tentativa de chegar a esse tipo de compreensão. Mas também requer uma espécie de abordagem sinóptica, um exame do contexto individual e social, que demanda o que Clifford Geertz descreveu como "alternância dialética contínua entre o mais local dos detalhes locais e a mais global das estruturas globais, de maneira a trazê-los à luz simultaneamente".[12] Essa abordagem exige uma leitura que segue a trajetória do círculo hermenêutico de Wilhelm Dilthey: uma leitura em que o historiador, tal como o antropólogo, o crítico literário ou o psicanalista, se desloca interpretativamente de um lado para outro entre o geral e o específico — entre "o todo concebido por intermédio das partes que o atualizam, e as partes concebidas por meio do todo que as motiva" —, a fim de garantir que cada um deles esclareça o outro e que cada um revele um *sentido* da experiência de vida, se não a própria experiência.[13]

Evidentemente, qualquer historiador que tente penetrar na arena da experiência individual e compreendê-la tem que encontrar meios de lidar com dificuldades práticas que inibem e complicam a tarefa da interpretação. À diferença do sociólogo ou do psicólogo, que em geral podem preencher as lacunas mediante entrevistas sucessivas, o historiador é limitado pelas realidades do material que lhe serve de fonte, documentos estes que, com excessiva frequência, são frustrantemente vagos ou inexistentes. O historiador, ao estudar um passado mais distante, cujos participantes humanos já não estão vivos, não tem como esclarecer, complementar ou reconstruir as informações biográficas, ou buscar explicações para o comportamento por meio da indagação direta. Contudo, por mais insuperáveis que sejam algumas dessas dificuldades, não se deve permitir que elas o façam fugir, assustado, da análise individual. Os dados referentes às biografias individuais *podem* ser descobertos, e *é possível* extrair deles conclusões significativas. Foi essa a minha experiência.

Meu interesse inicial em Serra Leoa, no Brasil e na Áustria derivou da familiaridade pessoal e histórica com essas três regiões do mundo, bem como de minha convicção de que um exame da experiência assimilacionista pós-emancipatória dos africanos e crioulos libertos, dos mulatos e dos judeus, esclareceria aspectos diferentes do movimento de "erguer-se da escravidão" e "sair do gueto". Tomada a decisão de usar as respostas individuais como base de meu estudo, porém, logo percebi que teria de lançar uma rede que se estenderia muito além desses três países e incluiria uma vasta gama de materiais de pesquisa.

Vasculhei não apenas arquivos públicos e coleções familiares particulares de Viena, Freetown e Rio de Janeiro, três cidades que foram centrais em meu estudo, mas também de Praga, Hohenems, Londres, Ponte de Lima, Salvador, São Paulo, Nova York, New Haven e Boston. Em todos esses lugares, busquei dados "pessoais": procurei livros, artigos, jornais e manuscritos, registros, documentos, cartas, diários e agendas que pudessem conter informações biográficas e autobiográficas referentes às pessoas que eu estava estudando. Sempre que possível, complementei esse material com relatos orais: com tradições orais, no caso dos antecedentes iorubas de Ifacaié May, e também, de modo geral, com entrevistas com descendentes e parentes daqueles que foram os objetos centrais de estudo.

Fui eclético na utilização desses recursos e aproveitei todo fragmento de informação pessoal que consegui desvendar.

Em Viena, por exemplo, minha descoberta de documentos que registravam a circuncisão de Alfred e Stefan Zweig ajudou-me a apreender a força da identificação religiosa de seus pais com o judaísmo na última década do século XIX. E até algumas fontes sumamente impessoais revelaram, aqui e ali, aspectos de personalidade. Muitas vezes deparei com o "silêncio": por exemplo, com a ausência generalizada de material autobiográfico concernente às experiências individuais das mulheres em processo de assimilação. Mas logo percebi que essa ausência sistemática de dados pessoais também era significativa para a análise. Em meus esforços de descobrir fontes e pistas sobre a experiência de assimilação e exclusão tal como vista "de dentro", sinto-me à vontade para admitir que, vez por outra, não relutei em dar rédeas soltas a auxiliares "não científicos", como a intuição e a sorte.

Minha decisão de me concentrar nas famílias May, Rebouças e Zweig-Brettauer foi influenciada, sem dúvida, pela quantidade e qualidade dos dados descobertos. Num ponto inicial de meu projeto, por exemplo, quando eu estava predominantemente concentrado no material relacionado com a adaptação geral dos alforriados brasileiros à sociedade, a descoberta de alguns dos livros de registro de André Rebouças, no Instituto Histórico e Geográfico Brasileiro, inspirou-me a procurar membros sobreviventes da família Rebouças no Rio de Janeiro, em São Paulo e em Salvador. Essa busca levou à proverbial arca do tesouro dos pesquisadores: um arquivo de família que continha diários, livros de cartas, árvores genealógicas e fragmentos biográficos e autobiográficos ligados à vida de pessoas da família desde o fim do século XVIII. Essa descoberta, por sua vez, estimulou-me a fazer uma viagem a Ponte de Lima, em Portugal, em busca de material que esclarecesse as origens europeias da família.

Minha descoberta acidental, em *Finding Our Fathers*, livro de Dan Rottenberg, de que os membros das famílias Zweig e Spitzer frequentemente se casavam entre si, nos séculos XVIII e XIX, personalizou meu esforço de estudar a assimilação judaica pós-emancipação na Europa Central e me deu um estímulo a mais para chegar às raízes dessa experiência, por intermédio da história familiar dos Zweig-Brettauer — e, por extensão, da minha.[14] Isso me levou a realizar buscas na Europa e nas Américas — a visitar as cidades e metrópoles onde os Zweig e os Brettauer haviam nascido e vivido, e os cemitérios em que muitos deles foram enterrados. Acabei conseguindo coletar e juntar o que veio a ser uma enorme quantidade de informações factuais sobre a vida de membros dessas famílias ao longo de várias gerações, e a detalhar as circunstâncias específicas e a mecânica da assimilação e da mobilidade judaicas num contexto familiar.

Quanto aos May, o conjunto de dados contidos nas tradições orais, o material ligado à captura e libertação de escravos em Serra Leoa, as bíblias e álbuns de família, os arquivos dos missionários na Inglaterra e numerosos artigos e editoriais nos jornais de Serra Leoa, com que alguns membros da família tinham se associado, forneceram detalhes biográficos e um discernimento da complexa tessitura da sobrevivência e adaptação de cada indivíduo numa situação colonial.

A riqueza das fontes referentes a essas três famílias específicas facilitou a reconstrução de suas histórias de vida e suas percepções. A perspectiva comparativa e transcultural, entretanto, convenceu-me de que as reações dos May, dos Rebouças e dos Zweig-Brettauer não foram extraordinárias. Por certo não deixaram de ser características ou representativas das reações à experiência de assimilação ou de exclusão em geral.[15] Ao mesmo tempo, na medida em que o comportamento humano individual é determinado pela relação e pela interação entre as variáveis que definem uma pessoa e as que caracterizam sua situação, o foco biográfico comparado nos membros dessas três famílias também destacou a *imprevisibilidade* das respostas comportamentais no plano do indivíduo.[16] Para mim, essa constatação confirmou o que Paul Thompson chamou de "a realidade desarrumada" em que a compreensão histórica se apoia: a complexidade, a profundidade e o caráter existencialmente intratável da experiência humana.[17] Podemos comparar, generalizar e explicar, mas sempre resta a possibilidade de uma individualidade característica: de uma narrativa sui generis de vida.

Este livro divide-se em duas partes. A Parte i, "A entrada, 1780-1870", compõe-se de quatro capítulos. O primeiro deles, "A jornada para cima, a jornada para o mundo externo: A assimilação no século da emancipação", expõe as características gerais e os contextos ideológicos do moderno processo de emancipação que teve início na época da Revolução Francesa e pelo qual, em graus variáveis, houve uma suspensão das restrições legais, sociais e políticas impostas a diversos grupos minoritários e subordinados da Europa, das Américas e de regiões da África sob influência europeia. Esse capítulo também oferece uma visão geral da assimilação, tanto como processo quanto como ideologia estreitamente associada à emancipação. Examina a assimilação do ponto de vista dos grupos dominantes — que costumavam controlar sua implementação e estabeleciam seus limites — e também do ponto de vista dos grupos subordinados, que eram seu objeto e, não raro, seus agentes.

Os Capítulos 2, 3 e 4 exploram o processo de assimilação e a experiência assimilacionista do fim do século XVIII e início do século XIX, entre os membros "fundadores" das famílias May, Zweig-Brettauer e Rebouças. Analisam a multiplicidade de meios empregados pelos grupos dominantes, na Serra Leoa colonial, na Europa Central dos Habsburgo e no Brasil, para moldar e absorver os indivíduos que emergiam das camadas subalternas: por meio da língua e da imposição de um estilo de discurso dominante, por intermédio da autoridade sobre a disponibilidade e o conteúdo da instrução formal, pela definição do comportamento público, da aparência externa e das normas sociais "aceitáveis", e por intermédio do controle das instituições jurídicas, políticas e econômicas. Esses capítulos também esmiúçam as outras dimensões do assimilacionismo: os atrativos concretos e subjetivos da trajetória assimilacionista para os indivíduos emancipados da escravidão ou para os que viviam as restrições da subordinação confinada aos guetos, e a cumplicidade deliberada ou inadvertida desses indivíduos na manutenção da hegemonia, dos valores e do poder dominantes.

A Parte II, "O embaraço da marginalização, 1870-1945", concentra-se na reação à emancipação durante o período em que um novo racismo, baseado na biologia, começou a questionar a ideologia assimilacionista vigente e seus vários "produtos bem-sucedidos". No âmbito dos dominadores, foi uma época em que algumas ideias pseudocientíficas que vinculavam "raça" e "potencial cultural" serviram de base para o ressurgimento de antigas práticas de exclusão e novos padrões de discriminação e perseguição.

A Parte II tem três capítulos. O primeiro, "Situação de marginalidade, psicologia individual e ideologia", expõe uma tese que vincula a marginalidade das pessoas em processo de assimilação a suas percepções das oportunidades de vida num determinado contexto social e momento histórico. Situa a experiência assimilacionista e as construções individuais de metas futuras numa estrutura conceitual pautada na teoria psicológica adleriana e na teoria ideológica de Gramsci e Althusser. O Capítulo 6, "Não pertenço a lugar algum, em toda parte sou estrangeiro", esclarece e amplia essa argumentação, comparando, ao longo do tempo, a multiplicidade das formas de adaptação e de reação à subordinação e à exclusão por parte de Cornelius May, André Rebouças e Stefan Zweig: três produtos bem-sucedidos da segunda e terceira gerações da dinâmica assimilacionista que se tornaram "homens marginalizados".

O capítulo de encerramento do livro, "A via de saída: Do 'Deus selvagem' à 'violência sagrada'", tem por fio condutor o desencanto pessoal com o assimilacionismo. Indo além dos membros das famílias May, Rebouças e Zweig-Brettauer, avança suas diversas respostas a esse desencanto apresentando exemplos de outras possibilidades. Situa *todas essas respostas* — individuais e coletivas, intelectuais e políticas — no contexto de uma tipologia que vai do suicídio à revolução. Mapeando e delineando as possíveis rotas de fuga da subordinação e da exclusão contínuas, esse capítulo esclarece e acentua um tema que permeia todas as páginas deste livro. Destaca a angústia intensa e o poder impulsionador frequentemente gerados pelos embaraços da marginalização.

PARTE I

A entrada
1780-1870

1. A jornada para cima, a jornada para o mundo externo: A assimilação no século da emancipação

Qual é a grande preocupação de nossa época? A emancipação.

Não apenas a emancipação da população da Irlanda, dos gregos, dos judeus de Frankfurt, dos negros das Índias Ocidentais ou de povos similarmente oprimidos, mas do mundo inteiro, sobretudo da Europa, a se desvencilhar dos férreos grilhões de uma aristocracia privilegiada.

HEINRICH HEINE, *Reisebilder*

Devido à rápida melhoria de todos os instrumentos de produção, à comunicação imensamente facilitada, a burguesia insere todos, até as nações mais bárbaras, no mundo civilizado. [...] Em resumo, cria um mundo à sua imagem e semelhança.

KARL MARX E FRIEDRICH ENGELS, *Manifesto do Partido Comunista*

O sr. von Bleichröder, que, desde que foi alçado à nobreza, vem quase explodindo de orgulho e já não se relaciona publicamente com seus velhos amigos e associados, mantém-se distante deles até mesmo em suas caminhadas: nos passeios pelo Sieges-Allee, anda do lado esquerdo, e não do lado direito com a grande maioria dos caminhantes, quase todos judeus. Indagado sobre por que andava do lado oposto, dizem que respondeu que o lado direito cheirava excessivamente a alho.

Citado por DAVID LANDES, "Bleichröders and Rothschilds". In: C. E. Rosenberg (Org.), *The Family in History*

I

No intervalo de cem anos entre a eclosão da Revolução Francesa e o golpe republicano que derrubou o Império no Brasil, em 1889, o Velho Mundo europeu, com suas estruturas corporativistas e seus governos absolutistas, foi obscurecido pela ascensão de um Novo Mundo. Baseado no crescimento da tecnologia e da indústria capitalista e alicerçado na crença em um esclarecimento humano crescente e no progresso material e moral contínuo, esse Novo Mundo caracterizou-se, por toda parte, pelo afrouxamento ou eliminação das restrições que, até então, haviam mantido vários grupos na subalternidade.

De fato, como perceberam acertadamente Heinrich Heine e outros contemporâneos que refletiram sobre essas mudanças, o processo de emancipação tornou-se um elemento integrante desse século de modernização — um princípio essencial de sua estrutura.[1] "Cada era cria sua expressão particular dos eternos interesses do Espírito", observou Karl Rosenkranz em 1838. "Em nossa época, foi a ideia da liberdade — da emancipação — que penetrou da maneira mais impetuosa no campo euro-americano."[2] Não apenas as classes burguesas da Europa e suas ramificações coloniais floresceram e se alçaram a posições de superioridade, quando as restrições que lhes inibiam as oportunidades de mobilidade econômica e social foram reduzidas ou eliminadas pelo crescimento das fábricas e pela expansão da produção industrial e do comércio, como também outros grupos, mais profundamente submersos nas camadas da sociedade, foram igualmente libertados dos empecilhos jurídicos e sociais restritivos e "emancipados" no mundo moderno. A libertação dos escravos na Europa e nas Américas, a emancipação da minoria católica no Reino Unido, a dos judeus na Europa Ocidental e Central e a eliminação dos remanescentes da servidão figuraram entre os grandes marcos que atestaram o espírito emancipatório desse período de mudanças.[3]

A emancipação, é claro, desde muito tempo, existia de modo concomitante com a escravidão humana e com outros tipos de subordinação, e não foi "inventada" nesse século. Entretanto, nos tempos antigos e medievais e até a Revolução Francesa, a emancipação costumava ser um ato que dizia respeito a *indivíduos*. No direito romano clássico, referia-se à libertação dos filhos varões adultos do controle paterno e à alforria pública e voluntária dos escravos. Embora esses atos individuais — "particulares" — de alforria tenham continuado a ocorrer no fim do século XVIII e durante grande parte do século XIX, a emancipação, durante essa era de modernização, foi em geral um ato *coletivo*, aplicado a *grupos* subordinados jurídica, política e socialmente por alguma autoridade governamental pública, em geral externa à situação social envolvida.[4]

Foi um processo enraizado nas ideias racionalistas do Iluminismo e possibilitado pelos avanços econômicos da era da industrialização. Sua energia proveio do vigoroso impulso em favor das liberdades civis e políticas, por parte de classes liberais-burguesas cada vez mais poderosas — da articulação de uma opinião pública que, vez por outra, se opunha apaixonadamente à servidão legal e se solidarizava com as queixas dos oprimidos. Esse processo foi fortalecido pela ascensão de uma nova ordem econômica à condição de hegemonia, ordem essa que questionou os arranjos sociais antiquados e estáticos, contrários às novas ideias de "crescimento" e "progresso". E foi facilitado pela vasta expansão do capitalismo industrial, pela revolução da fabricação mecanizada e pelas vozes persuasivas dos economistas que se batiam contra o protecionismo mercantilista e enalteciam a produtividade superior da mão de obra livre.[5]

O curso específico do processo de emancipação em cada sociedade, assim como a velocidade e o rigor com que foi executado, dependeu de diversas variáveis. O nível de controle que cada Estado ou autoridade imperial exercia sobre sua implementação — fator estreitamente relacionado com um conjunto de considerações demográficas, políticas e econômicas específicas — desempenhou um papel crucial, moldando a estrutura e influenciando a dinâmica desse processo. A intensidade com que os próprios subordinados trabalharam ativamente e em caráter cooperativo por sua emancipação, ou lutaram por ela abertamente ou em surdina (nas rebeliões de escravos ou por meio da resistência passiva, por exemplo), foi também um fator determinante na gênese, na forma e na evolução desse processo. De modo inverso, o poder conservado pelos grupos da "antiga ordem", que se opunham tanto às mudanças fundamentais na sociedade quanto às modalidades rivais de organização social, muitas vezes inibiu a disseminação dos movimentos emancipatórios, fazendo retroceder, quando não obliterando, suas oportunidades e benefícios.[6]

Uma vez que as características específicas do processo de emancipação durante esse século diferiram de um lugar para outro ao longo do tempo, e que as metas de seus defensores variaram de acordo com seus próprios interesses particulares e com as mudanças locais dos meios políticos e sociais, não surpreende que não tenha emergido nenhuma abordagem isolada que discorresse sobre o modo como os povos recém-emancipados iriam enquadrar-se e se sair no campo dos emancipadores. À parte a concordância geral que se desenvolveu quanto ao princípio de que a escravidão devia ser abolida, de que as ocupações servis precisavam ser eliminadas e de que as restrições civis e políticas às minorias excluídas tinham que ser modificadas, os governos emancipadores e as instituições ligadas a eles divergiram quanto ao grau de seu *envolvimento* e de sua *responsabilidade* perante os membros dos grupos subalternos cuja situação legal fora drasticamente alterada pelos decretos de emancipação.

Até onde chegaria, na sociedade, a modificação das restrições civis e políticas? Quão completa seria essa modificação? Como seria promovida, se é que o seria, a integração dos emancipados na cultura da "corrente central" dominante? Embora todos os proponentes da emancipação talvez concordassem em que o status jurídico dos subordinados seria alterado, e em que os "ativos e empreendedores" e os "inteligentes e meritórios" entre eles abandonariam as restrições de sua vida pregressa para ingressar — e *ascender* — nos campos sociais, econômicos e políticos de que tinham sido anteriormente excluídos, as opiniões se dividiam quanto aos limites admissíveis dessa mobilidade e ao papel esperado do Estado e do sistema dominante no estímulo e na contribuição para que ela ocorresse. Em geral, porém, podemos distinguir duas abordagens gerais dessas questões.

Na primeira, que se poderia chamar de abordagem do laissez-faire — para a qual podemos ver como paradigmáticas a

Declaração dos Direitos do Homem e do Cidadão, na Revolução Francesa, a concessão dos direitos de cidadania aos judeus na França, em 1791, e a abolição francesa da escravidão colonial em 1794 —, a responsabilidade do Estado e de suas instituições dominantes perante os recém-emancipados restringiu-se, em grande parte, *apenas* ao âmbito jurídico. Essa abordagem era coerente com as ideias políticas relativas às funções restritas dos governos e à capacidade intrínseca e autogerada de "aprimoramento" dos indivíduos. Era também compatível com as ideias fisiocráticas, que associavam a liberdade a direitos "naturais" e não a atributos "culturais" — que consideravam a cultura e a situação econômica de qualquer indivíduo como sendo irrelevantes para seu direito à liberdade.[7]

Portanto, a abordagem da emancipação segundo o laissez-faire implicou uma interferência mínima no estilo da "engenharia social". Seus praticantes — autoridades estatais e órgãos do sistema dominante — não tinham planos nem projetos para os grupos recém-emancipados, afora a mudança jurídica de status inerente ao ato de emancipação. Essas autoridades não tinham qualquer plano para "transformar" ou "reeducar" as pessoas emancipadas de acordo com algum modelo sociocultural preconcebido, nem atuaram no sentido de modificar ou aliviar as "deficiências" econômicas que impediam os benefícios materiais e sociais potenciais da emancipação civil. Em síntese, como observou Reinhard Rürup, deixaram a cargo da "interação irrestrita das forças sociais" a integração cultural e econômica dos recém-emancipados na "corrente principal" dominante.[8]

A abordagem laissez-faire caracterizou, por exemplo, a atitude predominante adotada para com vários *grupos* de negros libertados da escravidão no Brasil nos séculos XVIII e XIX e, em especial, para com os atingidos pelo decreto emancipatório de maio de 1888, que finalmente aboliu a escravidão.[9] Sem qualquer esforço conjunto das autoridades libertadoras no sentido de facilitar a transição econômica e social dos ex-escravos para a "liberdade" — sem projeto para ajudá-los a adquirir um meio de vida alternativo, tampouco para informá-los e reorientá-los, cultural e socialmente, pela educação —, a abolição logo contribuiu para a proletarização e marginalização das massas recém-emancipadas. Despreparada e sem formação para exercer seu novo papel de assalariados independentes, e em desvantagem competitiva em relação ao grande número de imigrantes europeus que afluíam para as áreas industrializadas do país, a maioria dos ex-escravos passou a viver em condições de degradação e miséria. Sobrevivendo como podiam em choças urbanas, ou voltando a buscar emprego — muitas vezes, desmoralizados — nas áreas rurais, esses homens e mulheres libertos foram abandonados à própria sorte. De fato, se não de direito, continuaram de modo geral excluídos das oportunidades econômicas e sociais potencialmente benéficas do sistema brasileiro, em processo de modernização.[10]

Diversos relatos orais de brasileiros libertados em 1888 descrevem as condições pavorosas e as decepções pessoais observadas durante as décadas que se seguiram à abolição definitiva da escravatura; eles são um testemunho das consequências potencialmente negativas desse exemplo específico de emancipação nos moldes do laissez-faire. Num desses relatos, citado pelo sociólogo Florestan Fernandes em seu clássico estudo *A integração do negro na sociedade de classes*, um ex-escravo se queixou de que "a lei de 13 de maio fora precipitada e que se devia, antes de promulgá-la, '[ter] primeiro educa[do] o preto para viver em liberdade', pois ele 'não sabia viver em liberdade, nem conhecia o dinheiro'".[11] Numa crítica similar, outro homem emancipado em 1888 observou que "o elemento negro, sem um período de transição necessária à sua perfeita acomodação dentro da situação de homem livre, ficou na mais constrangedora das situações. Sem planos, sem objetivos, sem diretrizes, nada que lhe possibilitasse uma adaptação condizente, ingressou na nova condição".[12]

O laissez-faire também caracterizou a atitude predominante das autoridades metropolitanas durante a emancipação dos escravos no sistema colonial britânico. Assim, no chamado "Grande Experimento" da década de 1830, que emancipou aproximadamente 750 mil escravos em todos os recônditos distantes do Império Britânico do Caribe, as autoridades coloniais emancipadoras em Londres (à semelhança de seus equivalentes na França revolucionária) não assumiram a responsabilidade por guiar e dirigir a transição econômica e a adaptação social dos povos recém-libertos. Essa abordagem de "não intervenção" foi particularmente paradoxal, considerando-se que muitos britânicos julgavam o progresso e o sucesso da emancipação dos escravos pelo grau de penetração da religião cristã e dos padrões culturais europeus na população emancipada.[13] Para que os padrões desse juízo fossem capazes de se concretizar, as autoridades precisariam ter influído nos valores e na visão dos ex-escravos e de seus antigos senhores, patrocinando e supervisionando uma transformação radical das relações políticas, econômicas e sociais das colônias. Afinal, a autoridade máxima — e a responsabilidade suprema — do sistema colonial continuava em Londres.[14]

Ao aprovar a Lei de Emancipação de 1834, entretanto, as autoridades metropolitanas britânicas foram influenciadas por uma ideia liberal de governo mais minimalista que paternalista: ela restringia a intervenção das autoridades do governo central essencialmente ao campo jurídico e desestimulava a interferência em outros processos sociais.[15] Assim, essas autoridades de fato abdicaram de sua influência direta sobre a transformação social e econômica das massas emancipadas das Índias Ocidentais. Legaram o controle do processo de "aprendizado" pós-emancipação e do bem-estar dos ex-escravos a governos coloniais dominados por uma classe de proprietários de terras que buscava assegurar sua própria sobrevivência econômica por intermédio do restabelecimento do statu quo ante.[16] O chamado "fracasso da emancipação" no Caribe britânico — percepção que ganhou destaque crescente na opinião pública britânica na segunda metade do século XIX e que, na década de 1860, alimentou no Reino Unido e em suas colônias um sentimento racista com respeito às deficiências "intrínsecas" dos negros — pode ser claramente atribuído a essa abdicação.[17]

Mas o inverso da abordagem da emancipação e dos emancipados nos moldes do laissez-faire também teve consequências de um alcance impressionante. Essa abordagem, mais paternalista e "estatal", refletiu-se na crença de que a redenção e a elevação social dos grupos subalternos não ocorreriam apenas por meio da eliminação das restrições legais: na crença de que o Estado e as instituições religiosas, filantrópicas e educacionais já estabelecidas seriam ativamente solicitados a promover a integração e a adaptação social dos emancipados. No cerne dessa abordagem estava um princípio central do racionalismo do Iluminismo europeu, articulado durante o século XVIII por livres-pensadores como John Toland, na Inglaterra, e Gotthold Ephraim Lessing, na Alemanha, que declarava a unicidade essencial de toda a natureza humana.[18] Esse princípio levou à convicção, por parte dos reformadores sociais, de que os membros dos grupos subordinados eram, "por natureza, dotados da mesma capacidade de se tornarem seres humanos melhores e mais felizes e membros mais úteis da sociedade".[19] Levou também os reformadores sociais à rejeição das explicações da inferioridade baseadas em conceitos teológicos, como o pecado original, ou em pressupostos racistas, como a deficiência inata, e os fez concluir que as causas do "atraso" dos subordinados poderiam ser encontradas na história. Em outras palavras, o "atraso" era um produto das políticas anteriores que haviam norteado o tratamento dos povos subordinados, e portanto poderia ser revertido.[20] Isso convenceu os reformadores de que a condição humana, por mais degradada que fosse, poderia ser racionalmente alterada e de que o progresso humano poderia ser partilhado por todos.

Um corolário dessa crença, entretanto, era a suposição ideológica de que a reforma do indivíduo, assim como a civil e social, era não apenas *possível*, como também os grupos subordinados, para se emancipar de verdade, *tinham que ser levados a mudar*. Assim, embora o Estado e diversas instituições religiosas ou educacionais ligadas ao sistema dominante viessem a desempenhar o papel contínuo de promover a reforma, esperava-se — a rigor, exigia-se — que os membros das populações emancipadas se adaptassem e se conformassem, em alguma medida, aos valores, concepções e estilo de vida dos emancipadores. Em outras palavras, embora essa abordagem racional e esclarecida da emancipação rejeitasse as explicações racistas e biblicamente determinadas da situação dos povos subordinados, sua ideologia estava inequivocamente saturada de um chauvinismo cultural: de uma confiança incontestável na superioridade da cultura dominante. Segundo os emancipadores, os emancipados tinham que "se tornar como nós" para serem de fato libertados da subordinação.

As bases teóricas dessa abordagem "catequética" da "elevação" civil e social dos grupos subordinados — do que se poderia chamar de "aculturação induzida de cima para baixo" — são particularmente bem ilustradas no livro de Christian Wilhelm von Dohm, *Über die bürgerliche Verbesserung der Juden*, publicado em Berlim em 1781. O lançamento dessa obra influente, de acordo com o eminente estudioso da emancipação judaica Jacob Katz, marcou "o começo do movimento social em prol da adoção dos judeus como cidadãos dos países europeus".[21]

O termo *Verbesserung* (aperfeiçoamento) que aparece no título de Dohm tinha duplo sentido. Atestava, por um lado, a concepção liberal-humanista dos judeus enquanto grupo desfavorecido em termos jurídicos e políticos, que precisava de direitos civis aperfeiçoados e de uma incorporação na sociedade como um todo. Essa concepção pautava-se na proposição, que Dohm articulou e desenvolveu em seu livro, de que "o judeu é ainda mais ser humano do que judeu" e, como tal, tinha direito a um "aprimoramento civil".[22] Mas Dohm também considerou os judeus, em seu estado não emancipado, como *culturalmente atrasados* e *inferiores*, moralmente deficientes e socialmente degenerados. Para que pudessem esperar uma aceitação civil na corrente central dominante, seu próprio caráter grupal precisava ser modificado e transformado — "alçado" do que ele e muitos de seus contemporâneos encaravam como caráter e vida degenerados. Sob esse aspecto, o sentido de *Verbesserung* trazia em si a ideia de uma "mudança cultural para melhor" — de um "autoaprimoramento" estimulado de fora para dentro, com base nos valores e convicções da sociedade dominante.[23]

O instrumento com o qual Dohm e outros reformadores tinham esperança de "remodelar um povo inteiro" era a educação. Dada a confiança racionalista na "plasticidade e capacidade de aperfeiçoamento" de todos os seres humanos, os judeus deveriam ser expostos à influência positiva da cultura dominante e induzidos a se modificar por intermédio do ensino direto e indireto, supervisionado pelas instituições do Estado.[24] Os reformadores perceberam, acertadamente, que a cultura judaica tradicional — pilar de sustentação do "tipo judaico" não emancipado e não moderno de que não gostavam — era transmitida de geração para geração por intermédio das instituições de ensino religioso judaico tradicionais: as escolas primárias religiosas (*hadarim*) e as academias talmúdicas (*yeshivot*). Para os jovens judeus, portanto, a "remodelação" deveria ocorrer, institucionalmente, por meio de um novo tipo de escolarização: exigindo que a instrução das crianças e adolescentes nas disciplinas seculares complementasse ou substituísse a concentração educacional exclusiva na aprendizagem da religião. Para os judeus adultos, ela deveria vir por intermédio da aprovação de leis que lhes permitissem ingressar nas esferas econômicas de que tinham sido antes excluídos e que os obrigassem a modificar as práticas culturais associadas a um passado "deficiente" e segregado.[25]

Até os judeus afinal adquirirem plenos direitos políticos e jurídicos, nas décadas de 1860 e 1870, a legislação e os editos promulgados nos Estados alemães e nos territórios austríacos refletiram os pressupostos reformistas e culturalmente conformistas inerentes às recomendações feitas por Dohm e outros como ele. Em graus variáveis, todos seguiram essas recomendações. Em Berlim, Breslau, Dessau, Seesen, Frankfurt-am-Main e Wolfenbuttel, por exemplo, assim como em Viena, Praga e Pressburg, criaram-se escolas controladas pelo Estado, que as crianças judias foram solicitadas a frequentar.[26] Embora essas instituições de ensino diferissem de um lugar para outro quanto à organização, currículo e metodologia pedagógica, todas elas, como assinalou Jacob Katz, "cumpriram a mesma função histórica: foram úteis para romper a dominação do programa tradicional, que se concentrava em disciplinas judaicas e lecionava o Pentateuco e o Talmude, excluindo todo o resto".[27] Essas escolas lecionavam para as crianças judias em alemão e as incentivavam a abandonar sua língua vernácula. As crianças passaram a aprender a ler, escrever, falar e pensar na língua dominante. E foram submetidas a literaturas, disciplinas e visões de mundo às quais apenas as mais ricas e privilegiadas entre elas vinham tendo acesso.

Também foram tomadas providências para incentivar e obrigar os judeus adultos a se assemelharem aos membros da cultura dominante em aparência, fala e conduta. Assim, apresentou-se aos homens judeus barbudos e "estranhamente trajados", com suas tranças longas e seu quipá tradicional na cabeça, o modelo alternativo do vestuário "aceitável" na sociedade burguesa, e eles foram incentivados, se não pressionados, a "se desfazer dos traços mais evidentes de sua judeidade", a fim de se mesclarem mais eficazmente ao corpo social.[28] O Edito de Tolerância dos territórios austríacos e a legislação aprovada por diversos governos alemães ao longo do século XIX também proibiram os judeus de usarem o hebraico ou seu "jargão risível", o *Judendeutsch*, em negócios e documentos legais, e exigiram que se usasse o alemão como língua da contabilidade e das transações legais. Desse modo, deu-se aos judeus que já estavam velhos demais para frequentar as escolas seculares um "forte incentivo prático para aprenderem alemão", a fim de estimulá-los a se integrar linguisticamente à maioria.[29]

Para serem de fato dignos dos direitos civis dos cidadãos respeitáveis, entretanto, os judeus teriam de ser reeducados e induzidos a se afastar do que reformadores como Dohm consideravam sua maior deficiência "moral": sua "ocupação [quase] exclusiva com o comércio [e] sua notória propensão para o regateio e para a usura".[30] Portanto, uma das metas principais do *Verbesserung*, na Europa Central, foi o esforço de "normalizar" a estrutura ocupacional da sociedade judaica, abrindo caminho para a participação dos judeus em todas as áreas da economia e desestimulando seu *Nothandel* — seu trabalho de mascates, vendendo de porta em porta, sua compra e venda de sucata, sua função de penhoristas e agiotas e seu envolvimento nas chamadas atividades irregulares e servis.[31] Por toda parte dos Estados alemães, as leis de emancipação estimularam a "integração produtiva" dos judeus na corrente central da sociedade, assegurando-lhes o acesso às ocupações agrícolas e artesanais de que antes tinham sido excluídos.[32] No sul da Alemanha, em Baden, Wurttemberg e Hessen, a "transformação moral" judaica foi incentivada por uma legislação que só concedia os direitos civis como recompensa pela "reforma" ocupacional: quando se forneciam provas de que um indivíduo havia se tornado camponês, artesão ou empresário fabril e substituído as atividades "irregulares" por uma ocupação "regular".[33]

II

Ao estabelecermos essas distinções gerais entre as abordagens do processo emancipatório nos moldes do laissez-faire e da "conversão", é importante não exagerarmos as diferenças entre o impacto final que cada uma delas teve nos membros individuais dos grupos emancipados. Quer a atitude para com os recém-emancipados se caracterizasse por uma preocupação minimalista com sua "transformação" e sua integração na sociedade, quer fosse tipificada pela engenharia social intervencionista, sempre houve *algum grau* de contato e interação sociais, políticos e econômicos entre os emancipados e os membros da sociedade dominante. Qualquer que tenha sido a atitude predominante em determinada época ou lugar, *algum grau* de mudança social e modificação cultural resultou desses contatos e dessa interação.

A partir do início do século XIX, a palavra *assimilation*, "assimilação", começou a se popularizar, entre os falantes de língua inglesa, para descrever um tipo particular de mudança e modificação entre os povos recém-emancipados: um tipo que indicava a transformação dos emancipados *no sentido da* "cultura" dominante e sua incorporação no que esse grupo reconhecia como sendo a vida social e política da "corrente principal". Em alemão, empregaram-se as palavras *Anpassung*, *Angleichung* e *Assimilierung*, todas expressando uma ideia geral de "conformidade" ou de "assemelhação" à classe dominante. Em termos mais específicos, também refletiram a execução bem-sucedida da abordagem da emancipação defendida por reformadores sociais racionalistas, como Christian Wilhelm von Dohm.[34]

Na verdade, porém, o sentido e a realidade da assimilação foram muito mais complexos do que indicaria seu uso popular, ou, mais especificamente, alemão. Em vez do processo absoluto, inclusivo e unidirecional de transformação cultural e integração societária implícito nessas definições, o termo foi mais exatamente indicativo de um *processo de adaptação e ajustamento em um continuum*. Tal como a emancipação, a assimilação abrangeu uma gama variada de respostas.

Segundo o sociólogo Milton M. Gordon, três "níveis" de adaptação e integração culturais, passíveis de serem distinguidos e analisados em separado, enquadram-se na definição geral do termo "assimilação": 1. *aculturação* ou assimilação cultural/ comportamental, que indica a modificação de padrões e símbolos culturais pelos membros dos grupos subalternos, em conformidade com os do grupo dominante; 2. *assimilação estrutural*, que descreve o ingresso dos subordinados, em larga escala, em instituições, associações, profissões, campos de atividade econômica, clubes e locais dos quais seus membros tinham sido excluídos até então; e 3. *fusão* ou *amalgamação*, que se refere ao estágio final e conclusivo do continuum, quando as pessoas do grupo subordinado se fundiam inteiramente ao grupo dominante por intermédio do casamento, perdendo sua identidade prévia e se tornando quase indistinguíveis dos membros da sociedade em geral. Embora tenha derivado em essência dos dados e da análise da assimilação nos Estados Unidos, a tipologia de Gordon tem uma aplicação geral a outras áreas do mundo, assim como ao intervalo de tempo considerado neste livro.[35]

Para os membros dos grupos subordinados da Europa, da África e das Américas, a "assimilação em direção ao grupo dominante" — o processo assimilacionista — *sempre* implicou certas adaptações gerais. Mesmo quando eles resvalavam para esse processo de modo mais ou menos inadvertido, sem terem plena consciência de o estarem fazendo, engajar-se nele impunha, invariavelmente, algumas mudanças em seus valores culturais e suas características externamente observáveis. O processo exigia que eles aprendessem o significado de novos símbolos e redefinissem símbolos antigos — que modificassem os traços culturais intrínsecos que se refletiam em suas crenças e práticas religiosas, em suas tradições éticas, sua linguagem histórica e seu sentimento de uma experiência histórica comum, bem como em sua literatura, sua música, seu folclore e seus estilos de recreação. Tal processo indicava também uma modificação dos traços culturais que eles exibiam em público: no estilo do vestuário, em seu comportamento, aparência e etiqueta públicas e em sua articulação e pronúncia da língua do grupo dominante.[36]

Mas a minúcia com que os indivíduos efetuavam os "ajustes", a velocidade e a facilidade com que podia ocorrer a transformação e também o sentido do próprio processo assimilacionista dependiam de diversos fatores distintos e variavam enormemente. Isso ocorria a despeito de os ajustes serem manipulados pela engenharia social praticada pelas autoridades estatais e pelos órgãos do "sistema", ou de se efetuarem por intermédio do laissez-faire, de maneira mais casual. Assim, o grau de assimilação "bem-sucedida" dependia, na totalidade dos casos, do nível que o grupo dominante se dispunha a permitir ou incentivar os subordinados a atingir no continuum assimilacionista, e da disposição e capacidade desse grupo subordinado de atingir o referido nível. Por sua vez, a disposição do grupo dominante de incentivar o processo de ultrapassar a "aculturação" e chegar à "assimilação estrutural" e à "amalgamação" situou-se num contexto histórico que foi moldado e afetado por variáveis independentes de natureza social, política, econômica, demográfica e ideológica, que estavam sujeitas a se modificar com o correr do tempo. Todas essas variáveis fizeram parte do que se poderia chamar de *clima social* da emancipação e da assimilação.

Em toda a Europa, na África e nas Américas do século XIX, o clima social em que se situou a assimilação estava carregado de perturbações potencialmente turbulentas. Havia forças contrárias por toda parte, algumas débeis, outras mais poderosas e outras, ainda, reunindo força e proeminência suficientes para questionar e suplantar a conjunção específica de elementos e condições que dera início e apoio aos esforços emancipatórios, e que havia permitido o desenvolvimento da assimilação.

A visão catequética dos filantropos britânicos, que levara ao "experimento de Serra Leoa" na virada do século XVIII, por exemplo, e que defendera a transformação cultural dos ex-escravos das colônias e dos africanos libertados dos navios negreiros em "ingleses negros", ficou sob um ataque virulento a partir da década de 1860, quando uma ideologia contrária, baseada num racismo pseudocientífico, começou a permear os atos e a política das autoridades coloniais britânicas. Entre os primeiros pensadores catequéticos britânicos, nem mesmo os mais radicais haviam pretendido que o processo de "transformação cultural" africana de Serra Leoa levasse a uma "fusão" ou "amalgamação" por meio do casamento ou da coabitação. Tampouco pensavam em conceder aos africanos acesso a *todas* as instituições britânicas de poder e autoridade na colônia. Mas a reação racista e cada vez mais segregacionista contra os africanos "europeizados" — que ganhou destaque no último terço do século XIX — atacou até mesmo essa visão restrita da assimilação, questionando o pressuposto mais fundamental em que se apoiava a proposta de conversão: a crença na capacidade intrínseca de os africanos serem culturalmente "erguidos", "europeizados". Essa reação — essa mudança do clima social — passou a ser vista por muitos nativos "ocidentalizados" de Serra Leoa, educados pelos missionários, como traição à promessa assimilacionista. E levou alguns dos "produtos" africanos mais proeminentes do "experimento de Serra Leoa" a questionar o próprio esforço de conversão e a reconsiderar seu lugar e seu papel dentro dele.[37]

A Europa Central nos fornece outro exemplo. O Edito de Tolerância de 1781, medida "assimilacionista" de José II que almejava "obrigar os judeus a saírem de seu isolamento ocupacional, social e cultural", e que continha extensas medidas de reforma que suspendiam antigas restrições aos judeus, foi reiteradamente atacado, depois da morte do imperador, por dirigentes e autoridades menos simpatizantes com as potencialidades da integração judaica.[38] Embora o edito não tenha sido revogado pelos sucessores de José II, a execução e a supervisão de muitas de suas medidas variaram de um reino para outro no meio século que se seguiu à sua morte, e de uma região para outra dentro do Império dos Habsburgo. De modo geral, as reformas concernentes à educação das crianças judias continuaram a ser instituídas de acordo com a intenção original do edito, e os judeus de todo o reino continuaram a ser reconhecidos como moradores permanentes e legalmente reconhecidos como cidadãos ou súditos "especiais". Mas as contracorrentes reacionárias, que nunca foram eliminadas, continuaram a representar uma ameaça potencial aos avanços da emancipação e às possibilidades de assimilação. Para muitos judeus da Europa Central, durante as últimas décadas do século XIX, o ar de incerteza no clima social de seu meio ambiente imediato foi uma característica discernível e um agente depressor influente em sua maneira de encarar a vida. Até aqueles que pareciam mais bem integrados aos valores e ideias burgueses da sociedade dominante foram induzidos a se mover com cautela e hesitação na rota assimilacionista.[39]

Ademais, além do clima social mutável em que ocorreu a assimilação, o processo foi afetado, em toda parte, por outros fatores pessoais e estruturais, que influíram na capacidade e na disposição dos indivíduos de se submeterem a mudanças culturais e sociais e passarem para o terreno do grupo dominante. A idade, o sexo e a personalidade, bem como o vigor e a atração das "antigas" tradições e o grau e a intensidade do contato com a cultura dominante figuraram entre esses fatores.

A ideia de "distância cultural" — o grau em que os costumes, hábitos e símbolos extrínsecos e os valores, atitudes e crenças intrínsecos se assemelhavam na cultura do grupo subordinado e na cultura do grupo dominante, ou cultura "central" — foi particularmente importante na determinação da velocidade e da facilidade da aculturação. A despeito dos atributos pessoais de cada indivíduo empenhado no processo assimilacionista, ou da natureza favorável do clima social em que ele se deu, a adaptação rápida e bem-sucedida à cultura dominante dependia, em larga medida, da "distância" fundamental entre o "velho" e o "novo". Quando essa distância era grande e a aculturação implicava uma grande modificação das características externamente observáveis, bem como uma revisão drástica do sistema de valores — como aconteceu, por exemplo, com os africanos *adultos* libertados da escravidão e implicados no experimento catequético de Serra Leoa ou com os judeus mais velhos dos *shtetl* (vilarejos) legalmente emancipados da Europa Central —, o processo de mudança costumava ser mais lento e mais difícil do que quando a distância era menor.

Por outro lado, a aculturação tornou-se consideravelmente mais fácil à medida que aumentou a semelhança entre os aspectos culturais "velhos" e "novos", em especial no âmbito dos valores. De fato, para os membros da segunda geração e das que se sucederam após a primeira geração de grupos emancipados — para as pessoas já expostas ao sistema educacional da cultura dominante, fluentes em sua língua e imersas em seus costumes —, a ideia de distância cultural quase sempre era muito mais aplicável à distância entre o mundo cultural para o qual elas se haviam deslocado, e com o qual agora queriam identificar-se, e o "velho" mundo de seus pais e avós.⁴⁰

Sob esse aspecto, a existência e a força de uma comunidade orgânica "tradicional", capaz de defender seu estilo de vida das pressões e atrativos assimilacionistas, foi também um importante fator na determinação da velocidade e do grau da mudança cultural. Em linhas gerais, por exemplo, os africanos libertos e recém-chegados a Serra Leoa, afastados de seus lugares de origem pela escravidão, contavam menos com uma comunidade desse tipo do que as pessoas de origem Temne ou Mende, que eram nativas da colônia e de suas cercanias. Alguns africanos libertos, como Samuel Crowther ou Joseph May, que tinham ido estudar sozinhos na Inglaterra, dispunham ainda menos de tais comunidades.

A idade com que um indivíduo "entrava" no processo assimilacionista era um determinante central de sua adaptação à cultura dominante. No caso das crianças, os métodos de ensino que levavam à socialização na cultura dominante, assim como sua capacidade de absorver e aprender novas informações culturais, eram diferentes dos observados entre os adultos. Não foi por acaso que uma parte tão preponderante do esforço assimilacionista na Europa Central e na África Ocidental concentrou-se nos jovens. Os pedagogos e reformadores que examinaram o problema da educação popular nos últimos anos do *ancien régime* haviam percebido que as crianças aprendiam por dois métodos fundamentalmente diferentes: por imitação ou cópia e por tentativa e erro. Eles acreditavam que a aprendizagem por imitação ou cópia — quando incentivada com recompensas expressas sob a forma de reconhecimento, elogio e afeição — costumava produzir resultados em prazo mais curto do que a tentativa e erro. Afirmavam ainda que esse método mimético de aprendizagem podia ser canalizado para um ensino direto nas escolas, onde os valores e as expectativas comportamentais da cultura dominante podiam ser apresentados e reforçados de modo formal.[41] Além disso, tal método também podia ser indiretamente explorado, colocando-se as crianças em contato com adultos, professores e outros jovens que pudessem servir de modelos exemplares para a imitação.[42]

Uma vez que o processo de aculturação na infância coincidia com esse padrão geral de aprendizagem mimética e não exigia reaprendizagem ou negação de uma experiência prévia internalizada desde longa data, seu efeito nas crianças costumava ser relativamente isento de traumas. Nelas, portanto, a meticulosidade do processo tendia a ser mais completa. Para os adultos do grupo subordinado, por outro lado, o processo assimilacionista era bem diferente. Na idade adulta, em geral o tipo de aprendizagem intensiva e rápida por meio de imitação e cópia, ou por tentativa e erro, que caracterizava a abordagem das crianças, costumava fracassar. Foi substituído por um método de aprendizagem em que as novas informações eram enquadradas ou cotejadas com generalizações já internalizadas, derivadas da experiência prévia. Para os adultos que viviam dentro dos parâmetros de uma "antiga" comunidade cultural orgânica (como um *shtetl* ou um gueto), esse tipo de aprendizagem não tendia a ser muito perturbador no sentido psicológico. Podia ser integrado e absorvido sem questionamento dos antigos valores, crenças e associações passadas do indivíduo, ou com um questionamento relativamente pequeno.

Todavia, numa situação assimilacionista na qual ocorresse a separação da comunidade cultural "tradicional", com frequência a aprendizagem era associada com mudanças culturais mais radicais — com alterações de traços culturais intrínsecos e extrínsecos fundamentais. Nesse caso, as generalizações derivadas da experiência pregressa e das associações do passado não costumavam bastar como referenciais de ensino. Para prosseguir no caminho assimilacionista, os adultos do grupo subordinado eram obrigados a "regredir" a uma técnica de aprendizagem que envolvia a imitação, a cópia e a tentativa e erro, a qual haviam praticamente abandonado no processo de amadurecimento, a partir da infância.

Esse tipo de regressão, no qual os adultos "aprendiam" os valores, expectativas, padrões de conduta e símbolos culturais da cultura dominante, voltando a se tornar dependentes de terceiros para sua instrução, ou no qual recorriam à imitação — *tal como se dera seu aprendizado na infância* —, podia levar a perda de autoestima, a angústia e a uma transformação menos rigorosa e mais difícil.[43] Como constataram Jurgen Ruesch, Annemarie Jacobson e Martin Loeb em seu estudo psiquiátrico intitulado "Aculturação e doença",

> para uma personalidade [adulta] complexa [...], ingressar numa nova cultura significa funcionar num nível inferior de integração e só poder exercer funções parciais ou mecânicas, sem entender completamente o sentido do novo sistema de valores. É óbvio que essa deficiência resulta numa enorme frustração.[44]

Além disso, tanto a compreensão do "sentido do novo sistema de valores" quanto a natureza da exposição aos novos elementos culturais costumavam diferir consideravelmente entre crianças e adultos que entrassem ao mesmo tempo no processo assimilacionista. As pessoas que iniciavam a "saída do gueto" quando adultas, por exemplo, como era comum acontecer nos estágios iniciais do "século da emancipação" na Europa Central e Ocidental, não ficavam diretamente expostas à "cultura da infância" na sociedade dominante — às convenções sociais e de vestuário, às brincadeiras, expressões de gíria e linguagem simbólica características da meninice. Uma vez que essas pessoas, como outros adultos, em geral aprendiam a nova cultura por meio da participação, por intermédio de sua "experiência de vida" dentro dela, o fato de não ter exposição direta ao componente infantil dessa cultura tendia a tornar sua "transformação" menos rigorosa que a das crianças.[45]

Se a idade e a "distância cultural" eram variáveis importantes na natureza das respostas individuais à assimilação, o sexo desempenhava um papel ainda mais decisivo. Essa possibilidade não se evidenciou de imediato para os participantes contemporâneos do processo, tampouco se tornou clara para seus analistas atuais. Muitos presumiram que as mulheres foram envolvidas no processo assimilacionista do mesmo modo que os homens: que os esforços assimilacionistas de ingressar na burguesia durante o "século da emancipação" incorporaram expectativas, incentivos e dificuldades semelhantes para homens e mulheres, para os quais tiveram o mesmo sentido. Na verdade, no caso da emancipação e da assimilação judaicas na Europa Central e Ocidental, as mulheres judias "saídas do gueto" pareceram levar vantagem sobre seus equivalentes varões e passar por uma transformação cultural mais completa.

Jacob Katz, por exemplo, descreveu nos seguintes termos a transição das mulheres judias do gueto para a sociedade burguesa no fim do século XVIII e início do XIX:

> As mulheres, de acordo com a tradição religiosa, ficavam isentas e excluídas do estudo da Lei, principal componente do currículo tradicional judaico. Em geral, não frequentavam a escola; mal chegavam a receber alguma educação formal, absorvendo o que podiam do meio que as cercava. Quando a educação esclarecida e secular penetrou na sociedade judaica, teve de competir com o estudo da Torá, que passara, tradicionalmente, a ocupar a totalidade das horas de folga dos homens. Não foi isso que se deu com as mulheres. Assim, as filhas das famílias abastadas do gueto foram as primeiras a se beneficiar das novas oportunidades. Foram as primeiras a aprender a língua de seus vizinhos e a se familiarizar com as línguas e a literatura estrangeiras. Foram também aquelas que adquiriram o traquejo social que lhes permitiu transitar com facilidade por uma sociedade não limitada aos judeus. Os homens tiveram mais dificuldade com isso. Existem registros, desde a época dos salões literários, de que alguns homens, cujas esposas eram a vida e a alma das reuniões sociais, se sentiam por demais embaraçados para frequentá-las.[46]

Contudo, embora a aculturação das mulheres judias na corrente central dominante talvez tenha sido mais fácil e mais completa nesse exemplo da Europa Central, o sentido do processo assimilacionista em si — daquilo que as mulheres esperavam dele — diferiu do dos homens, como nos demais casos. Sem dúvida, para os homens e mulheres que estavam emergindo da subordinação, a emancipação significava uma libertação das restrições sociais comunitárias tradicionais e das externamente impostas, as quais haviam reduzido as oportunidades de mobilidade econômica e social e inibido a ascensão à classe média. Ambos a percebiam como porta de entrada para o caminho que levava ao mundo dos dominadores. Ambos adotaram os valores e normas dos indivíduos bem-sucedidos que já faziam parte desse mundo como um quadro de referências positivo. Ambos também pareciam haver reconhecido a correlação entre assimilação e mobilidade ascendente.

Para os homens, entretanto, o significado da emancipação e da assimilação trazia como corolário a *promessa* de inclusão em *todas* as esferas da atividade pública reconhecidas como estando no âmbito dos privilégios e direitos masculinos. Na verdade, muitos passaram a *esperar* que o caminho que assim lhes fora aberto viesse a ampliar o leque de oportunidades sociais — o espectro de opções — entre as quais eles poderiam escolher. A obtenção da instrução formal era apenas uma dessas oportunidades, que haveria de lhes proporcionar o meio de se adaptarem culturalmente ao mundo que os cercava. Todavia, depois de escolherem *homens* pertencentes à sociedade dominante como grupo de referência para seu sucesso, também esperavam que sua própria conformidade aos estilos de vida e valores dominantes lhes granjeasse aceitação e lhes permitisse *penetrar nas esferas masculinas reconhecidas*: penetrar nas profissões liberais, nas artes e até no campo da política, ultrapassando as atividades econômicas associadas a seu passado de subalternidade.

As mulheres, é claro, fizeram sua trajetória para a classe burguesa, para o mundo do grupo dominante, em paralelo aos homens. Em muitas ocasiões, facilitaram enormemente a ascensão de classe social por meio dos dotes que levaram para o casamento e das alianças econômicas que ajudaram a formar.[47] Além disso, tanto quanto os homens que ingressaram na burguesia, as mulheres adotaram o estilo de vida e os trajes apropriados à classe média de seus respectivos países. Na Europa, em número cada vez maior, à medida que conseguiam arcar com os custos envolvidos, elas tiraram proveito das vantagens materiais ligadas à vida burguesa; alugaram apartamentos ou compraram casas nos "melhores" bairros; encheram-nos de móveis sólidos e de uma profusão de objetos que simbolizavam seu status e suas realizações; e passavam suas horas de lazer em espetáculos, chás vespertinos e apresentações culturais, ou em passeios pelas avenidas e parques. Algumas, como no exemplo de Jacob Katz, se tornaram figuras intelectuais centrais nos salões literários.[48] Outras, como Egon Schwarz disse ter acontecido na Áustria, eram "muito mais cultas" do que seus maridos e "encheram [...] [seus] filhos de um amor fanático pela cultura alemã e pela literatura alemã".[49]

Todavia, embora as mulheres "saíssem do gueto" e "se erguessem da escravidão" em harmonia com os homens no sentido físico e material, o significado de sua experiência foi influenciado pelo desenvolvimento e promoção de um constructo ideológico que estabelecia uma diferenciação entre os sexos no delineamento das opções. Em consequência desse constructo, foram socializadas para julgar que suas escolhas, oportunidades e metas se enquadravam numa esfera de atividade distinta: "doméstica" ou "familiar", diferente da esfera "pública" que, ao menos teoricamente, facultava aos homens o acesso aos privilégios sociais, à autoridade e à estima.[50] Fosse na África Ocidental britânica, onde uma ideia vitoriana e africana nativa de divisão do trabalho baseada no sexo foi transmitida aos crioulos de Serra Leoa; fosse no Brasil, onde a visão oitocentista progressiva de esferas separadas encontrava respaldo numa tradição ibérica mais antiga de dominação masculina; fosse ainda na Áustria, onde as raízes dessa ideia também estavam profundamente implantadas nas desigualdades anteriores entre os sexos, as mulheres saídas dos guetos ou da inferioridade da escravidão, ao ingressarem na cultura do grupo dominante, internalizaram e aceitaram a ideia de si mesmas como "anjo bom da casa, mãe, esposa e amante". Subordinaram-se a seus maridos na esfera pública e, em casa, proporcionaram a âncora de estabilidade doméstica na qual se supunha alicerçar-se a vida da família burguesa.[51]

A ideologia que demarcava os papéis sociais e a divisão do trabalho em esferas separadas era sustentada por explicações biológicas, baseadas nas funções reprodutoras e maternas da mulher, e reforçada pela manipulação de símbolos sexuais que afirmavam o "lugar natural [da mulher] no lar" como uma complementação necessária do mundo mais competitivo dos homens.[52] Essa ideologia também era institucionalmente sustentada de diversas maneiras. Ao longo de todo o século XIX, por exemplo, o currículo do ensino primário para as africanas libertas e crioulas de Serra Leoa incluía habilidades manuais relacionadas com o trabalho doméstico e depositava menos ênfase nas disciplinas acadêmicas e na formação associada aos interesses masculinos.[53]

No Brasil, a educação feminina tinha uma orientação ainda menos acadêmica do que na África Ocidental. A educação formal das meninas pobres era praticamente inexistente; quanto à das meninas das classes média ou alta, ficava nas mãos de professores particulares, domiciliares e eclesiásticos, que enfatizavam os deveres domésticos e a devoção religiosa. Nas palavras de um observador da época, J. Pinto de Campos: "A nova educação das mulheres, na atualidade, é exclusivamente a das danças, das recepções e da exibição; e aquelas que vivem fora das cidades, ou que não são abastadas, vegetam na ignorância, em função do conceito de que a mulher em si não é nada".[54]

Até a década de 1870, em toda a Europa Ocidental e Central — Inglaterra, França, Alemanha, Áustria — as divisões sexuais baseadas na polaridade entre o particular e o público, a casa e o local de trabalho, eram reforçadas pela exclusão quase completa das mulheres do ensino superior e pela prescrição de valores e comportamentos femininos "corretos" nos livros didáticos e no material de ensino.[55]

Para a maioria das mulheres, portanto, o sentido da emancipação e da assimilação não incluía como corolário a mesma promessa que representava para os homens. Ao contrário dos homens "assimilados", *as mulheres não esperavam que sua passagem para o mundo do grupo dominante incluísse o acesso à esfera prestigiosa das atividades públicas e profissionais desse mundo.* Confinadas à sua própria esfera pela ideologia progressiva do capitalismo e pela estruturação social dos papéis sexuais, procuravam realizar suas aspirações ao status e aos benefícios materiais da vida por intermédio de seus pais, maridos e filhos.

III

É importante enfatizar que, mesmo nas situações da Europa, da África e das Américas em que o assimilacionismo não era um componente ideológico articulado da emancipação, havia indivíduos que tentavam e conseguiam fazer a passagem da subordinação para o mundo do grupo dominante. No Brasil do século xix e início do xx, por exemplo, apesar da atitude de laissez-faire das autoridades e das severas dificuldades econômicas com que a maioria dos escravos emancipados se defrontou, assim como seus filhos, muitos afro-brasileiros conseguiram melhorar de status e situação econômica e penetrar nas fileiras da burguesia.[56] E o fizeram deslocando-se por uma trilha demarcada por prescrições universalmente características do assimilacionismo: por meio de uma modificação dos traços culturais intrínsecos e extrínsecos associados à vida inferior que desejavam deixar para trás. Muitas vezes também o conseguiram por intermédio do que os brasileiros chamam de *embranquecimento*: empenhando-se, de forma consciente ou inconsciente, num esforço progressivo de transformar "o negro em branco", pela miscigenação e pelo casamento. Desse modo, dotaram sua prole, fisicamente "mais clara", da possibilidade de "escapar" à identificação social associada com a escravidão e a subordinação.[57]

Entretanto, quer o assimilacionismo fosse ativamente estimulado por membros do sistema dominante, quer iniciado pelo esforço dos próprios subordinados, o compromisso com esse processo, em si mesmo, não implicava qualquer ataque aos arranjos estruturais que caracterizavam o mundo em que os povos recém-emancipados estavam ingressando, e nos quais as desigualdades econômicas e sociais fundamentais entre os grupos continuavam profundamente arraigadas. O esforço assimilacionista, como tal, sempre teve metas mais reformistas do que revolucionárias. Para os indivíduos subalternos, costumava refletir sua tentativa de *se aliarem* e *serem aceitos* pelo sistema, tal como *definido pelo grupo dominante* — a tentativa de passarem, em alguma medida, do status de "marginalizados" para o de "inseridos". A força dinâmica por trás de seu esforço decorria da promessa de recompensas futuras no status pessoal e de melhorias sociais e de posição para seus filhos e netos.

A medida exata de comprometimento das pessoas com o processo assimilacionista, identificado com o mundo do grupo dominante, também dependia, é claro, de fatores do clima social — do "momento histórico" — e de muitas das mesmas variáveis pessoais e estruturais que influenciavam a meticulosidade de sua aculturação e seu lugar dentro do continuum assimilacionista. Em última instância, porém, dependia das metas e expectativas de emancipação e do esforço assimilacionista dos indivíduos, bem como das *percepções* que cada um tinha de seu lugar no mundo social *em relação a essas expectativas*. Em consequência, a orientação individual para o grupo dominante — até que ponto este se transformava no grupo com o qual o indivíduo se identificava primordialmente — podia variar de uma pessoa para outra.[58] Por certo era comum que as pessoas se engajassem no processo assimilacionista e ao mesmo tempo mantivessem uma identificação primária com seu grupo de origem, como Marsha Rozenblit disse haver acontecido com alguns judeus vienenses.[59] Entretanto, era igualmente típico que os indivíduos em processo de assimilação se dissociassem, de modo parcial ou total, de suas "origens". Rejeitavam sua "antiga" identidade primária, baseada na comunhão étnica, religiosa ou racial, e se identificavam com outros, sobretudo com base nos antecedentes educacionais ou profissionais comuns, nos interesses e preferências semelhantes e na situação econômica — em outras palavras, com base nos valores e experiências comuns que definem a classe social.

Além disso, uma vez que as percepções e expectativas individuais "se entremeavam com a história" — eram influenciadas e afetadas pelas circunstâncias históricas em que se encontravam os indivíduos em processo de assimilação —, a orientação e a identidade individuais tendiam a se modificar com o tempo.[60] Pessoas que, num dado momento de sua história de vida, se sentiam à vontade e satisfeitas com sua situação, percebiam suas futuras oportunidades com grande otimismo e se identificavam inteiramente com o mundo do grupo dominante podiam, em outro momento, perceber-se como barradas ou excluídas desse mundo pelo preconceito ou pela discriminação, e passar por uma perturbadora crise de identidade.

A natureza dessa crise e as respostas que ela gerava nada tinham de uniforme. Tal como nas reações ao processo assimilacionista, fatores como a idade, o sexo e a raça afetavam a maneira pela qual elas se expressavam e se manifestavam. Mas elas o faziam em relação à duração e à intensidade do bloqueio ou da exclusão percebidos. As histórias de vida de membros de três famílias — a família May, da África Ocidental, a família Rebouças, afro-brasileira, e a família Zweig, de judeus da Europa Central — ilustram a complexidade da experiência assimilacionista do "século da emancipação", bem como o espectro das respostas dos indivíduos que, percebendo-se como "aspirantes inaceitáveis" no mundo do grupo dominante, efetivavam sua própria marginalização situacional.

2. Erguendo-se da escravidão: A história dos May

> [...] e agora, mais do que nunca, penso com admiração nos missionários e professores que, com suas bondosas esposas, se dão o imenso trabalho de burilar essas crianças nativas selvagens e moldá-las como algo que, por mais distante que esteja de nossas ideias do útil e do laborioso, é ainda admiravelmente superior à rudeza, à ignorância e à indolência de seu estado aborígine.
>
> Elizabeth Melville, A Residence at Sierra Leone (1849)

> Em certa ocasião, dois ou três deles vieram até mim, dizendo que, desde o sermão de uma daquelas noites, sua casa parecia estar em chamas e era como se seu corpo ardesse nessas labaredas, e eles não tinham paz nem sossego na alma, e exclamavam: 'Oh! Oh! O que havemos de fazer para ser redimidos?'. Assim, ensinei-lhes a abandonarem todos os seus ídolos, renunciarem a todos os seus pecados, arrependerem-se e confiarem em Nosso Senhor Jesus Cristo, o único que pode purificá-los, com seu sangue, de toda a imundície deles.
>
> Carta de Joseph May, "africano liberto", ao reverendo Hoole, 18 de dezembro de 1846

I

Se o menino é de fato "o pai do homem", como mostrou Wordsworth, essa relação não chegava a ser perceptível entre Joseph Boston May, trinta anos, recém-nomeado pastor metodista wesleyano nativo na colônia de Serra Leoa, e Ifacaié, menino ioruba libertado da escravidão em Freetown vinte anos antes. No ano de 1847, quando estava prestes a ingressar no campo missionário de Gâmbia, depois de haver renunciado ao cargo de professor principal da prestigiadíssima New Town West School, que ele trabalhara arduamente para fundar, Joseph May parecia haver rejeitado sua identidade anterior e ter se tornado um bem-sucedido membro da "burguesia negra" de uma sociedade colonial dominada pelos britânicos. Havia se transformado no que seus contemporâneos brancos da Europa e de Serra Leoa descreveriam como "africano civilizado" — pessoa que se distinguia das massas "africanas comuns" pela educação, pela conversão ao cristianismo e por sua conformidade exterior a um padrão de vida essencialmente europeizado, se não totalmente europeu em seus detalhes.

A transformação específica por que Ifacaié/Joseph May passou durante esse período de vinte anos foi exclusiva, é claro, de sua própria experiência de vida e das circunstâncias em que ele se achava. Mas o processo de assimilação — sua adaptação à ideologia e à cultura dominantes — também foi reflexo de uma resposta mais geral e disseminada das pessoas enquadradas no papel de subordinados ou minorias, no encontro entre grupos com antecedentes raciais, religiosos e étnicos diferentes. Os incentivos pessoais e externos que estimularam May a buscar aceitação no mundo do grupo dominante encontravam paralelos em toda a África, América, Europa e Ásia. Sob esse aspecto, o exame de sua biografia e a comparação dela com a de outros indivíduos que se assimilaram permitem uma compreensão mais clara da natureza do próprio processo assimilacionista.

Duas décadas depois de sua chegada a Freetown, o reverendo Joseph May expressava-se sobretudo em ioruba, ao se dirigir aos africanos libertos de Serra Leoa, cujos antecedentes étnicos eram semelhantes aos seus.[1] Por sua estrutura e vocabulário — sua terminologia de parentesco, suas formas de tratamento e suas imagens —, a língua ioruba lhe fornecia um elo potencial com uma realidade cultural que diferia da versão privilegiada pelos missionários e funcionários brancos da colônia. Entretanto, embora ele por certo devesse apreciar a complexidade de sua "língua materna" e os aspectos de uma cultura ioruba transposta que tinham uma ressonância positiva com as lembranças de sua criação infantil em Iwarré, sua utilização do ioruba nessa época da vida era claramente funcional. A língua facilitava o que havia passado a ser sua vocação principal: seu trabalho de mestre e disseminador da mensagem cristã entre pessoas recém-emancipadas de sua antiga região natal.

Ele havia aprendido a considerar o inglês o meio de comunicação "adequado" no ambiente multiétnico de Serra Leoa e a situá-lo acima de todas as outras línguas. Falava inglês com os moradores brancos da colônia e escrevia a eles e a outros nessa língua, sempre com a letra clara e bem desenhada que os missionários tinham lhe ensinado.² Sua utilização do inglês havia melhorado consideravelmente desde seu retorno de Londres em 1841, após dezoito meses de estudos patrocinados no Borough Road Training College, da British and Foreign Mission School Society. Já agora, era raro que cometesse os erros gramaticais de escrita ou empregasse a fraseologia canhestra que costumavam estar associados aos semialfabetizados ou àqueles para quem o inglês era uma língua estrangeira. Bem ao contrário, sua sintaxe tornara-se quase preciosista — talvez em testemunho do empenho em desencorajar qualquer crítica possível à sua condição de letrado e à sua competência educacional. Para ele, como para muitos outros que se haviam distanciado da escravidão e de um passado associado à inferioridade, o domínio da língua falada e escrita do grupo dominante confirmava, simbolicamente, sua ascensão de status. E também afirmava sua nova identidade.[3]

Aliás, em meados do século, restavam poucas distinções externas entre May e seus colegas, os missionários metodistas brancos de Serra Leoa. À semelhança destes, ele se vestia com trajes clericais importados da Inglaterra: botas pretas até o tornozelo, meias, calças justas de lã, camisa branca encimada por um colarinho eclesiástico duro, colete de lã e um sobretudo escuro, de comprimento médio, fechado por uma fileira de botões. Essa roupa, sem sombra de dúvida, era quente e desconfortável no clima tropical da costa ocidental da África, mas proclamava com clareza que ele fazia parte do grupo de cidadãos "respeitáveis" da colônia. Como também era moda entre muitos integrantes do clero, ele usava o cabelo curto, ligeiramente repartido de um lado, e exibia um cavanhaque bem aparado. Realçadas pelos óculos estreitos e elípticos, de aro dourado, que usava desde que voltara de Londres, essas características lhe conferiam a aparência digna e solene que, em nossos dias, é quase um estereótipo dos homens de sua profissão. Só a cor da pele e os traços físicos associados à sua raça o distinguiam por fora como sendo claramente diferente dos brancos — uma diferença que, àquela altura, talvez lhe parecesse menos importante do que as características que o distinguiam dos "A Quem" — os "africanos ignorantes, analfabetos e pagãos [...] *a quem* Deus, em Sua ira, jurou que nunca entrariam em Sua bem-aventurança".[4]

Tendo sido instruído por seus mentores missionários a encarar a religião africana como uma superstição e a ver sua vida pregressa entre os iorubas como atrasada, ele era, em meados do século, um inimigo fervoroso das práticas "pagãs" — daquilo que denominava "pecado e iniquidade, desgraça e vileza".[5] Descrevia New Town West, a área de Freetown onde havia morado durante a maior parte da década de 1840, como "lugar de infâmia e degradação", onde "a idolateria [sic]* e a superstição abundam profusamente; onde se praticam a poligamia, o adultério e a fornicação [e] onde a indolência e a profunda ignorância [são] exibidas".[6] May atestava a autenticidade de sua conversão religiosa pregando o evangelho de Cristo para os africanos "sem luzes", antes mesmo de ingressar formalmente no sacerdócio. E exibia seu fervor missionário destroçando os entalhes de madeira e os objetos cerimoniais associados ao culto religioso africano tradicional, sempre que os encontrava.[7]

---

* A grafia do original é *idolatery*, em vez de *idolatry*, idolatria. (N. T.)

Suas atividades durante esses anos de meados do século, assim como seu relacionamento com os britânicos e com os africanos de Serra Leoa, deixavam implícito que havia absorvido um componente crucial da ética burguesa de seus modelos europeus: a crença em que o sucesso se deve ao mérito pessoal e é conseguido por uma combinação de abstinência e esforço permanente.[8] Aprendera a associar a educação à mobilidade social ascendente e, como habitante de uma colônia onde os missionários eram responsáveis pelo ensino secular e religioso, parecia claramente vincular o cristianismo ao saber acadêmico.[9] Mas havia reconhecido e aceitado o trabalho árduo como ingrediente central dessa fórmula, e continuava a se dedicar com energia e disciplina às tarefas e oportunidades de sua vida. Sem dúvida, seus hábitos árduos de trabalho — as longas horas que dedicava a seu "aprimoramento pessoal" e ao ensino e proselitismo do credo que havia adotado — contradiziam as ideias europeias populares sobre a indolência dos povos tropicais e confirmavam o inverso: que todos os homens e mulheres, por mais humilde que fosse sua origem, eram capazes de, por meio do esforço pessoal, erguer-se "do lodaçal da desmoralização para os sólidos píncaros da respeitabilidade".[10]

Sério, sóbrio, disciplinado ao extremo e metódico, exibia o ímpeto de uma pessoa ansiosa por imprimir sua marca no mundo e a continência de quem estava decidido a não se deixar distrair pela frivolidade. Puritano no tocante aos "excessos da carne", havia retornado da Inglaterra como um abstêmio convicto. Defensor da completa abstinência do álcool — fundou uma "Sociedade de Temperança" na colônia —, ensinava seus alunos a cantar *"Away, away the bowl"* ["Fora, fora com o copo"] e demonstrava, pelo exemplo de seu próprio caráter, que era possível elevar-se acima dos "hábitos maléficos" dos descrentes. "Os iníquos serão transformados no inferno", já havia escrito em 1838, para atestar sua convicção. "Tenho que renascer. Tenho que nascer de novo, sem sombra de dúvida, ou não entrarei no reino dos Céus."[11]

Para complementar suas atividades de temperança e reforçar sua postura de membro "respeitável" da elite colonial negra de Serra Leoa, May também se engajou numa multiplicidade de organizações sociais e projetos que refletiam sua preocupação com o "aprimoramento" pessoal. Pertencia à Sociedade Beneficente Nacional e à Sociedade Ioruba, organizações de ajuda mútua dos africanos libertos; fazia parte da Sociedade Sindical, composta por pequenos importadores africanos de mercadorias, em cujo benefício May ajudou a estabelecer acordos diretos de comércio e crédito com uma firma inglesa em Londres; e era membro de uma associação informal de professores wesleyanos, que se reuniam mensalmente para discutir assuntos de interesse mútuo. Organizou também um Curso de Aperfeiçoamento em Ioruba que não se voltava para o estudo e o domínio de sua língua natal por si mesma, mas era uma tentativa de criar uma ortografia ioruba padronizada, na qual fosse possível enunciar, redigir e usar mais eficazmente a mensagem traduzida do evangelho, para esclarecer e ensinar os africanos recém-libertos das regiões de língua ioruba.[12]

Além disso, após o retorno da Inglaterra, sua respeitabilidade foi reforçada pelo casamento com Ann Wilberforce, jovem professora assistente da New Town West School.[13] Ao contrário de May, sua esposa nunca fora escrava e fazia parte da população crioula de Serra Leoa. Era nascida e criada na colônia, filha de Betsy Ricket e William Wilberforce, africanos libertos e cristãos de reputação impecável que moravam havia muito tempo na região.[14] Ann complementou Joseph em vários aspectos significativos. Partilhava de muitos de seus valores: a crença no trabalho árduo, no aperfeiçoamento pessoal por meio do esforço e da educação e na salvação cristã. Como observou um de seus filhos após a morte dela, Ann trabalhou ao lado do marido "em todos os trajetos que ele percorreu".[15] Ao que parece, correspondeu à máxima de Joseph de que as esposas "sempre se mostram obedientes e respeitadoras aos maridos". Era também defensora da ideia do lugar "adequado" da mulher, que os senhores coloniais brancos de Serra Leoa idealizavam como sendo o lar, e subordinava sua esfera de atividades à do marido em todas as ocasiões.[16]

Em New Town West, era encarregada do ensino acadêmico feminino e dirigia uma escola noturna bem-sucedida, na qual lecionava corte e costura e bordado — habilidades manuais consideradas fundamentais para a transformação das moças em senhoras distintas. Ao dar à luz o primeiro dos nove filhos do casal, Joseph Claudius May, em 1845, retirou-se do magistério. Passou então a se dedicar inteiramente aos deveres domésticos e maternos e ao trabalho de proselitismo cristão. Deixando poucos vestígios pessoais que pudessem fornecer pormenores de sua biografia para uma reconstrução futura, morreu na meia-idade, em 1872, e desapareceu no silencioso pano de fundo da memória afetiva.[17]

II

Observando-se num espelho em meados da década de 1840 e relembrando sua infância e o começo de sua vida, Joseph Boston May não poderia deixar de reparar no profundo contraste entre a pessoa que fora e aquela em quem se transformara. De seu ponto de vista de cristão convertido, educado por missionários, sem dúvida teria ficado satisfeito com sua metamorfose pessoal.

Nascera, provavelmente em 1817, num lugar que descreveu em relato autobiográfico como uma "nação pagã, um país cheio de idolatria".[18] Sua terra natal era uma pequena cidade chamada Iwarré [Iware] ("a maior de duas cidades com o mesmo nome"), situada a algumas milhas das margens do rio Ogum, no distrito sudeste do Antigo Império Oió, na área da atual República da Nigéria, onde predominava a língua ioruba.[19] Seu pai, Loncolá [Lonkólá], sacerdote-adivinho (babalaô) dedicado ao deus ioruba da adivinhação, Ifá, deu-lhe o nome de Ifacaié em homenagem a essa divindade.[20] Sua mãe, Manlawa [Mon'lawa], que ele descreveu como "uma mulher de compleição robusta e temperamento bondoso e pacífico", era a segunda das três esposas de Loncolá, e Ifacaié era o segundo de seus quatro filhos.[21]

Na segunda década do século XIX, o Antigo Império Oió estava à beira do colapso. As convulsões associadas à sua desintegração criavam uma atmosfera de angústia e medo num conjunto de cidadãos cuja segurança pessoal era cada vez mais ameaçada por gangues errantes de bandidos, sequestradores e captores de escravos.[22] A situação contrastava marcantemente com a segurança e a estabilidade que haviam caracterizado o núcleo do império no passado. Em seu apogeu, nos séculos XVII e XVIII, o Império Oió havia abrangido uma área maior que a da Suíça moderna, quase do tamanho da Nova Escócia, e tinha uma população de bem mais de um milhão de habitantes.[23] Dominada por sua capital, Oió-Ilê, grande cidade fortificada à beira da região montanhosa do extremo nordeste do império, a base econômica do poder do Antigo Império Oió provinha do comércio — dos lucros diretos e indiretos que seus dirigentes extraíam da troca de produtos locais e de pessoas escravizadas por produtos europeus provenientes do litoral, assim como por cavalos, artigos de couro, sal e outros produtos vindos do norte.[24]

Durante esse período de grandeza, os reis divinos — os alafins de Oió-Ilê — tinham o poder de reivindicar a suserania sobre as populações e os reis iorubas na área da floresta tropical, bem ao sul da cidade natal de Ifacaié. Seu poder estabeleceu-se com extrema eficácia numa região fisicamente mais aprazível e menos acidentada, recoberta de savanas, onde as comunicações eram mais fáceis, a rigorosa supervisão administrativa dos distritos circunjacentes era favorecida e eles podiam utilizar sua portentosa cavalaria para garantir o controle das rotas de comércio e manter a ordem e a coesão.[25]

Foram exatamente essa ordem e essa segurança que desapareceram junto com a unidade do Antigo Império Oió, quando seu governo central começou a entrar em declínio no fim do reinado do alafim Abiodun, nos últimos anos do século XVIII. Seguindo o exemplo da província de Ilorin, cujo governante, Afonja, lograra êxito ao desafiar o alafim, declarando a independência de sua província, os chefes de outras grandes cidades e províncias do império afirmaram seu direito à independência da dominação política e econômica de Oió-Ilê.[26] Na feroz luta pelo poder que se seguiu, o alafim perdeu o apoio da cavalaria, paralelamente ao surgimento de exércitos locais que apoiavam as reivindicações das regiões ou províncias. Esses exércitos não apenas combateram os soldados de Oió-Ilê, ou uns aos outros, como também atravessaram a região de ponta a ponta saqueando as cidades e aldeias e fazendo prisioneiros, que depois eram trocados pelo pagamento de resgates ou vendidos como escravos.

A situação tornou-se ainda mais ameaçadora na década de 1820, quando a província rebelde de Ilorin passou ao controle das forças muçulmanas hauçás e peúles, que eram fiéis ao califado vizinho de Sokoto. Esses muçulmanos transformaram a província num posto avançado para levar ao Antigo Império Oió o jihad dos hauçás e peúles — a revolução religiosa reformista islâmica que vinha se desenrolando havia mais de duas décadas na região das savanas e estepes a nordeste do império.[27] Em vez de estimular a união entre os cidadãos do Antigo Império Oió para enfrentar essa ameaça muçulmana, o colapso do governo central de Oió-Ilê e o agravamento da agitação e da insegurança que o acompanhou desencadearam um estado quase de pânico na população em geral. No decorrer dos distúrbios ocorridos durante esse "período de desordem", muitas cidades do império foram destruídas ou abandonadas, à medida que seus habitantes fugiam para buscar refúgio nas áreas aparentemente mais seguras da floresta tropical. Até a capital, Oió-Ilê, foi abandonada, fundando-se uma nova capital no local onde hoje se situa a cidade de Nova Oió, cerca de 130 quilômetros ao sul.

O contraste entre a fase áurea do Antigo Império Oió e essa era de declínio foi captado na letra de uma canção ioruba:

Nos tempos de Abiodun, pesávamos nosso dinheiro em cabaças;
No reinado de Awole, arrumamos a trouxa e fugimos.[28]

O pai do jovem Ifacaié, Loncolá, tentou reagir à situação de ameaça que prevalecia nas imediações de Iwarré, em meados da década de 1820, deslocando sua família para residências provisórias, mas aparentemente mais seguras, em outros lugares. Mandou Manlawa, sua segunda mulher, e os filhos que tivera com ela, inclusive Ifacaié, então com cerca de dez anos, morarem com o irmão dela em Ikotto — cidade de onde Manlawa era originária.[29] Não se sabe ao certo por que Ikotto lhe pareceu um refúgio mais seguro para esses membros de sua família do que Iwarré. Como outras cidades do império, é provável que Iwarré e Ikotto fossem ambas cercadas por pelo menos uma muralha, que talvez atingisse seis metros de altura, e por um fosso profundo, os quais desestimulavam qualquer outro acesso que não fosse pelos diversos portões, nos quais normalmente se cobrava um pedágio dos mercadores itinerantes e dos vendedores das feiras. Entretanto, é possível que Ikotto tivesse uma localização natural melhor do que Iwarré para fins defensivos e talvez gozasse também da proteção de uma "floresta local" (*igbo ilê*) — moita ou matagal em torno da cidade que oferecia uma segurança a mais contra os ataques repentinos da cavalaria.[30]

Seja como for, essas defesas foram insuficientes. Ikotto, assim como Iwarré e as cidades vizinhas de Okiti, Ajerun e Ajabe, no distrito de Epo, foi capturada nos últimos meses do ano de 1825 pelos soldados de Ojo Amepo, invasor muçulmano independente dos iorubas, que fora um dos chefes militares de Afonja, governante separatista da província de Ilorin.[31] Ojo Amepo, descrito nas tradições orais como "bom cavaleiro e guerreiro intrépido", havia fugido de Ilorin liderando um pequeno exército, depois da queda e morte de Afonja. Foi instalar-se em Akese, bem no coração da região de Epo, área então ainda ostensivamente sob controle de Oió-Ilê e situada no interior do Antigo Império Oió.[32] Sem autorização do alafim de Oió-Ilê, ele assumiu o título de *Are Ona Kakamfo* (comandante em chefe das forças militares imperiais) e liderou diversos ataques de surpresa contra as cidades de Epo, a fim de capturar pessoas cujo resgate ou venda lhe proporcionassem a receita para comprar cavalos para sua cavalaria e abastecer e ampliar suas forças de combate.[33]

Ifacaié, sua mãe, seu irmão e suas irmãs foram feitos prisioneiros quando Ikotto capitulou diante dos invasores de Ojo.[34] Não se conhecem muitos detalhes sobre esse acontecimento, exceto que a cidade "foi inesperadamente sitiada e invadida numa certa noite" — descrição eufemística, redigida pelo May adulto, do que sem dúvida deve ter sido uma experiência assustadora, se não traumática, na vida do menino Ifacaié.[35] A julgar pelas lembranças de outros iorubas capturados e escravizados nesse mesmo período turbulento da história da África Ocidental, as invasões desse tipo eram sangrentas e cruéis, não sendo em nada mitigadas pelo fato de os predadores e as vítimas terem em comum uma língua e muitos valores religiosos e sociais.[36] De acordo com o testemunho de Samuel Ajayi Crowther, escravizado em 1821, com cerca de quinze anos, na ocasião em que sua cidade natal Osogun foi invadida por guerreiros iorubas muçulmanos, e segundo o testemunho de Joseph Wright, arrancado de seus pais na região de Egba mais ou menos na mesma época e quase com a mesma idade de Ifacaié, os invasores preferiam os cativos jovens e saudáveis, em função de seu evidente atrativo como escravos produtivos, e eliminavam os demais, muitos deles com violência. Isso significava que "as crianças pequenas, as meninas, os rapazes e as moças" eram levados embora, enquanto "os mais velhos e os idosos", os enfermos e os muito pequenos ficavam para trás, sendo às vezes abandonados ou mortos. Caçados pelos captores, os apanhados eram levados para longe "como bodes amarrados", com uma laçada de corda em volta do pescoço.[37] As famílias eram separadas à força e, às vezes, brutalmente divididas entre os invasores vitoriosos, a fim de serem vendidas a donos diferentes, moradores dos mais diversos lugares.

No caso de Ifacaié, o horror do ataque repentino e o pavor do cativeiro devem ter sido momentaneamente superados pela boa notícia de que seu pai não fora capturado pelos homens de Ojo e de que o babalaô fora ao acampamento dos invasores para resgatar Manlawa e as crianças. Mas os recursos de Loncolá eram insuficientes para resgatar sua esposa e os quatro filhos, de modo que ele combinou deixar Ifacaié com seus captores, prometendo retornar na manhã seguinte com o dinheiro para resgatá-lo.

Com que exatidão o May adulto terá recordado os detalhes dessa combinação — quanto de sua descrição do episódio terá sido uma racionalização do que talvez tenha sido o descumprimento de uma promessa por parte de seu pai — é impossível avaliar. Fica claro, entretanto, que a despedida subsequente de sua mãe, pai, irmão e irmãs marcou o início de uma grande transformação na vida do menino. Exceto por um breve encontro com uma de suas irmãs, muitos anos depois, em Bathurst, ele nunca voltaria a ver nenhum deles.[38]

Antes do amanhecer e antes que seu pai pudesse chegar ao local onde Ifacaié fora deixado, o menino foi levado para outra cidade — "carregado", como recordou ele, "para um país muito distante" [para muito longe] — e vendido como escravo doméstico.[39] Passou então a viver na casa de seu "dono", "como um de seus quatro filhos", durante quase um ano, no que provavelmente deve ter sido uma situação de subordinação de certa forma comedida.[40] Em junho de 1826, contudo, depois de um aparente declínio da situação econômica de seu senhor, voltou a ser vendido. O novo dono também o manteve como escravo doméstico, mas "declarou amá-lo como se fosse seu próprio filho" e o transformou no *"aggeah*, ou favorito". Durante todo esse tempo, Ifacaié continuou a alimentar esperança de um dia ser resgatado por seu pai.[41] Passados uns três meses, porém, quando a estação das chuvas começou a amainar e as viagens a pé voltaram a se tornar possíveis, Ifacaié foi levado por seu amo para uma cidade a cinco dias de distância e, inexplicavelmente, vendido — desta vez, não para a escravidão doméstica, mas para um mercador envolvido no tráfico ultramarino de escravos, com destino ao litoral.

O choque do pesadelo dessa experiência — sua passagem forçada de uma vida para outra — foi profundo para Ifacaié. Em épocas posteriores, recordou vividamente a amargura com que havia chorado durante esses meses, depois de ser deixado como "uma criança desamparada em meio a perfeitos estranhos", e enfatizou a profunda saudade que sentira de seus pais, seus parentes e sua terra natal ao perceber que nunca voltaria a vê-los.[42] Depois de privá-lo de sua liberdade, seus captores trataram de despojá-lo também do elemento mais característico de sua identidade anterior: seu nome. Passaram a chamá-lo de Ojo, nome ioruba dado às crianças nascidas com o cordão umbilical em torno do pescoço, mas que, no caso de Ifacaié, era obviamente uma pilhéria cruel, que se referia à corda do cativeiro com que ele foi amarrado pelo pescoço a outros escravos.[43]

No final de setembro ou início de outubro de 1826, durante a transição do fim da estação chuvosa para o início da estação das secas, Ifacaié e outros escravos destinados a serem vendidos no exterior foram levados, numa caravana vigiada por guardas, em direção ao litoral. A trajetória exata da viagem, que durou vários dias, não é clara. Contudo, lembrava-se de ter passado por muitas cidades e aldeias e atravessado uma "grande floresta", até que ele e seus companheiros chegaram à lagoa de Lagos. "À tardinha, os raios do sol poente caíam sobre a água", recordou-se depois, ganhando "um aspecto que eu nunca vira antes e que me enchia a mente de pavor".[44] Tangidos como gado para as canoas em que fizeram a travessia do lago, foram levados para Badagry, o "grande acampamento de escravos [...] onde ficavam os portuguese [sic]".[45] Lá, Ifacaié foi vendido para um "homem grande" chamado Adalay e mantido em confinamento por três semanas, até ele e os outros cativos serem novamente vendidos — dessa vez, de fato, para um traficante de escravos português.[46]

É provável que esse comprador tenha sido a primeira pessoa branca que Ifacaié viu em sua vida. Não há dúvida de que o encontro foi apavorante. Ele ouvira de outros prisioneiros que os portugueses compravam as pessoas "e as levavam embora para comê-las em seu país" — boato em que acreditou, pois os europeus só compravam homens, mulheres e crianças fisicamente "perfeitos, atraentes e bonitos".[47] O menino passou os três meses seguintes confinado num acampamento, em grande aflição, temeroso do futuro e inseguro do passado. A princípio, o traficante português o levou para um cercado e ali o trancafiou na companhia de dois homens, ambos presos por grilhões. Sendo pequeno e provavelmente considerado inofensivo, de início foi deixado solto e "procurou ser útil, servindo água e prestando ajuda aos que estavam agrilhoados" — prisioneiros cujo número aumentava quase diariamente, à medida que os portugueses de Badagry iam enchendo de escravos o seu cercado, à espera dos navios que iriam chegar. O número de cativos logo atingiu uma centena, e Ifacaié também foi agrilhoado e obrigado a usar uma argola de ferro no pescoço. Quando esse número aumentou para mais de trezentos, depois de algumas semanas, o calor da estação das secas deve ter tornado as condições do apinhado pátio quase insuportáveis.[48]

Embora seja possível que os horrores que ele testemunhou e vivenciou durante esse período tenham ficado firmemente gravados em sua mente pela vida afora, o Joseph May adulto forneceu poucos detalhes da situação do acampamento. Segundo Samuel Ajayi Crowther, entretanto, que suportara sofrimentos semelhante alguns anos antes,

> a princípio, homens e meninos eram agrilhoados juntos, com uma corrente de cerca de seis braças de comprimento, que pas-

sava por uma argola de ferro colocada no pescoço de cada indivíduo e era presa com cadeados nas duas extremidades. Nessa situação, os meninos eram os que mais sofriam: às vezes, os homens, enfurecidos, puxavam a corrente com tamanha violência que raramente os garotos deixavam de ter ferimentos em seus pobres pescocinhos, sobretudo na hora de dormir, quando puxavam muito a corrente para lhe reduzir o peso e poder deitar-se com mais comodidade, a tal ponto que ficávamos quase sufocados, ou mortalmente feridos, num aposento de uma porta só, que era trancada assim que entrávamos, e sem nenhuma abertura para a ventilação além das frestas abaixo do beiral. À noite, muitas vezes, quando dois ou três indivíduos discutiam ou brigavam, a multidão toda era castigada, sem qualquer distinção. [...] O sexo feminino não se saía muito melhor.[49]

Em janeiro de 1827, chegou ao litoral o bergantim brasileiro *Dois Amigos*, posto a serviço do tráfico de escravos, e Ifacaié e seus companheiros foram preparados para o embarque. Seu destino era Salvador, na Bahia.[50] Acorrentados uns aos outros pelo pescoço, foram retirados do acampamento, levados de canoa pelo lago Ossa e obrigados a andar até a praia, onde os esperavam os barcos que os levariam ao *Dois Amigos*. Entretanto, antes da partida, Ifacaié e todos os outros tiveram que suportar mais uma dolorosa indignidade: foram marcados com um ferro em brasa no braço direito ou no peito — recebendo, impressa na carne, uma marca que identificava seus donos e sua condição de subalternidade. A letra de Ifacaié, um "T" que se tornou visível e indelével em poucos dias, permaneceu claramente marcada em seu peito até seu último dia de vida.[51]

"Eu me achava no estado mais deplorável possível", lembrou-se May mais tarde, quando ele e os outros homens, mulheres e crianças escravizados foram amontoados a bordo do navio, "chorando e lamentando amargamente" pelos pais, parentes e amigos, sem saber "para onde vou e o que será feito de mim".[52] As condições a bordo do *Dois Amigos* eram deploráveis. Em três ocasiões anteriores, em 1815, 1816 e 1824, esse brigue fora interceptado em alto-mar por patrulhas navais britânicas pertencentes ao Esquadrão Antiescravagista, e sua carga humana fora libertada em Freetown, na colônia de Serra Leoa.[53] Os proprietários e comandantes do navio haviam tentado superar os prejuízos financeiros sofridos em cada uma dessas ocasiões aumentando o número de escravos transportados nas viagens subsequentes: passaram de menos de cem, em 1815, para 148 em 1816, 255 em 1824 e 317 em 1827, quando Ifacaié estava a bordo.[54] Essa carga viva era "promiscuamente amontoada no porão, como fardos de mercadorias", e só de vez em quando, em turnos alternados, tinha permissão de esticar as pernas e respirar um pouco de ar puro no convés. Sob o calor intenso e o ar abafado e fétido de sua prisão, muitos dos companheiros de Ifacaié adoeceram. Nove deles perderam a vida.[55]

A sorte do *Dois Amigos*, no entanto, continuou má. O início da viagem para a Bahia foi lento, prejudicado por mares revoltos e ventos desfavoráveis, e, considerando-se as experiências anteriores do brigue com a Marinha britânica, por certo o comandante deve ter se preocupado com a possibilidade de encontrar e precisar se esquivar dos vasos de guerra da patrulha antiescravagista. Tal temor há de ter se intensificado uns dez ou doze dias depois da saída de Badagry, quando ele e seus tripulantes avistaram um navio que vinha em sua direção. O comandante tentou evitar o curso da embarcação que se aproximava e escapar dela, "abrindo todas as velas possíveis para fugir". Mas de nada adiantou: o brigue negreiro, com seus dois mastros, não era páreo para a velocidade do cruzador naval, que a essa altura claramente o perseguia. Quando ficou patente que o perseguidor era um dos vasos de guerra de Sua Majestade britânica, os escravos a bordo do navio brasileiro "foram informados de que havia piratas em seu encalço e de que deviam ficar muito quietos" — talvez uma tentativa desesperada e inútil do capitão de esconder sua carga e apresentar sua embarcação como um navio a serviço de comércio legítimo.

O artifício não deu certo. O HMS *Esk*, sob o comando do capitão William Jardine Purchase, alcançou o *Dois Amigos* mais ou menos ao anoitecer do dia em que os dois se avistaram pela primeira vez e, logo depois, os tripulantes abordaram e tomaram o navio negreiro, ao que parece sem encontrar resistência. Dias depois, em 8 de fevereiro de 1827, rebocando o brigue, o cruzador entrou no porto de Freetown, na península de Serra Leoa, e Ifacaié e os 307 sobreviventes da longa provação em terra e no mar chegaram ao Desembarcadouro do Rei Jaime.

III

Embora não exista nenhuma imagem ou descrição de Ifacaié para ilustrar sua aparência quando ele aportou pela primeira vez na colônia britânica de Serra Leoa, em 1827, o menino que desembarcou em Freetown provavelmente diferia pouco dos outros africanos recém-libertos dos navios negreiros. Podemos presumir que, tal como eles, tenha chegado nu ou seminu, quase morto de fome pela viagem e amedrontadíssimo. Estava longe de casa e de seus parentes, numa terra estranha e montanhosa, atordoado pelos acontecimentos e inseguro quanto a seu destino. O King's Yard — amplo acampamento murado para o qual ele e seus companheiros de viagem foram levados depois do desembarque, e onde todos ficaram morando durante semanas, até serem registrados e reinstalados por toda a colônia de Serra Leoa — deve, à primeira vista, ter se assemelhado muito ao acampamento miserável de Badagry, no qual ele estivera aprisionado antes de zarpar.[56] A inscrição acima do portão, "Real Hospital e Asilo para os Africanos Resgatados da Escravidão pela Coragem e Filantropia Britânicas", não terá tido nenhum sentido para o menino analfabeto.[57] Os homens e mulheres brancos com quem ele entrou em contato, falando uma língua diferente da dos marinheiros do *Dois Amigos*, devem ter lhe parecido estranhos e, quem sabe, tão preocupantes quanto os traficantes de negros "portuguese" que o haviam comprado. Existem relatos de outras crianças africanas emancipadas que, meses depois de serem reinstaladas em Serra Leoa, tinham pavor de ficar sozinhas com os europeus — ainda receosas de serem mortas e devoradas.[58]

De fato, é de se imaginar como exatamente Ifacaié e os outros prisioneiros reagiram à sua "recaptura" pelas patrulhas antiescravagistas britânicas — à captura em alto-mar do navio em que tinham sido embarcados, a seu transporte para Freetown e a seu confinamento no King's Yard. Desinformados quanto às circunstâncias que cercavam esses atos, por certo podem ter acreditado no artifício dos marinheiros brasileiros, que disseram que os britânicos eram "piratas do mar", interessados em roubar os escravos para si mesmos. Nesse caso, é provável que Ifacaié tenha reagido exatamente como Samuel Ajayi Crowther, seu conterrâneo de Oió e futuro mentor, que notou "pouca diferença inicial entre a captura britânica de seu navio negreiro e as muitas outras mudanças por que ele havia passado durante o período subsequente à sua captura original".[59] Aquilo a que os britânicos se referiam com orgulho como sua "libertação" humanitária dos escravos, e que viam como o início de um processo em que os negros libertos seriam "civilizados e cristianizados", foi inicialmente percebido, portanto, pelo menos por alguns dos próprios ex-escravos, como nada além de mais uma troca de senhores.

Contudo, por mais traumáticas que tenham sido as experiências do cativeiro em Ikotto e da separação dos parentes, Ifacaié não era uma *tabula rasa* quando chegou a Serra Leoa, em 1827. Desarraigado de sua terra natal, vendido como escravo, tangido, aprisionado, marcado e embarcado num mar revolto para um destino incerto, não há dúvida de que sua desorientação psicológica era enorme quando ele entrou no King's Yard para começar uma vida nova. Mas, por nunca ter estado fora de um meio cultural predominantemente ioruba — até mesmo no navio negreiro, no qual seus companheiros africanos falavam sua língua materna —, decerto levou consigo para Serra Leoa a marca do mundo em que fora criado. Sua identidade e orientação culturais, apesar de abaladas pela provação que ele havia suportado, continuavam a ser as do menino que crescera numa cidadezinha do Antigo Império Oió.

Não se sabe quase nada de concreto sobre os detalhes da vida de Ifacaié antes de seu cativeiro. O adulto Joseph Boston May forneceu poucas informações, em suas memórias escritas, sobre seu meio cultural nativo ou sua criação em Iwarré. Em contraste com os relatos muito mais completos de sua escravização e libertação, sua hesitação em discutir sua vida pregressa talvez indique uma tentativa deliberada de evitar o ressurgimento de lembranças dolorosas de um abandono infantil e de obliterar seu vínculo com um passado que, quando adulto, passou a considerar imerso nas trevas da ignorância.

Quando pôs os pés em Serra Leoa, Ifacaié só sabia se comunicar em ioruba — língua de imagens ricas e grande sutileza, que refletia naturalmente o meio físico e social de sua pátria — e sua percepção e entendimento da nova situação decerto terão sido moldados por esse fato. Era analfabeto no sentido de que seu idioma materno ainda era uma língua não escrita, mas sem dúvida não era desprovido de instrução. O povo de língua ioruba considerava a educação infantil fundamental para uma vida adulta bem-sucedida e para a manutenção da ordem social; via nela um meio pelo qual o indivíduo se tornava útil para si mesmo e, o que certamente era mais importante, para a comunidade em geral. Tal como outras crianças nascidas numa cultura com uma vigorosa tradição oral, ele teria sido instruído pelos pais e pelos mais velhos sobre as regras, valores e crenças do mundo em que fora criado.[60]

Com seu pai, Loncolá, um babalaô de Ifá, é presumível que Ifacaié houvesse aprendido muita coisa, diretamente e pela observação. Babalaô se traduz do ioruba, literalmente, como "pai dos segredos", e exigia-se dos sacerdotes adivinhos de Ifá uma formação de muitos anos, que incluía a memorização de um vasto corpo de literatura poética (*ese Ifá*) e de material adivinhatício, a fim de que pudessem "falar com a divindade" e desempenhar o papel de médicos, psicólogos, filósofos e historiadores na comunidade a que pertenciam.[61] Ifacaié, apesar de provavelmente muito novo na época de sua captura para ter sido diretamente instruído em qualquer dos mistérios mais profundos do sacerdócio de Ifá — mistérios que com frequência passavam de pai para filho —, com toda a probabilidade foi exposto, observando seu pai, aos rituais da divindade em cuja homenagem havia recebido seu nome, e aos das outras divindades cultuadas por seus conterrâneos. Com Loncolá e outros adultos, o menino teria aprendido as características, peculiaridades e funções das divindades iorubanas: Olodumaré (Olorum), Senhor dos Céus e divindade suprema da criação; Exu, mensageiro e executor divino; Iemanjá, divindade do rio Ogum; Ogum, divindade do ferro e da guerra; Xangô, divindade dos raios e trovões; Orixalá, criador da humanidade; Oduduwa, criador da Terra e progenitor do povo ioruba; e sobretudo Ifá, divindade da adivinhação.[62] Essa familiaridade infantil com as divindades e as crenças religiosas iorubas é algo que podemos presumir que Ifacaié tenha levado consigo para Serra Leoa.

Além disso, no meio cultural em que ele fora criado em Iwarré, sua mãe, Manlawa, e os familiares mais velhos lhe teriam ensinado a etiqueta das relações sociais. Aliás, sendo criado numa família polígina, Ifacaié sem dúvida terá passado muito tempo recebendo os cuidados e ensinamentos da mãe — muito mais que do pai. Com ela teria aprendido a obediência, o respeito pelos laços de parentesco e a reverência pelos ancestrais — a crença no poder e influência contínuos dos mortos sobre os vivos. Teria sido iniciado na ética ioruba do trabalho e afastado da preguiça por intermédio da atribuição de tarefas domésticas. Com as histórias populares, os provérbios, as adivinhações e outros relatos apresentados por Manlawa, pelas outras esposas de seu pai e pelos mais velhos, ele teria adquirido conhecimento sobre o passado de sua sociedade e suas lendas originárias, e absorvido ideias sobre o comportamento responsável do indivíduo para com os pais, os mais velhos e a comunidade em geral. Como varão de dez anos, é possível que também tivesse vivenciado a circuncisão e o rito de passagem da infância para a idade adulta, e recebido instruções sobre as habilidades práticas exigidas dos homens e das mulheres na sociedade complexa, urbana e de predominância agrícola do Antigo Império Oió.[63]

Entretanto, praticamente assim que Ifacaié entrou no King's Yard, em Freetown, e recebeu roupas para cobrir sua nudez e alimento para saciar sua fome, a marca cultural que trouxera consigo de sua terra natal começou a ser alterada. De caráter assimilacionista, o processo que acabou por promover a transformação do menino da família politeísta e polígina de Iwarré em Joseph Boston May, o missionário wesleyano destruidor de ídolos, tinha suas raízes ideológicas na natureza da colônia de Serra Leoa — na curiosa combinação de filantropia, idealismo humanitário, interesse econômico e arrogância cultural que definiu a "missão civilizadora" da Grã-Bretanha nessa parte da África até o final do século XIX.

Afinal, Serra Leoa fora criada não apenas como refúgio para escravos libertos e homens e mulheres negros alforriados na Grã-Bretanha, na América e nas Índias Ocidentais, mas também como experimento social. Os diretores da Companhia de Serra Leoa, incluindo William Wilberforce, Granville Sharp, Thomas Clarkson e Henry Thornton, eminentes evangelistas da seita Clapham e abolicionistas, entendiam a aventura colonizadora, para a qual haviam recebido uma autorização real em 1790, como meio de levar "as bênçãos da indústria e da civilização" aos africanos, "retidos por muito tempo no barbarismo".[64] Como muitos de seus contemporâneos europeus, consideravam que os africanos eram desfavorecidos por seu meio ambiente, pelo tráfico de escravos e pelo erro religioso.

Contudo, fazendo eco ao pensamento do fim do século XVIII sobre a potencial *Verbesserung* dos judeus, também achavam os africanos passíveis de redenção. Seu pressuposto de que "os pagãos" deviam e podiam ser convertidos aos benefícios da cultura europeia — com base numa pretensão chauvinista que tornava "civilização" sinônimo de sua versão da "europeização" — continuou a ser a justificativa ideológica primordial da existência da colônia, quando a Coroa britânica assumiu seu governo em 1808. E assim continuou a ser até que as ideias britânicas sobre os africanos e, particularmente, sobre a "educabilidade" africana, foram modificadas pela ascensão do racismo pseudocientífico, na década de 1860.[65]

Implícita nessa suposição catequética estava a crença na ideia do progresso, assim como a confiança em que a "civilização" podia ser transmitida a qualquer ser humano por meio da educação. Nesse contexto, o objetivo dos dirigentes coloniais de Serra Leoa era afastar africanos como Ifacaié das "trevas da superstição" e dos males da escravidão, e transformá-los, por intermédio do ensino e de formas menos diretas de tutela, em súditos europeizados e, sempre que possível, cristãos da Grã-Bretanha. "Se seus filhos receberem os recursos da instrução cristã e religiosa", escreveu o governador Alexander Findlay sobre os africanos libertos ao visconde Goderich, secretário de Estado das colônias, "à medida que eles forem crescendo, também a religião, a civilização e a indústria progredirão e se disseminarão pelo interior da África."[66]

Para Ifacaié, o "desmame" começou depressa. Recebeu de conterrâneos seus em Serra Leoa — vários africanos libertos de língua ioruba que tinham sido libertados alguns anos antes — esclarecimentos iniciais sobre a natureza do lugar para onde fora levado. Ao visitarem King's Yard à procura de parentes, não muito depois da chegada do menino, eles o parabenizaram, assim como a seus companheiros, por sua libertação, deram-lhes as boas-vindas à colônia, explicaram o objetivo humanitário da existência dela e os tranquilizaram quanto ao tratamento bondoso que eles receberiam nas mãos de seus dirigentes britânicos.[67] Ao exercerem essa função — acalmando os recém-chegados, confusos e assustados, com a promessa de uma nova vida de liberdade em Serra Leoa —, esses africanos libertos de língua ioruba foram os primeiros agentes do processo europeizador e catequético com que Ifacaié se deparou. Em pouco tempo ele conheceria outros: missionários cristãos, funcionários e residentes europeus da colônia, e também colonos e "novos cativos" africanos cuja conversão ao cristianismo e cuja educação os haviam distinguido como "produtos bem-sucedidos" da missão civilizadora. Direta ou indiretamente, consciente ou inconscientemente, cada um deles lhe serviria de ilustração viva do "comportamento civilizado" e da aparência civilizada, bem como de modelo daquilo que o grupo dominante britânico definia como sendo o estilo de vida "mais esclarecido".

Como outras crianças africanas libertas, Ifacaié só permaneceu em King's Yard por tempo suficiente para ser registrado e oficialmente emancipado, antes de ser retirado dos muros do enclave e levado para um dos diversos povoados nas montanhas e áreas rurais próximas de Freetown.[68] Foi ali, num exuberante cenário tropical da África Ocidental — em pequenas aldeias cujos nomes ingleses, como Leicester, Gloucester, Bathurst, Charlotte, Regent, Wellington, Hastings e Waterloo, celebravam a aristocracia real e as vitórias marciais da nação britânica —, que os funcionários e missionários da colônia concentraram seus esforços, em meio aos escravos recém-libertos, para induzir a transformação cultural e religiosa encarnada no experimento de Serra Leoa.[69]

A prática governamental de reinstalar os africanos recém-libertos em comunidades rurais, nos arredores da capital da colônia, tinha pouco mais de dez anos quando Ifacaié saiu de King's Yard. Fora estimulada e sistematizada por Charles MacCarthy, governador ativo e vigoroso que promovera, entre o governo colonial e a recém-formada Sociedade Missionária Eclesiástica (SME), o acordo que havia outorgado ao clero dessa sociedade, em Serra Leoa, a responsabilidade pela escolarização e supervisão dos africanos libertos no nível da aldeia.

Em consonância com a crença de MacCarthy em que a população africana liberta "se adaptaria como cera a qualquer moldagem", a ideia que vigorava em 1816, assim como em 1827, quando Ifacaié foi mandado para os povoados das montanhas, era afastar homens, mulheres e, sobretudo, crianças recém-libertos das influências perturbadoras de Freetown e levá-los para o relativo isolamento das aldeias, onde, pelo benefício do exemplo e do ensino direto, aprenderiam a língua inglesa e seriam orientados a adquirir "hábitos de trabalho" e "um conhecimento competente das artes e da etiqueta da vida civilizada". Nos "laboratórios" da aldeia, pretendia-se que a educação religiosa e secular complementasse a formação agrícola e técnica, para moldar os africanos como súditos ordeiros, moralmente virtuosos, obedientes e produtivos da Coroa: para integrá-los efetivamente, na ordem colonial, como participantes dóceis e equilibrados.[70]

Fazia muito tempo que Regent, aldeia para onde Ifacaié foi enviado três semanas depois de sua chegada à colônia, a fim de morar e estudar, era considerada pelos funcionários coloniais como a mais bem-sucedida de todas, quando avaliada em termos da comprovada diligência e devoção de seus habitantes.[71] Situada num belo vale cercado de montanhas, nas duas margens do riacho Hog, a aproximadamente sete quilômetros de Freetown pela trilha acidentada que atravessava o monte Aureol e o pico Leicester, costumava lembrar, aos visitantes que observavam sua natureza e disposição físicas, os povoados rurais da Inglaterra. Essa semelhança fora conscientemente planejada — assim como a das outras aldeias de africanos libertos — pelo governador MacCarthy e outras autoridades, e se expressava sobretudo na localização e nas dimensões imponentes de sua igreja (que tinha até mesmo sino e cata-vento), nas linhas cuidadosamente demarcadas e retas que separavam as propriedades, divididas por cercas, e em suas casas numeradas, feitas de vigas, ripas e telhas de madeira e, vez por outra, de pedra.[72]

Seu superintendente e habitante de longa data da aldeia, reverendo William Augustine Johnson, da SME, exercia a autoridade civil sobre os africanos libertos, de acordo com o esquema administrativo concebido por MacCarthy, e usava eficazmente sua posição de líder da aldeia e diretor da escola para disseminar a mensagem espiritual do cristianismo e instruir "a escória da África", como certa vez se referiu aos africanos libertos, "no conhecimento divino".[73] Trabalhando entre seus pupilos com diligência, se não com fanatismo, recompensava os indivíduos que considerava bem-comportados, trabalhadores e, acima de tudo, devotamente religiosos, presenteando-os com roupas, alimentos e até terras. Como resultado, a frequência à igreja de Regent teve um aumento sistemático de 1816 a 1823, durante seu período como superintendente — a tal ponto que o prédio da igreja precisou ser ampliado e reformado em cinco ocasiões, sendo comum encontrarem-se quinhentas a mil pessoas, numa população aldeã de cerca de 2 mil habitantes, congregadas num único ofício dominical.[74]

Entretanto, quando Ifacaié chegou a Regent, em março de 1827, tanto o aparentemente indestrutível reverendo Johnson quanto o visionário e dinâmico governador MacCarthy haviam morrido — o primeiro de febre amarela, a bordo de um navio que o levava de volta à Inglaterra, e o segundo numa guerra com os axânti na Costa do Ouro —, e o sistema de administração da aldeia, baseado na superintendência dos missionários, entrara em colapso. A alta taxa de mortalidade entre os europeus, por doenças tropicais e em decorrência das "curas" empregadas na tentativa de vencê-las — uma taxa que granjeou para Serra Leoa e a costa ocidental da África

A aldeia de Regent, primeira residência de Ifacaié
em Serra Leoa, depois de sua libertação da escravidão.
(De M. L. Charlesworth, *Africa's Mountain Valley*. Londres, 1856.)

a reputação de "túmulo do homem branco" —, interferiu nos esforços da Sociedade Missionária Eclesiástica de prover adequadamente pessoal para as aldeias e executar as tarefas administrativas exigidas por sua parceria com o governo. Dos 79 europeus que a Sociedade enviou para a colônia durante suas duas primeiras décadas de envolvimento nessa tarefa, 53 morreram no cumprimento do dever.[75]

Sem a forte liderança pessoal de Johnson, e impossibilitada de substituí-lo por qualquer missionário europeu que sobrevivesse por tempo suficiente para estabelecer sua autoridade, a aldeia de Regent era um reflexo da situação intranquila que passou a prevalecer com a mudança da situação. Sua população decresceu à medida que inúmeros africanos libertos ali residentes saíram em busca de emprego em Freetown, o prédio da igreja ficou em péssimo estado e a frequência aos ofícios diminuiu. Para os observadores externos, a aldeia afigurava-se uma "vitrine" muito menos impressionante do "esforço civilizador" do que tinha sido alguns anos antes.[76]

Embora o sistema que conferira aos missionários europeus residentes a autoridade civil e religiosa nas aldeias não tenha sobrevivido por muito tempo depois da morte do governador MacCarthy, os agentes e órgãos que promoviam o processo catequético e europeizante preservaram vitalidade suficiente para funcionar. As escolas continuaram a ser o principal instrumento institucional da "missão civilizadora" e permaneceram sob controle das sociedades missionárias cristãs. De fato, uma vez que o local de ensino nas aldeias da colônia e em Freetown continuou a ser a casa do diretor missionário da escola ou o prédio da igreja, e como o material de ensino utilizado consistia sobretudo no livro de catecismo, nas leituras da Bíblia e nos hinos cristãos, o elo entre a educação e a religião não foi seriamente afetado pelo fato de o governo retirar a autoridade civil dos eclesiásticos. "Na mente dos que recebiam essa forma de ocidentalização", observou John Peterson, "era difícil distinguir as funções dos primeiros missionários", e "a importância da escola era indiscernível da igreja ou da capela."[77]

O método de ensino empregado na época em que Ifacaié começou a frequentar a escola era o Sistema Bell, ou Nacional, também usado pelos grupos filantrópicos e missionários anglicanos na Grã-Bretanha como método de alfabetização e para instilar a virtude do trabalho diligente e os princípios morais do cristianismo no proletariado. Em Serra Leoa, esse sistema era perfeitamente adequado à ideologia catequética dominante. Refletia a crença em que a indolência e a superstição, e não os fatores raciais, haviam impedido "o progresso e o esclarecimento", e em que os africanos libertos podiam ser "erguidos" e "aprimorados", tal como a classe baixa britânica. Esse método convinha perfeitamente ao meio ambiente de Serra Leoa, infestado de doenças, portanto necessitado de um sistema pedagógico que exigisse um número relativamente pequeno de professores europeus. A mecânica do sistema era simples e dependia de que cada professor desse aulas diárias a "monitores", que, depois de dominarem o material, deviam, por sua vez, instruir grupos de alunos. "Escolhi doze dos meninos que pareciam mais promissores e lhes ensinei as primeiras quatro letras, segundo o Sistema Bell", escreveu o reverendo W. A. Johnson em sua descrição do método. "Quando eles as dominaram, dividi todo [o corpo discente] em doze turmas e fiz com que cada monitor lecionasse para uma delas. Depois de eles lecionarem para suas respectivas turmas, ensinei outras quatro letras a esses meninos, e assim sucessivamente, até eles controlarem o alfabeto inteiro."[78]

O currículo se concentrava em leitura, redação e aritmética, acrescidas de religião. Seu conteúdo espelhava o chauvinismo cultural vigente entre os senhores coloniais de Serra Leoa, que enfatizava os valores positivos da civilização europeia e do evangelho cristão, ao mesmo tempo que depreciava as crenças e práticas africanas, em particular no campo religioso, como um erro pagão. O objetivo não era educar por educar, mas arrebanhar convertidos. O currículo refletia a história e a geografia europeias, assim como a visão de alguns de seus disseminadores burgueses, e não a experiência prévia e a realidade física dos africanos a quem ele se destinava. Sua transmissão era auxiliada e reforçada pela aplicação conjunta da "técnica da cenoura com a vara": do oferecimento de recompensas e elogios aos alunos "diligentes", "bem-comportados" e que davam mostras de "progresso", e da recusa desses reforços positivos aos indivíduos considerados intratáveis e teimosos.[79]

Para complementar e suplementar esse ensino formal nas escolas, conservou-se a praxe de instalar as crianças recém-libertas — "protegidas", como eram chamadas — na casa de famílias já estabelecidas e de "boa reputação" na aldeia, fosse como aprendizes de empregados domésticos de residentes europeus, fosse entre "as pessoas de melhor conduta de seu próprio país". Essas pessoas, segundo se esperava, "sentiriam prazer em instruir" um pouco mais os recém-chegados nos assuntos introduzidos na escola e na capela, assim como os levariam a adquirir "hábitos de diligência" e "um conhecimento competente das artes e da etiqueta da vida civilizada".[80] Essa prática, que se tornou conhecida como "sistema tutelar", pautava-se numa grande confiança na crença articulada por Hannah Kilham, professora quacre segundo a qual os pobres e ignorantes aprendiam não apenas por intermédio do ensino convencional, mas também imitando "seus superiores".[81]

Ao chegar a Regent, Ifacaié foi encaminhado a uma família de africanos libertos, com a qual permaneceu durante quase um ano. Infelizmente, pouco sabemos sobre os membros dessa família. Em vista dos antecedentes étnicos iorubas do menino, bem como da tentativa feita pelo Departamento de Africanos Libertos no sentido de, a princípio, instalar os recém-chegados com pessoas que falassem sua língua natal, é razoável presumirmos que essa família também fosse originária da região de Oió e falasse ioruba. Entretanto, não há nenhuma informação sobre seu tempo de residência em Serra Leoa, nem sobre sua posição entre os habitantes de Regent. Os missionários haviam criado uma elite na comunidade aldeã, restringindo o acesso efetivo das pessoas à condição de membros da igreja (em contraste com os frequentadores) a uns poucos indivíduos seletos, que pareciam haver progredido mais em sua conversão religiosa e cultural — um grupo de comungantes visivelmente privilegiados, por residirem na Christian Street e serem proprietários de casas de pedra em vez das cabanas mais comuns de pau a pique.[82] A intenção era que essa elite estabelecesse um padrão a ser imitado pelos outros moradores da aldeia. É possível que pelo menos alguns membros da "nova" família de Ifacaié pertencessem a esse grupo, mas o adulto Joseph May não se referiu a nenhum deles em suas recordações desse período de sua vida. Isso talvez indique que eram pessoas mais humildes, que não deixaram na lembrança do menino nenhuma impressão duradoura.

Enquanto residiu com essa família, Ifacaié foi mandado para a escola de Regent durante cinco horas por dia, das nove da manhã ao meio-dia e de uma às três da tarde. Não demorou a se destacar. "Dominou o alfabeto em uma semana", recordou posteriormente seu filho mais velho, J. Claudius May, "e em cerca de três meses conseguia ler algumas lições simples das Escrituras Sagradas, como as parábolas e os milagres de Nosso Senhor."[83] Seu professor, John Essex Bull, africano nascido na colônia e empregado pela SME, logo o transformou em monitor e lhe atribuiu a responsabilidade de instruir alguns de seus companheiros de língua ioruba que eram mais velhos do que ele. Em poucos meses, ficou claro que o menino precisava de instrução mais avançada, então foi escolhido para ser um dos sete encaminhados a uma "escola superior", que recebia aulas do missionário europeu Edmund Boston, na aldeia vizinha de Bathurst.[84]

Nesse momento, Ifacaié foi rebatizado como Joseph. A mudança de um nome africano para um nome europeu, marco precoce em seu processo de conversão, foi simbolicamente paralela à aquisição de fluência em inglês, que constituiu o resultado mais significativo de seu primeiro ano nas aldeias da colônia. Antes de conseguir se comunicar na língua dos dirigentes de Serra Leoa, sua compreensão das premissas e expectativas do mundo para o qual fora levado havia sido influenciada, em grande parte, pela habilidade e percepção de intérpretes que tinham no ioruba sua língua materna. Quando aprendeu a ler, escrever e falar inglês, seu acesso a esse mundo tornou-se mais direto e abrangente. Preparou-o para uma europeização maior e o fez dar mais um passo em direção ao momento em que ele próprio se tornaria intérprete, traduzindo a mensagem e os valores culturais cristãos de seus mentores para os imigrantes iorubas recém-chegados.

Inteligente, ávido por aprender e desejoso de agradar, Joseph causou boa impressão no reverendo Boston, seu novo professor, que se tomou de um interesse especial pela promoção da educação do menino. Aliás, quando esse pastor e sua esposa foram transferidos para a aldeia de Gloucester, no início de 1828, providenciaram que Joseph também fosse transferido, sob sua responsabilidade, prometendo dar-lhe casa, comida e roupas em troca de seus serviços domésticos.

Por sua vez, Joseph logo aprendeu que agradar seus mentores podia trazer-lhe recompensas e elogios. Enquanto residia com eles em Gloucester, ocorreu um incidente que ilustra com clareza sua astúcia sob esse aspecto. Nas palavras de J. Claudius May:

> Diversos cavalheiros europeus foram [de Freetown] a Gloucester passar a tarde com o patrão [de Joseph] e, pouco antes de ser servido o jantar, descobriu-se que não havia molho em conserva em casa. Joseph foi despachado às pressas para Freetown, levando um bilhete [...] e com a recomendação de trazer uma garrafa sem demora; desceu a colina correndo [por uma distância de uns quatro quilômetros], apanhou a garrafa e voltou num período tão incrivelmente curto que ainda encontrou os cavalheiros à mesa; a maioria deles ficou assombrada com a ligeireza do menino e, se ele não houvesse trazido o molho, não teriam acreditado que tinha ido a Freetown; esses convidados

expressaram sua satisfação e seu prazer oferecendo-lhe presentes — uns deram um xelim, outros, dois xelins e seis pence, ou coisa parecida —, e ele foi cumprimentado por sua rapidez e agilidade.[85]

É muito provável que os Boston fossem pessoas bondosas e bem-intencionadas, e Joseph se lembraria deles com grande afeição em suas memórias dessa época. Foi deles que recebeu sua primeira Bíblia, um livro que, segundo seu filho mais velho, "ele valorizava e consultava com frequência, e que usou constantemente por catorze anos, até poder substituí-lo por outro".[86] Entretanto, embora o pastor e sua esposa fossem gentis com Joseph e, sob alguns aspectos, talvez preenchessem o vazio criado quando o menino foi afastado de seus pais, é incontestável que eram também seus "patrões", e ele, um criado. A relação que mantinham com o menino pautava-se na premissa da desigualdade de Joseph e se definia pela dependência que este tinha deles. O casal prescrevia e, em grande medida, controlava tudo o que dizia respeito à vida dele: as roupas que usava, os alimentos que comia, as aulas que recebia e até a distribuição de suas horas de folga. Tudo isso era regulado por eles, não apenas com base na afeição e no cuidado, como acontece entre pais e filhos, mas também em troca de serviços, diligência, bom comportamento e uma demonstração contínua do progresso de Joseph no caminho para o cristianismo e a "civilização". Sob esse aspecto, a situação do menino diante de seus mentores missionários e a relação que havia entre eles, apesar de singulares em seus detalhes específicos, eram típicas da experiência assimilacionista inicial de inúmeras crianças africanas libertas na Serra Leoa do século XIX.[87]

Joseph passou três anos na casa dos Boston. Em 1829, todos se mudaram para Kissy, povoado rural de africanos libertos situado cerca de cinco quilômetros a leste de Freetown, onde Edmund Boston se tornou diretor da escola local. Ele também continuou a dar a Joseph uma instrução adicional em assuntos acadêmicos e religiosos e começou a levantar a possibilidade de que, em algum momento futuro, conseguisse matricular o rapaz no Fourah Bay College, a instituição superior da SME para estudantes africanos, inaugurada em Freetown em 1828.[88] Como tantos de seus conterrâneos europeus, entretanto, o reverendo Boston contraiu uma doença tropical, ficou gravemente enfermo e não pôde cumprir sua promessa. Mudou-se com sua esposa e Joseph para a área da baía de Fourah, na península de Freetown, onde pôde receber os cuidados de outros missionários da SME, mas faleceu em 1830. A sra. Boston caiu doente pouco depois do funeral do marido e morreu no ano seguinte.[89]

Sem seus guardiães e mentores europeus, Joseph ofereceu seus serviços a um conterrâneo ioruba, Samuel Ajayi Crowther, primeiro africano a se matricular e concluir seus estudos no Fourah Bay College.[90] Mudou-se de volta para Regent quando Crowther foi encarregado da escola da aldeia e passou três anos com ele e sua esposa como criado e pupilo, sempre na esperança de continuar a receber a formação que o habilitaria a se tornar aluno do Fourah Bay College. Todavia, no momento em que o reverendo Crowther voltou para a faculdade como tutor, em 1834, Joseph já concluíra que não houvera nenhum avanço no sentido de sua admissão naquela instituição: seu mentor, preocupado em promover sua própria carreira, não demonstrava o menor interesse em ajudar o rapaz. Decepcionado e desanimado, Joseph deixou a casa de Crowther e partiu sozinho para Freetown, a fim de procurar trabalho e estabelecer novas relações. Reflexo talvez desse tratamento pouco generoso que lhe fora concedido, não revelou quase nada, em momentos posteriores da vida, sobre seu antigo relacionamento com Crowther. E este tampouco mencionou May em qualquer de seus textos.

Os dois anos seguintes foram cruciais para moldar o curso do futuro de Joseph. Tendo aprendido a ler e escrever inglês razoavelmente bem, era dono de uma habilidade que aumentava seus atrativos para os empregadores potenciais e teve pouca dificuldade de encontrar empregos de escritório com comerciantes europeus ou em repartições do governo colonial.[91] Isso fez com que, em sua cabeça, a ligação entre a educação europeia e o possível sucesso na sociedade colonial de Serra Leoa fosse muito reforçada, em função de sua primeira temporada independente no mundo do grupo dominante, e não há dúvida de que suas experiências devem ter fortalecido sua determinação de continuar a se "aperfeiçoar", por intermédio da aquisição de uma instrução mais avançada. A essa altura, porém, a religião havia se tornado a matriz de sua vida — o centro definitivo de seus interesses.

Durante seus sete primeiros anos em Serra Leoa, sua visão religiosa fora moldada, na escola, na igreja e em casa, por membros da Sociedade Missionária Eclesiástica, que representavam a Igreja Anglicana da Inglaterra, isto é, a religião oficial da colônia e de seu grupo dominante. Ao sair da casa de Crowther e se mudar sozinho para Freetown, levou consigo um conhecimento básico da liturgia eclesiástica e de suas orações e ritos. Claramente, foi também a influência da instrução religiosa recebida do reverendo Boston que o estimulou a internalizar a importância dos Dez Mandamentos. Essas convicções o levaram a abandonar seu primeiro emprego em Freetown, no qual não lhe era permitido "guardar o domingo como convém" e o obrigavam a executar tarefas, numa "violação direta da santidade do dia do Senhor".[92]

Em Freetown, no entanto, o universo religioso a que ele foi exposto ampliou-se consideravelmente. A população da cidade também incluía um número significativo de muçulmanos, além de pessoas que se identificavam com um culto sincretista afro-cristão ou tinham uma fé mais ou menos inflexível nas divindades religiosas africanas. Além disso, a maior percentagem dos habitantes cristãos fazia parte dos metodistas wesleyanos e de outras seitas dissidentes, e não da Igreja Anglicana oficial.[93] Assim, ao se separar de seus tutores da SME, Joseph se viu diante da possibilidade de afiliações alternativas e não demorou a tirar proveito de uma delas.

Nem o islamismo, que anos depois descartaria como "o sistema do falso profeta", nem os deuses fracassados de sua infância ioruba, os quais já fora ensinado a abominar, conseguiam satisfazer sua necessidade de laços de união.[94] Mas o metodismo, sim. Apesar das instruções específicas de seu segundo empregador em Freetown, um certo sr. Baxter, no sentido de que só praticasse o culto na igreja anglicana de St. George, onde ouviria "um homem branco pregar" e não ficaria exposto à pregação de "negros ignorantes", Joseph foi convencido por outro africano, liberto como ele, a comparecer a uma pregação evangélica na capela metodista Ebenezer.[95] Tempos depois, lembrou como o sermão do missionário europeu Benjamin Crosby, baseado na passagem "Em verdade vos digo, disse o Senhor Deus, que não tenho prazer algum com a morte dos iníquos", havia enchido seu "coração de fé".[96] "A elocução, a seriedade e a escolha das palavras suplantaram tudo o que ele jamais ouvira na igreja de St. George", observou J. Claudius May sobre a experiência do pai, "e ele voltou para casa profundamente contrito."

Joseph também ficou muito impressionado com o efeito positivo da conversão ao metodismo em um amigo africano liberto, um homem que antes era um "blasfemador notório" e um beberrão. Comovido com a emoção dos cultos metodistas e com a participação entusiástica e receptiva dos fiéis, Joseph revelou ter sido influenciado "a ir em busca do Senhor" para obter a salvação de sua alma.[97]

Três anos depois, em 1838, refletindo sobre esse período de doze meses iniciado em abril de 1835, descreveu quão profundamente fora afetado pelo fervor da pregação na capela wesleyana. Aterrorizado "por ideias assustadoras sobre a morte, o inferno e o terrível dia do Juízo Final", relatou que não lhe restara "paz de espírito" depois de o pregador afirmar, reiteradamente, que "os iníquos serão transformados no inferno", e que havia internalizado e personalizado essa mensagem: "Tenho que renascer. Tenho que nascer de novo, sem sombra de dúvida, ou não entrarei no reino dos Céus e serei amaldiçoado para sempre".[98]

E essa atração se intensificou. Joseph deixou seu emprego no armazém de Baxter e, durante um curto espaço de tempo, estabeleceu-se como pequeno negociante independente, antes de se empregar no Departamento de Engenharia do governo como inspetor e encarregado de armazém. Tendo suas noites livres, aumentou a frequência aos cultos na capela metodista e se tornou presença constante nas assembleias de oração. Também se instruiu mais nos assuntos religiosos com Aberdeen Turner e Perry Locks, dois colonos negros da Nova Escócia estabelecidos em Freetown, que haviam se tornado pregadores no circuito missionário wesleyano. Em julho de 1835, passou a integrar o grupo de estudos do sr. Turner e, como mais tarde relembrou J. Claudius May, "resolveu dedicar-se a Deus e se interessar mais pela salvação de sua alma".[99]

Nessa época, a morte repentina de um amigo que, nas palavras de Joseph, "foi chamado a ir ter com o Senhor sem haver encontrado [...] a paz", causou nele uma profunda impressão e intensificou seu medo de que também viesse a morrer "não redimido", como um "pecador culpado", excluído do reino de Deus.[100] Agitado e angustiado, deixou um registro de como passava dias e noites "em árdua luta, em meio ao poder da oração", repetindo versos que os missionários lhe haviam ensinado:

A poor blind child I wander here,
If haply I may feel Thee near:
O dark! dark! dark! I still must say,
Amid the blaze of gospel day.[101]*

Por fim, na madrugada de 13 de agosto de 1835 — uma noite que ele passou em casa, orando fervorosamente —, Joseph viveu uma experiência religiosa. "O Senhor encheu de paz

---

* Em tradução livre: "Qual pobre criança cega aqui vagueio,/ Para que possa talvez sentir Vossa proximidade:/ Ó trevas! Trevas! Trevas!, devo ainda dizer,/ Em meio ao esplendor do dia do evangelho". (N. T.)

minha alma", relatou três anos depois desse acontecimento, na linguagem estilizada de um pregador "prestando testemunho" no púlpito:

> Gritei e louvei o Senhor [...], pois encontrei Aquele a quem minh'alma ama. [...]. Ele me ergueu de meu abismo horrendo, fez-me sair do dia enevoado e colocou-me os pés sobre uma rocha, e traçou o meu caminho. E pôs em minha boca um novo cântico.[102]

Com lágrimas de alegria rolando pelas faces, Joseph gritou, para informar os vizinhos e demais moradores da casa onde vivia sobre seu renascimento e sua conversão, e estes "se uniram a ele para louvar o Senhor".[103]

Poucos meses depois, foi batizado na capela Ebenezer pelo mesmo reverendo Benjamin Crosby cujo sermão escutara em seu primeiro culto metodista. Recebeu o sobrenome de May, em homenagem ao reverendo John May, missionário wesleyano europeu que havia trabalhado e morrido na colônia de Serra Leoa alguns anos antes.[104] O menino Ifacaié, ou Ojo, cuja iniciação na idade adulta em sua terra natal fora interrompida pelo sofrimento da escravatura e da separação da comunidade, renasceu como o homem cristão Joseph Boston May.

A DISPOSIÇÃO DE JOSEPH para a experiência religiosa que levaria à sua conversão e ao batismo fundamentou-se apenas parcialmente em pressões e influências externas a ele próprio. Por certo, a natureza da pregação e dos ofícios religiosos na capela, assim como o exemplo pessoal e o ensino ministrado por pares como John Blair Campbell e pelos metodistas da Nova Escócia desempenharam um papel muito significativo na moldagem de sua visão de mundo e em seu estado de espírito. Além disso, por haver residido com os reverendos Boston e Crowther, decerto ele também percebera que os missionários, tanto anglicanos quanto wesleyanos, normalmente exigiam que os convertidos adultos dessem um testemunho de sua salvação antes de receberem o sacramento do batismo. Assim, há de ter sabido que precisava sentir uma "pontada no coração", como enunciara o reverendo Johnson, de Regent, para poder ser "salvo".[105]

Mas a intensidade de seu fervor religioso e sua atração pelo metodismo wesleyano também devem ter sido afetadas, nesse período, por fatores psicológicos menos evidentes. Afinal, ele tornara a perder as raízes. A morte dos Boston, que, sob inúmeros aspectos, haviam substituído seus pais biológicos, e o rompimento com os Crowther significaram, na verdade, que ele estava novamente sozinho. Em Freetown, pela primeira vez desde que fora levado para a aldeia de Regent oito anos antes, ele ficou sem guardião que o instruísse e educasse. Como outros jovens pupilos africanos libertos que tinham sido uma espécie de filhos únicos em famílias da colônia, ele não havia criado qualquer outro laço individual ou comunitário significativo em Serra Leoa. Estava isolado, sem vínculos afetivos e só. Além da lembrança, pouca coisa restava para ligá-lo à sua vida pregressa.

Mas o cristianismo — tal como os metodistas wesleyanos o apresentavam — podia satisfazer sua necessidade de apego e segurança. Proporcionava-lhe um refúgio alternativo, ao assegurar-lhe o amor eterno e o consolo de Deus e ao lhe fornecer um foco menos efêmero para a expressão de seu afeto e devoção. Proporcionava-lhe um guia de conduta pessoal e um mapa da felicidade tanto na Terra quanto depois da morte. E, em vista da perda de seus patronos anteriores, entregava-lhe uma chave substituta para o mundo do grupo dominante, permitindo que ele prosseguisse em seus estudos, sua europeização e sua mobilidade social ascendente, a partir de um passado de subalternidade. Tal como aconteceu com outros membros de sua geração que foram libertos da escravatura, o apelo da mensagem religiosa wesleyana e da ideologia catequética britânica foi íntimo e profundo para Joseph Boston May.

Aliás, sua ânsia de "autoaperfeiçoamento" impressionou enormemente os missionários wesleyanos. Eles acataram sua solicitação de "ajuda bíblica" e de ensino adicional de disciplinas acadêmicas, e ficaram tão impressionados com sua diligência e perseverança que em janeiro de 1837 lhe ofereceram um emprego de professor assistente em sua escola da rua Bathurst. Decorridos dezoito meses, satisfeitos com seu desempenho e felizes por ele ainda encontrar tempo para levar adiante seus próprios estudos religiosos e seculares, permitiram que ele assumisse a direção da Escola Missionária Diurna da aldeia de Wilberforce. Sua fiel participação em todas as atividades religiosas wesleyanas também os levou a nomeá-lo como líder adjunto de turma e, em agosto de 1838, como orador.[106]

"Que direi eu às pessoas? Que tenho a lhes dizer?", perguntou-se Joseph quando lhe foi concedida a primeira oportunidade de se dirigir a uma grande congregação de fiéis africanos em seu novo cargo. Sua decisão de entoar o cântico Isaías 61 ("O espírito do Senhor está sobre mim, porque o Senhor me ungiu para anunciar a boa-nova aos mansos de espírito") sugere que ele já se via como um agente da conversão, muito antes de se tornar oficialmente missionário.[107] Já nesse momento, seu entusiasmo pela religião à qual havia se convertido e sua convicção da verdade infalível desse credo levaram-no a um encontro fervoroso com aldeões de Wilberforce que veneravam as mesmíssimas divindades africanas a quem seu pai havia servido como sacerdote-adivinho e que tinham povoado seu próprio universo infantil. "Alguns idólatras", escreveu ele a autoridades wesleyanas de Londres em 1838, "me odiaram com um ódio perfeito, pois mostrei ao rev. H. Flood as casas de seus deuses, e eles disseram que eu o levara até lá [...] para lhes retirar seus deuses."[108] Ameaçado de espancamento e expulsão por habitantes da aldeia a quem havia denunciado, foi-lhe concedida uma transferência para uma Escola Missionária Diurna em Wellington, e pouco depois se mudou para lá.

Os missionários europeus continuaram satisfeitos com o desempenho e a ambição de Joseph. No início de 1840, escolheram-no, juntamente com Charles Knight, outro jovem professor e africano liberto de Oió, para receber uma formação educacional adicional na Inglaterra. Os missionários o fizeram atendendo a uma solicitação da Quaker Society of Friends, que estava à procura de "jovens promissores" que pudessem ser patrocinados para estudar disciplinas mais avançadas e a quem fosse possível ensinar métodos pedagógicos aperfeiçoados, a serem utilizados nas escolas da colônia.

O prêmio incluiu uma passagem grátis para May e Knight, hospedagem e alimentação, além de aulas no Borough Road Training College, em Londres.[109]

May morou em Londres de junho de 1840 até novembro de 1841. Embora poucos detalhes de seu período de residência tenham chegado até nós, podemos imaginar como deve ter se sentido estranho e diferente, a princípio, sendo negro num meio racial predominantemente branco. Distante de Serra Leoa pela primeira vez desde que fora alforriado, e nunca tendo estado longe dos trópicos ou numa cidade maior do que Freetown, seu encontro com a metrópole britânica deve ter sido desconcertante. Sem dúvida, apesar de todos os indícios de sua aculturação progressiva no mundo dos dominadores — suas roupas europeias, seu nome, seu conhecimento de inglês e sua familiaridade com os hábitos e costumes de seus mentores britânicos de Serra Leoa —, sua iniciação ao ritmo acelerado e à complexidade da vida na Inglaterra deve tê-lo feito experimentar um considerável choque cultural.

Durante esses dezoito meses em Londres, conheceu pessoas das mais diversas origens sociais. Mas os relatos e cartas referentes ao período sugerem que suas relações pessoais se estabeleceram predominantemente com pessoas da classe média. Seus principais conhecidos eram membros do clero e suas respectivas esposas, além de educadores e de homens e mulheres como seus patrocinadores wesleyanos e quacres, que estavam interessados "no bem-estar e progresso dos negros" e que, naturalmente, deviam vê-lo como símbolo de uma missão contínua e bem-sucedida. Seus professores na Faculdade de Formação incluíam o reitor, dr. Cornwall, um dos autores de um livro de aritmética e de gramática inglesa de ampla utilização, e o sr. Crossley, o diretor, cujo *Intellectual Calculator* viria a ser fartamente usado como livro didático nas escolas da colônia logo depois que May retornou à África Ocidental. Entre seus colegas de estudos estava Joshua Fitch, que depois se tornou reitor da instituição de Borough Road e um dos inspetores escolares de Sua Majestade. May também fez amizade com Isaac Pitman, diplomado pela faculdade e inventor da taquigrafia, a quem a habilidade do jovem de língua ioruba proporcionou uma oportunidade de demonstrar a versatilidade do método estenográfico.[110]

Se May sentiu algum antagonismo ou discriminação raciais por parte dessas pessoas, ou de quaisquer outras durante sua estada na Inglaterra, não deixou qualquer registro disso em suas memórias. A maioria de seus mestres e amigos mais íntimos em Londres, é claro, confiava sinceramente na ideologia "da conversão". Sob esse aspecto, assemelhavam-se aos missionários que o haviam influenciado na África. Confiavam na ordem social a que pertenciam e o convenceram da superioridade de sua cultura e da religião cristã. Não obstante, também achavam importante educar e "erguer" os "menos afortunados", e convidavam Joseph a uma emulação contínua. Moderação, continência, abstinência e respeitabilidade: eram essas as características que projetavam. Esses professores apresentaram a Joseph um modelo da conduta britânica da classe média e de um estilo de vida que reforçava e aprimorava os ensinamentos que ele havia recebido em Serra Leoa. Mas o fato de sua catequese enraizar-se num chauvinismo cultural e numa desconsideração arrogante dos valores e estilos alternativos não parece haver ocorrido ao rapaz — ou, se ocorreu, não chegou a incomodá-lo. Nos catorze anos decorridos desde que fora libertado da escravidão, May havia absorvido a ideologia dessas pessoas e fizera dela a sua.

IV

Quando Joseph May retornou a Serra Leoa, em janeiro de 1842, já o fez na condição de membro estabelecido da elite africana da colônia. Havia se transformado em alguém que "estivera lá" — um integrante de uma pequena confraria de africanos que *tinham estado* na Inglaterra e interagido com êxito com o grupo dominante britânico em sua própria pátria. Havia cumprido as metas de seus patronos missionários e retornado à África Ocidental como intérprete cultural graduado a serviço deles — como professor instruído nas mais modernas técnicas e materiais de ensino, polido em seu estilo e seu desempenho público, e disposto a disseminar o que denominava de "saber temporal e espiritual" de seus mentores britânicos aos negros "menos esclarecidos" e "menos afortunados" do que ele.[111]

Nomeado diretor da New Town West School logo após seu retorno, foi encarregado da supervisão de sete professores adjuntos e da educação primária de quase quatrocentos alunos, além de ser responsável pela bem-sucedida criação de um currículo novo e exigente. Também foi convidado a se ligar às fileiras dos missionários wesleyanos. Não surpreende que, em meados da década de 1840, May tenha descrito a si mesmo como uma pessoa empenhada em "tarefas encantadoras", e que parecesse feliz e otimista quanto às suas futuras oportunidades na vida.[112]

Entretanto, ele teria mais quase meio século de vida depois de voltar do Borough Road Training College para a África.[113] Embora percebesse como caloroso e acolhedor o mundo em que se encontrava em meados do século — percepção que partilhava com muitos de seus contemporâneos africanos libertos de Serra Leoa —, mudanças potencialmente perturbadoras para seu futuro vinham ocorrendo no clima social e ideológico desse mundo. À medida que a segunda metade do século foi se desenrolando, rumo a uma nova era de expansionismo imperialista europeu, surgiram ideias racistas que foram entrando em moda para justificar e apoiar a dominação formal e informal europeia sobre povos de todas as regiões não europeias do globo. Em escala cada vez maior, conforme os antropólogos físicos europeus anunciavam a inferioridade das "raças escuras" e que o trabalho de Darwin era mal interpretado e utilizado para corroborar a afirmação de que as raças superiores eram marcadas por sua superioridade material — sobretudo no âmbito tecnológico e industrial —, o racismo e o "fardo do homem branco" passaram a substituir o ideal da igualdade por meio da conversão. Em Serra Leoa, o "novo" racismo emergente questionava o pressuposto fundamental em que se baseara esse experimento social na África Ocidental, na origem: a crença em que os africanos podiam ser culturalmente transformados pelo cristianismo, a educação e o comércio legítimo — em que podiam ser convertidos e "civilizados" de modo a se assemelharem aos europeus.

Joseph May e outros produtos "bem-sucedidos" da primeira geração do intenso esforço catequético de Serra Leoa eram claramente vulneráveis às mudanças no clima social e ideológico. Por maior que fosse a eficácia com que se manifestava sua europeização, nos trajes, na língua e em seu conformismo às práticas e valores culturais de seus modelos britânicos, esses homens também exibiam, como negros, as características físicas externas que os distinguiam de maneira indelével como racialmente diferentes dos brancos dominantes. Foram os próprios africanos europeizados como Joseph May que, à medida que o século avançava, se tornaram o principal foco de insultos, como "macaqueadores do homem branco", e objeto de atos discriminatórios e de incidentes segregacionistas de motivação racial.[114]

Contudo, uma boa ilustração da intensa medida em que a ideologia catequética fora absorvida pelos africanos emancipados da primeira geração, como Joseph May — em particular pelos que tinham sido libertados quando crianças ou adultos jovens —, talvez seja a observação de que, basicamente, ele não se deixou abalar pela mudança no clima ideológico e continuou a manter sua confiança nas premissas e promessas da experiência de conversão que moldara sua história de vida. Embora sua ascensão aos níveis mais altos do sistema missionário que estavam ao alcance dos "irmãos nativos" fosse barrada pelas autoridades missionárias britânicas na década de 1860, e apesar de relegado à categoria aviltada e mal paga de pessoal "supranumerário" na década de 1870 — anos antes de julgar que isso foi justificado —, May não parece haver estabelecido uma ligação entre essas limitações a suas ambições profissionais pessoais e a crescente antipatia de muitos brancos pela possibilidade de uma promoção profissional e social africana dentro do sistema colonial.[115]

O reverendo Joseph May, em 1887, após a redução de suas atividades no ministério religioso e três anos antes de sua morte. (De C. Marke, *Origin of Wesleyan Methodism in Sierra Leone*. Londres, 1912.)

Numa única ocasião, já no fim da vida, ele se queixou à sede metodista, em Londres, de ter sido tratado injustamente por seu superintendente missionário branco em Serra Leoa, "por eu ser [...] um homem negro". May anexou à sua carta de reclamação uma estrofe de Cowper, como que para lembrar às autoridades eclesiásticas da Inglaterra que:

Fleecy looks and dark complexion
Cannot forfeit nature's claim;
Skins may differ, but affection
Dwells in white and black the same.[116]*

Mesmo nessa ocasião, entretanto, ele encarou o incidente como exemplo de comportamento aberrante por parte de um indivíduo isolado e confiou na boa vontade de seus mentores missionários de Londres para corrigir a situação.

Na medida em que seus próprios escritos e as recordações de outras pessoas que o conheceram possam fornecer uma ideia exata de sua realidade, o quadro sumário da visão de mundo de May, durante esse meio século de mudança nas atitudes britânicas, reflete o papel decisivo que é desempenhado pela *percepção* no desencadeamento de reações individuais à exclusão, bem como seu poder de influenciar a natureza da identidade individual. A visão de May corrobora a ligação que existe, nas palavras de Peter Gay, "entre o que o mundo impõe e o que a mente exige, recebe e reformula".[117] E situa a percepção em relação às peculiaridades da experiência biográfica do indivíduo — influenciada não apenas pelas condições do presente ou pelas visões do futuro, mas também pela lembrança e pela experiência do passado.

---

* Em tradução livre: "O cabelo lanoso e a tez escura/ Não podem fazer perder o direito natural;/ As peles podem diferir, mas a afeição/ Habita do mesmo modo no branco e no negro". (N. T.)

Em consequência, apesar do visível crescimento de uma série de atos que indicavam que o apoio oficial britânico à catequese estava diminuindo, e a despeito das decepções pessoais e das expectativas que não se concretizavam, dentro de uma ordem estabelecida missionária que discriminava cada vez mais seus membros negros — *embora não lhes barrasse de todo as oportunidades* —, May permaneceu confiante na ideia catequética. Continuou a considerar sua situação pessoal em relação não a um futuro vedado e potencialmente impossível de realizar, mas a um passado "pagão" que lhe causara sofrimento e lhe deixara cicatrizes, e do qual ele acreditava, com gratidão, ter sido salvo por toda a eternidade. Pelo resto de sua vida, sua orientação primordial continuou norteada por ideias caracteristicamente mais próximas dos critérios de classe que dos critérios étnicos ou raciais. May continuou a se identificar sobretudo com pessoas cristãs e "civilizadas" como ele: com indivíduos pertencentes ao grupo dominante da colônia ou à elite africana educada na Europa. Para ele, tal como para outras pessoas de sua geração que haviam passado pela escravatura, pela libertação e pela intensa "transformação" catequética de Serra Leoa, a ideia de uma orientação diferente — que pudesse questionar a discriminação e a dominação colonial, com base numa nova identificação coletiva fundamentada na etnia ou na raça — ainda era inimaginável. Mas a geração seguinte nascida em Serra Leoa, inclusive alguns dos filhos e netos do próprio May, reagiria de maneira muito diferente ao mundo em que se encontrava.

3. A entrada na burguesia: A história dos Zweig e dos Brettauer

> Uma "boa família" [judia] [...] significa mais do que a pura dimensão social que ela, com esse conceito, atribui a si própria. Significa um judaísmo que, através da assimilação a outra cultura, de preferência uma cultura universal, se libertou ou começa a se libertar de todos os defeitos e de todas as estreitezas e mesquinharias a que se viu obrigado pelo gueto.
> [...]
> Há algo dentro do judeu que busca inconscientemente escapar a tudo o que é duvidoso sob o aspecto moral, ao que há de desagradável, mesquinho e imoral em todo o comércio e em tudo que é apenas negócio, com o intuito de se elevar para a esfera mais pura do intelecto, como se — falando em termos wagnerianos — quisesse libertar a si e toda a sua raça da maldição do dinheiro. É por isso que, no judaísmo, a volúpia para enriquecer quase sempre se esgota em duas ou três gerações de uma família, e são precisamente as dinastias mais poderosas que encontram seus filhos sem vontade de assumir os bancos, as fábricas, os negócios organizados e em atividade de seus pais.
> STEFAN ZWEIG, *Autobiografia: O mundo de ontem*

I

Stefan Zweig — ensaísta, romancista, biógrafo, libretista e, durante alguns anos, um dos autores mais lidos e traduzidos da Europa — nasceu em Viena em 1881. Seus trisavôs haviam nascido em guetos judeus de cidadezinhas da Morávia e de Vorarlberg, quase um século antes. Esse intervalo de quatro gerações, ou cem anos, entre seu nascimento e o deles abrange a história da emancipação dos judeus na Europa Central e de sua integração na sociedade moderna.

Um retrato coletivo da família de Stefan Zweig durante esse século de mudança esclarece vários aspectos da reação judaica ao processo emancipatório. Destaca os passos e estratégias do percurso entre um começo humilde e a abastança da classe média — o movimento econômico ascendente em direção à *haute bourgeoisie* — que o desenvolvimento e a modernização industriais do século XIX permitiram a alguns dos mais ativos e empreendedores entre eles. O retrato também ilustra o movimento físico e social para fora dos guetos judaicos restritos do Império dos Habsburgo, em direção a Viena e outros centros europeus cosmopolitas. E detalha alguns aspectos da trajetória assimilacionista pela qual alguns judeus da Europa Central, no decorrer de sua emancipação de uma situação de subalternidade, penetraram no mundo do grupo dominante — o "mundo da segurança", como o chamou Stefan Zweig —, para buscar nele um lugar e uma identidade.

EM MEADOS DO SÉCULO XVIII, o bairro judeu de Prossnitz (Prostějov), onde nasceram Moses Josef Zweig (*c*.1750-1840) e Elka Katti Spitzer (*c*.1757-1817), os trisavôs paternos de Stefan Zweig, era ligeiramente maior e talvez um pouquinho mais próspero que os povoados urbanos judaicos vizinhos, no margraviato da Morávia.¹ Como todos os demais, entretanto, era um gueto segregado e restrito, um local apinhado e insalubre. Os moradores não tinham direito permanente de residência na cidade nem a pretensão de serem aceitos ou tolerados fora da proteção que lhes era concedida em salvo--condutos (*Schutzbriefe*) do senhor feudal local, o príncipe de Liechtenstein, que detinha os direitos de propriedade do ducado de Plumenau, onde ficava situado o bairro de Prossnitz. Na década de 1750, já fazia pelo menos trezentos anos que havia judeus morando ali. Mas sua comunidade nesse importante centro comercial e de mercado era relativamente recente, se comparada ao *Judenstadt* muito mais antigo de Praga, onde os judeus residiam desde pelo menos o ano 906, ou a uma dezena de outros povoados judaicos da Morávia e da Boêmia.

Os fundadores da comunidade de Prossnitz tinham fugido da cidade vizinha de Olmutz, que, como muitas outras cidades da Europa Central na década de 1450, havia expulsado os judeus, na esteira da histeria antijudaica desencadeada pela pregação incendiária e pela bem-sucedida agitação das massas do monge italiano João de Capistrano.² Em 1584, foi concedido aos judeus o direito oficial de residir na cidade, embora eles ficassem restritos a uma pequena área. Apesar de o crescimento natural de sua população ser reduzido — desestimulado tanto pelas autoridades quanto pelas difíceis condições de vida —, o tamanho da comunidade de Prossnitz aumentou significativamente na década de 1650, ao receber fugitivos dos *pogroms* de Khmielnítski, na Ucrânia, e novamente em 1670, ao acolher judeus expulsos de Viena.³

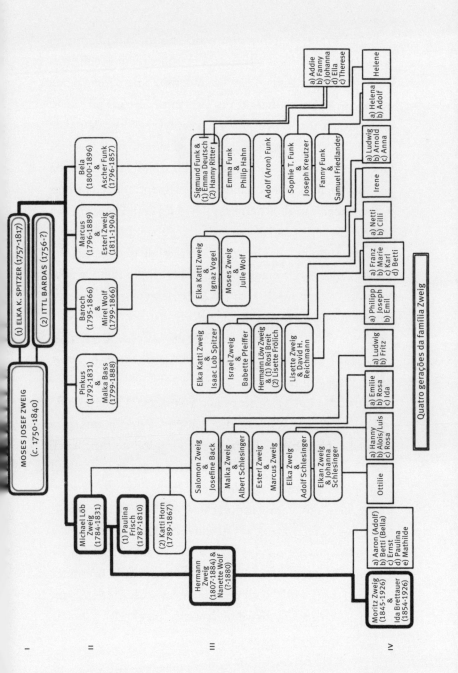

O *Judenstadt* de Hohenems, que no último quarto do século XVIII se tornou o lar dos Brettauer, antepassados maternos de Stefan Zweig, não era tão antigo nem tão grande quanto seu correspondente em Prossnitz. Situada na região agrícola e pastoril de Vorarlberg (na atual região ocidental da Áustria), cerca de 750 quilômetros a sudoeste de Prossnitz, Hohenems era uma pequena cidade comercial governada pelo *Reichsgraf* Casper quando suas primeiras doze famílias judias chegaram de Rheineck, perto do lago Constança, e receberam permissão de se estabelecer ali, em 1617. Envolvidas sobretudo no comércio, em especial de cavalos e gado, tornaram-se moderadamente prósperas. No meio século seguinte, o número de famílias judias elevou-se para cerca de trinta. Mas a pressão de moradores cristãos, que se queixavam da concorrência no mercado de gado, levou o *Reichsgraf* Franz Carl a expulsar todos os judeus da cidade em 1676. Embora fossem readmitidos doze anos depois, muitos dos colonos originais preferiram não voltar, e o número de famílias judias baixou para vinte. Em 1725, ano em que o rico mercador Jonathan Uffenheimer se mudou de Innsbruck para Hohenems, o tamanho da comunidade ainda não fora completamente refeito. Somente em 1748 o antigo número foi ultrapassado, com a imigração e a instalação dos judeus foragidos das perseguições na cidade vizinha de Sulz. Em 1773, oito anos depois de Hohenems cair sob o controle da Casa dos Habsburgo, e ano em que Herz Lämle Brettauer (1742-1802) se estabeleceu na cidade, havia 227 judeus morando no *Judenstadt*, distribuídos em 24 casas.[4]

NÃO SE SABE AO CERTO onde os antepassados paternos de Stefan Zweig tinham vivido antes de se estabelecer em Prossnitz, na Morávia; as fontes disponíveis tampouco indicam a data de sua chegada a essa comunidade. Um judeu que tinha o comuníssimo prenome de Moses [Moisés], o primeiro membro registrado da família, já havia morado nessa cidade desde aproximadamente 1680 até sua morte, por volta de 1740. Pouco mais se sabe a seu respeito. Seu filho Josef adotou Petrowitz como sobrenome de família — o que sugere, talvez, que Moses teria nascido num lugar com esse nome e se estabelecido em Prossnitz quando rapaz. A partir do fim do século XVI, era comum os judeus escolherem patronímicos como Wiener, Prager, Lemberger e Austerlitz, que se referiam à sua origem geográfica. Entretanto, como havia 26 aldeias de nome Petrowitz na Morávia, na Boêmia e na vizinha Silésia, essa inferência — mesmo que esteja correta — lança poucos esclarecimentos específicos sobre a origem de Moses.[5]

Existe um número ligeiramente maior de informações sobre Josef Petrowitz, que nasceu na década de 1720 e morreu na de 1780. Negociava tecidos e artigos de armarinho de segunda mão — um daqueles judeus que perambulavam pelo interior, com uma mochila de mascate nas costas, vendendo roupas velhas e reformadas.[6] Como naquela época os filhos tendiam a seguir a profissão paterna, é provável que o trabalho de mascate também tivesse sido o ganha-pão do pai de Josef, Moses. Já no fim da vida, Josef tornou-se um membro destacado da comunidade judaica de Prossnitz, exercendo o cargo de *Judenrichter* — posto judiciário para o qual foi eleito por seus conterrâneos judeus e que era endossado pelas autoridades gentias — e sendo reconhecido como *Landesältester*, ancião pertencente a um grupo restrito consultado pelos líderes judaicos sobre os assuntos de interesse comunitário. Mas, sem dispor de material de consulta mais detalhado, é difícil sabermos como exatamente ele chegou a esse lugar de destaque na sociedade do gueto.

Assim como em outros lugares na época pré-emancipação, ascender a uma posição de destaque na comunidade judaica era possível por meio da riqueza ou do saber talmúdico. Não está claro que Josef se enquadrasse em qualquer desses dois casos. Embora fosse judeu praticante e talvez até devoto, tendo ao que parece sido alfabetizado no hebraico, não há prova de que fosse um exímio conhecedor da lei talmúdica, ou de que conseguisse empregá-la para decidir questões como o casamento, o divórcio, a herança e outras que se enquadravam na alçada do *Judenrichter*.[7] E, ainda que pareça haver acumulado capital suficiente para se tornar proprietário em 1755, comprando parte de uma casa no *Judenstadt*, morreu praticamente sem um tostão, sendo a casa da família tomada pelas autoridades comunitárias para quitar dívidas pendentes.[8]

Seu filho, Moses Josef Petrowitz — que em 1787 trocou seu sobrenome por Zweig, em cumprimento do decreto imperial que determinou que os judeus da Morávia adotassem sobrenomes alemães permanentes —, foi o trisavô paterno de Stefan Zweig.[9] Nascido por volta de 1750, Moses Josef foi o mais velho de quatro filhos. Seus dois irmãos, Solomon (*c.* 1751--1809) e Israel (1756-1815), escolheram o sobrenome Löwinau, enquanto sua irmã Rosel (1757-?) foi conhecida como Zweig e

A entrada na burguesia

Moses Josef Petrowitz Zweig (1750-1840). Posou para esse retrato aos 82 anos, em 1832. (Leo Baeck Institute, Nova York)

como Löwinau até se casar com Jakob Salomon Steinschneider.[10] Mascate como o pai, Moses Josef tornou-se próspero o bastante para, em 1784, readquirir a casa que Josef Petrowitz havia perdido por causa da falência e recuperar um lugar respeitável, se não destacado, na comunidade. Seu casamento com Elka Katti Spitzer gerou uma dúzia de filhos (seis dos quais sobreviveram à infância), e suas atividades comerciais bem-sucedidas, apesar de modestas, permitiram-lhe preservar e sustentar a família em condições humildes mas satisfatórias nas instalações apertadas de sua casa na Judengasse.[11]

Em Hohenems, na região do Vorarlberg, os Brettauer, antepassados maternos de Stefan Zweig, também estiveram envolvidos com empresas comerciais no último quarto do século XVIII — porém não mais como mascates itinerantes, vendendo de porta em porta e dependendo das compras dos camponeses locais e de companheiros judeus do gueto. Na época em que Herz Lämle Brettauer instalou-se na cidade, em 1773, depois de casar com a filha de Maier Jonathan Uffenheimer, seu sogro já havia acumulado uma riqueza considerável, por meio de sua nomeação como agente comercial da corte imperial austríaca e fornecedor das forças militares lotadas em Vorarlberg.[12] Com o respaldo financeiro dos parentes por afinidade — um apoio que sem dúvida incluiu um dote respeitável, depois de seu casamento com Brendel, de 29 anos —, Brettauer tornou-se um dos membros mais ricos e importantes da comunidade judaica local. No fim do século XVIII, esse joalheiro que emprestava dinheiro a juros estava claramente em situação financeira muito melhor do que seu contemporâneo de Prossnitz, Moses Josef Zweig.[13]

No entanto, apesar das evidentes diferenças em termos de riqueza e escala dos empreendimentos comerciais, e a despeito da distância geográfica que separava suas residências na Morávia e em Vorarlberg, os antepassados maternos e paternos de Stefan Zweig tinham em comum diversas características que

A entrada na burguesia

conferiram certa uniformidade às suas respectivas histórias de vida. Como judeus num mundo de gentios, predominantemente regido por restrições feudais e corporativistas, todos eles estavam fora da corrente central — distinguiam-se do resto da população não apenas por sua religião, língua, cultura e ascendência, mas também por definição legal. Dentro desse mundo, todos os judeus, fossem ricos ou pobres, eram classificados como estranhos e não cidadãos. Viviam no *Judenstadt* como pessoas toleradas, sob a proteção das autoridades gentias, em virtude das *Schutzbriefe* — privilégios contratuais que podiam ser revogados a qualquer momento.[14]

A Gideon Brechergasse, no *Judenstadt* de Prossnitz.
Note-se o letreiro de Gustav Zweig (1855-1925), advogado e,
por intermédio do casamento com sua esposa, Helene, dono
de uma tipografia e livraria. (Leo Baeck Institute, Nova York)

A situação dos judeus nessas cidades, assim como em outras dos domínios dos Habsburgo na Europa Central, assemelhava-se à das colônias de estrangeiros cuja existência é tolerada, ficando sujeita a normas especiais e à boa vontade de seus protetores não judeus. O aumento de sua população era controlado por meio de restrições à sua liberdade de contrair matrimônio.[15] Eles não participavam da administração dos municípios em que seus guetos se situavam. Em vez disso, organizavam-se em corporações comunitárias com líderes eleitos, e eram considerados coletivamente responsáveis por todos os impostos que lhes eram cobrados e por seu comportamento social e sua conduta nos negócios. De modo geral, eram barrados do comércio varejista e dos ofícios manuais, excluídos das guildas e limitados a ocupações relacionadas com o comércio em larga escala e o empréstimo de dinheiro a juros.[16]

Os parentes de Stefan Zweig, entretanto, como outros judeus também excluídos da sociedade civil, gozavam de alguns direitos, de acordo com suas cartas patentes: a liberdade de negociar determinadas mercadorias num território definido e de realizar transações financeiras; proteção de sua pessoa e propriedade; proteção durante as viagens; e liberdade de praticar sua religião. O alcance desses direitos e a gama de oportunidades sociais e econômicas diferiam um pouco de um lugar para outro e nas diferentes épocas. As diferenças quanto à prosperidade e ao âmbito da atividade econômica entre os Uffenheimer-Brettauer, de Hohenems, e os Löwinau-Zweig, de Prossnitz — e dentro de cada ramo da família — podem ser parcialmente explicadas pelas adaptações, da parte dos indivíduos, às funções que lhes eram permitidas e às restrições que lhes eram impostas.[17] Assim, sua mobilidade social diferenciada resultava da mescla do talento e da inclinação individuais — do esforço pessoal — com as circunstâncias historicamente prescritas. Além disso, como no caso de Herz Lämle Brettauer, resultava de alianças matrimoniais vantajosas.

Essa combinação de restrições com privilégios limitados refletia-se na mistura de mobilidade e estagnação — de dinamismo e conservadorismo — que caracterizou a vida dos antepassados de Stefan Zweig durante a era pré-emancipação. As atividades comerciais que eles tinham permissão de exercer permitiram que alguns adquirissem mobilidade horizontal e vertical: dentro da sociedade do gueto, elevando-se às posições superiores da hierarquia judaica, e, em termos geográficos, dentro de uma área delimitada pelas autoridades não judias. Entretanto, em consonância com as proibições ligadas à mudança de residência, seu domicílio permaneceu fixo. Entre os dezoito parentes de Zweig nascidos entre 1740 e 1780 sobre os quais existem informações, dezesseis passaram a vida inteira em sua cidade natal e nela morreram, Hohenems ou Prossnitz.[18] E, apesar de seu contato com o mundo gentio dominante e da interação frequente com seus vizinhos cristãos no âmbito econômico, as restrições e exclusões que haviam frisado por tanto tempo o "caráter estrangeiro" dos judeus os incentivaram a se voltar para dentro, recorrendo à própria comunidade para nela encontrar solidariedade e identidade. Mantiveram-se firmemente voltados para o *Judenstadt*, fiéis às suas tradições e costumes, praticantes de seus dogmas e crenças religiosos.

O Edito de Tolerância promulgado durante o governo iluminista de José II, no início da década de 1780, procurou promover uma incorporação mais completa dos judeus na sociedade dominante.[19] Foi concebido como uma série de medidas reformadoras que deveriam transformar o Estado em entidade unificada e centralizada por intermédio da eliminação dos particularismos locais e das barreiras criadas pelas grandes propriedades, pelas corporações e pelos credos. O edito dispensou os judeus da obrigação de usar emblemas especiais e trajes característicos, prescreveu a educação secular e civil para as crianças e obrigou as escolas e instituições de ensino superior cristãs a aceitar alunos judeus. Estes foram também autorizados a se tornar artesãos e a ingressar nas profissões liberais, e incentivados a abrir fábricas. Embora mantivessem as restrições à liberdade de se estabelecerem onde quisessem, de serem proprietários de terra e de escolherem determinadas carreiras, as reformas liberais iniciadas pelo imperador reconheceram o direito dos judeus de se tornarem súditos naturalizados, deram esperança de privilégios mais plenos de cidadania e de uma igualdade maior no futuro, e tiveram a intenção de estimulá-los a sair de seu isolamento ocupacional, cultural e social.[20]

As mudanças, no entanto, foram lentas. Embora alguns membros da geração de Moses Josef Zweig e Herz Lämle Brettauer se "modernizassem" a ponto de adotar sobrenomes alemães, como determinado por lei, as reformas de José II induziram poucas modificações na orientação geral de sua vida cotidiana. Nascidos mais ou menos em meados do século, os contemporâneos de Moses Josef e Herz Lämle já estavam velhos demais, na década de 1780, para serem pessoalmente afetados pelas novas oportunidades de educação secular que se pretendia que substituíssem a instrução judaica tradicional nas escolas primárias religiosas e nas academias talmúdicas. Em vez disso, persistiram em sua adesão ao credo religioso e às práticas culturais que haviam definido os judeus ao longo da história, tanto perante eles mesmos quanto perante o mundo externo, como um grupo separado.

O iídiche (*Judendeutsch*) continuou a ser sua língua franca — um símbolo audível de sua diferença comunitária.[21] Os homens continuaram a usar quipás, com os quais todos os judeus varões religiosos têm que cobrir a cabeça, e a se vestir com os longos casacões característicos que tinham sido obrigatórios nos guetos fechados da era pré-josefina. As mulheres casadas mantinham os cabelos cobertos em público, como era esperado, ou então os raspavam e usavam perucas (*sheytl*), e trajavam blusas de mangas compridas e saias longas, como mandava o recato. Todos frequentavam a sinagoga com regularidade, sendo os homens fisicamente separados das mulheres durante as cerimônias das preces. Os judeus celebravam o Shabat, respeitavam os dias especiais de festas e jejum, mantinham um rabino e cantor e obedeciam às regras dietéticas judaicas (*Kashrut*).

Pertenciam a organizações como a Chevra Kadischa e a Chevra Dovor Tov, que faziam caridade para os pobres, atendiam os doentes e moribundos e conservavam o cemitério judaico.[22] Seus filhos varões eram circuncidados oito dias depois do nascimento. Na infância e adolescência, continuavam a receber aulas de religião e hebraico — em conjunto, quando possível, e em particular, quando necessário —, a fim de complementar o ensino de orientação secular exigido nas escolas de língua alemã controladas pelo Estado. Aos treze anos, os filhos varões recebiam as boas-vindas à idade adulta e à plena responsabilidade religiosa na cerimônia do Bar mitsvá; as filhas, com direitos e responsabilidades restritos dentro da sinagoga, prosseguiam em sua educação informal rumo a seu papel aceito de companheiras dos futuros maridos e de donas de casa e mães.[23]

Todavia, começaram a surgir sinais de uma nova orientação até mesmo entre membros da geração dos trisavôs de Stefan Zweig. Alguns demonstraram uma fidelidade patriótica aos Estados em que residiam — uma identificação com a Coroa e com a causa imperial que transcendia os limites de seu mundo no gueto, muito antes de serem efetivamente considerados cidadãos com plena igualdade legal e política nas terras dos Habsburgo. No início de 1793, por exemplo, um ano depois da eclosão da Guerra da Primeira Coalizão contra a França revolucionária, Solomon Löwinau, um dos irmãos de Moses Josef Zweig e superintendente da comunidade judaica, propôs que todos os judeus de Prossnitz fizessem uma contribuição financeira voluntária para o esforço de guerra. Apesar de sua relativa pobreza, os moradores do *Judenstadt* atenderam ao apelo e reuniram uma soma generosa em dinheiro. Ao mesmo tempo, o rabino-chefe (*Landesrabbiner*) das comunidades da Morávia a que a congregação de Prossnitz pertencia pediu a todos os judeus que acrescentassem uma prece especial às suas orações matinais cotidianas. Nela, deveriam invocar a saúde do imperador Francisco II e a vitória da causa austríaca.[24] Apoio similar — tanto financeiro quanto patriótico — foi dado pelos judeus de Hohenems e das cidades vizinhas de Vorarlberg durante esse conflito e, em especial, no decorrer das guerras napoleônicas que se seguiram.[25]

Sem dúvida, algumas das contribuições monetárias e das declarações de patriotismo judaicas se destinavam deliberadamente a agradar ao imperador e garantir "uma vida tranquila e segura para o Povo de Deus na Diáspora", como observou sagazmente Salomon Löwinau.[26] Apesar de sua natureza defensiva, porém, essas medidas também indicavam com clareza os esforços de pelo menos alguns judeus dessa geração para sair do isolamento social associado à vida no gueto e, nem que fosse apenas em termos simbólicos, integrar-se mais completamente no mundo da maioria gentia.

EMBORA UMA REAÇÃO às políticas liberais de José II tenha ocorrido durante o governo de seus sucessores imediatos e menos esclarecidos, o Edito de Tolerância não foi revogado. Por mais imperfeito que fosse no tocante à questão da cidadania judaica e de sua igualdade plena, esse edito, assim como a subsequente *Judenpatent* (1797), de Francisco II, acarretaram paulatinamente um aumento das oportunidades sociais e econômicas para muitos judeus, inclusive os das famílias Zweig e Brettauer.

A suspensão gradativa das restrições que haviam limitado as atividades econômicas judaicas incentivou os membros da geração dos bisavós de Stefan Zweig a se expandir além do âmbito e da natureza das empresas em que tinham participação. Os irmãos Raphael (1782-1859) e Simon Brettauer (1788- -1865), filhos de Herz Lämle, promoveram a recuperação dos negócios de seu avô materno no comércio de gado e de cavalos — iniciativa que Maier Uffenheimer havia abandonado na década de 1770, depois que seus privilégios de negociar essas mercadorias foram rescindidos nos territórios alpinos fora de

Hohenems. Em sociedade com seu irmão mais velho, Ludwig (1768-1837) — bisavô de Stefan Zweig —, Raphael também fundou uma empresa especializada na exportação de meias e tecidos rústicos (*Barchent*) de fabricação local e na importação de produtos e tecidos provenientes das colônias britânicas e holandesas, assim como de tecidos de algodão, linho e morim da Suíça e de outros países europeus.[27]

Essas empresas comerciais não diferiam fundamentalmente das da geração anterior. Mas a nova liberdade permitiu que Ludwig, Raphael e Simon comprassem e vendessem numa área geográfica mais extensa — em centros urbanos e regiões do império das quais os judeus tinham sido excluídos — e fundassem bases fora de Hohenems capazes de funcionar, no futuro, como filiais potenciais das empresas. E, o que é mais importante, permitiu que se respaldassem no capital herdado dos esforços de seus pais e o utilizassem, de modo que, *ao somarem seus recursos financeiros, por intermédio de sociedades familiares e alianças baseadas nos laços conjugais*, tiraram proveito da ampliação das oportunidades e ingressaram em novos ramos de atividade: na manufatura e na produção industrial.

Pelo menos seis dos oito filhos de Herz Lämle e Brendel Brettauer seguiram o exemplo do pai, casando-se com filhos de membros abastados da comunidade judaica. Fanny Wolf, esposa de Ludwig e bisavó de Stefan Zweig, era filha de Mannes Wolf e Ester Maier Moos — esta, membro de uma das famílias proeminentes de Hohenems na área comercial. O marido de Sybillia Brettauer, Jonas Brentano, era seu primo em primeiro grau — filho de Nathan Elias Brentano, que

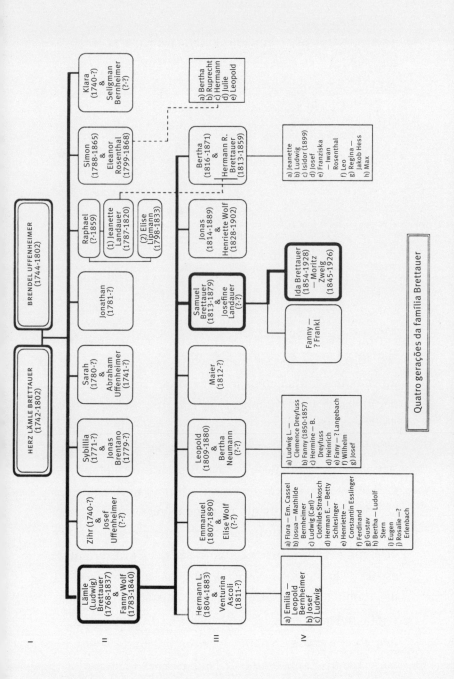

Quatro gerações da família Brettauer

fizera uma fortuna considerável como pioneiro no comércio de produtos têxteis de algodão em Hohenems. Klara casou-se com Seligman Bernheimer, membro da família Levi Levi, empenhada em vastos negócios de compra e venda por atacado e no varejo. Zihr e sua irmã, Sarah Brettauer, casaram-se com membros da família Uffenheimer — seus primos Josef e Abraham —, fortalecendo ainda mais os laços econômicos entre essas duas famílias. Simon Brettauer casou-se com Eleanor Rosenthal (1799-1868), filha de Urban Veit Levi Rosenthal (1765-1826), negociante e atacadista de tecidos e artigos de armarinho de extremo sucesso, cujos empreendimentos comerciais se estendiam por uma ampla zona dentro de Vorarlberg, no sul do Tirol e no norte da Itália.[28]

Não muito depois da morte de Urban Rosenthal, Simon entrou em sociedade com seus dois cunhados, Philipp (1801-59) e Joseph (1805-62), e transformou a empresa *comercial* do velho Rosenthal em firma *industrial*, especializada em fiação, tecelagem e tingimento de produtos têxteis de algodão.[29] Considerando-se o vultoso investimento inicial de capital necessário para criar uma fábrica de tecidos de algodão, seu gesto foi possibilitado por sua disposição de juntar parte de seus bens em benefício mútuo — disposição visivelmente favorecida pelo casamento de um dos sócios, Simon, com Eleanor, irmã dos outros dois. Como muitos outros casos de empresas fabris fundadas por judeus na Europa Central do início do século XIX, esse foi também um exemplo claro da combinação e transformação de capital mercantil em capital industrial.[30]

O AUMENTO DA PROSPERIDADE e o distanciamento de empresas que envolviam diretamente o comércio intensificaram-se na geração seguinte entre os membros da família Brettauer nascidos entre 1804 e 1834 — grupo que incluía Samuel Brettauer (1813-79) e Josefine Landauer (1815?-?), os avós de Stefan Zweig por parte de mãe. O irmão mais velho de Samuel, Hermann Ludwig, iniciou sua carreira profissional numa empresa atacadista de produtos têxteis de propriedade de Salamon Bernheimer, sogro de sua tia Klara. Quando fundou sua própria firma de importações e exportações, na década de 1830, Hermann Ludwig seguiu o exemplo bem-sucedido de Bernheimer e montou filiais com armazéns em Ancona, cidade portuária do litoral do Adriático, na Itália central, e em St. Gallen, na Suíça, mais ou menos perto de Hohenems. Essas duas cidades funcionavam como entrepostos para a importação de tecidos de algodão, peles e outros produtos ingleses, e como centros de exportação e venda de produtos do Império dos Habsburgo.

Entretanto, depois que Samuel, avô materno de Stefan Zweig, ligou-se à Companhia H. L. Brettauer como sócio e diretor residente do escritório de Ancona, sua empresa passou por uma grande mudança. Não apenas sua sede migrou de Vorarlberg para a Itália, num intervalo de poucos anos, como também a natureza da firma passou por uma metamorfose — *do comércio para a atividade bancária*. Na década de 1850, os irmãos Hermann Ludwig e Samuel eram primordialmente conhecidos como banqueiros de sucesso; eram pessoas de grandes posses, que tinham entre seus clientes financeiros até o próprio Vaticano.[31]

Josefine Landauer Brettauer (1815?-?), avó materna de Stefan Zweig. (Coleção Zweig, Universidade Estadual de Nova York-Fredonia)

Mas essa geração também incluiu indivíduos como Emmanuel (1807-90) e Jonas Brettauer (1814-89), irmãos de Hermann Ludwig e Samuel, e ainda Josef Landauer, irmão da avó materna de Stefan Zweig. Eles se afastaram mais drasticamente do ramo comercial e das ocupações que dependiam de investimentos financeiros, enveredando pelas atividades arte-

A entrada na burguesia 147

Samuel Brettauer (1813-1879), avô materno de
Stefan Zweig. (Coleção Zweig, Universidade
Estadual de Nova York-Fredonia)

sanais. Emmanuel e Jonas aprenderam o ofício de curtumeiros e acabaram como proprietários de um grande curtume, especializado em couro de diversas cores, enquanto Josef se tornou padeiro e confeiteiro.[32]

Naturalmente, uma das expectativas subjacentes ao Edito de Tolerância e às leis subsequentes que reduziram as restrições contra os judeus tinha sido que muitos deles abandonassem suas ocupações tradicionais e se tornassem artesãos e agricultores.[33] Mas persistiam alguns empecilhos a esse tipo de mudança. Hohenems, com sua população relativamente pequena, só conseguia sustentar um número limitado de negociantes qualificados. Além dos açougueiros que forneciam carne *kosher* à comunidade, a cidade não tinha nenhum artesão judeu no início do século XIX. A nova competição dos judeus em ocupações que até então tinham sido uma reserva dos gentios não foi tolerada com facilidade, o que resultou no abandono da confeitaria por Josef Landauer, em favor do trabalho numa taverna e hospedaria.[34] Além disso, em geral apenas os judeus abastados, como Ludwig Brettauer, podiam arcar com a perda dos rendimentos dos filhos durante o longo período de aprendizagem necessário aos artesãos. Somente em 1840, com a criação em Hohenems da Israelitischen Handwerker-Verein, uma organização que ajudava os judeus pobres a fazerem sua formação como artífices, é que essa situação passou por um pequeno alívio.[35]

O padrão de desenvolvimento foi muito semelhante entre os antepassados paternos de Stefan Zweig. Com eles, no entanto, a mudança do comércio e empreendimentos correlatos para novos ramos de atividade econômica foi ligeiramente mais lenta do que entre os Brettauer. Isso decerto refletiu a situação de certa forma menos abastada dos Zweig no fim do século XVIII e mais dificuldade inicial para acumular o capital excedente necessário para investir em novas empreitadas. Sem dúvida, o bisavô de Stefan Zweig, Moyses Löb Zweig (1784-1831), e seus irmãos Pinkus (1792-1831), Baroch (1795-1866) e Marcus (1796--1885) — todos nascidos depois da promulgação do Edito de Tolerância — adaptaram-se bem aos tempos um pouco mais liberais e melhoraram a situação financeira do pai. Abandonaram a atividade de mascate em favor do trabalho como lojistas e promotores de vendas, comercializando produtos têxteis e uma multiplicidade de outros artigos, que incluíam tabaco, sal, cereais, vinhos, calçados e roupas prontas de baixo custo. Também parecem ter auferido lucros suficientes para comprar e ampliar suas casas na Judengasse.[36] Todavia, apesar de um conterrâneo judeu de nome Feith Ehrenstamm haver fundado uma grande fábrica têxtil em Prossnitz já em 1801 e construído uma usina de algodão e fábrica de tinturas mecanizada dez anos depois, e apesar de a cidade deles ter se tornado um centro da confecção austríaca de roupas durante sua vida, eles não parecem ter tido o desejo ou os recursos de capital para passar do comércio para a indústria.[37]

Pode-se discernir, entretanto, uma mudança acentuada nas ocupações dos filhos do bisavô Moyses Löb Zweig e de seus quatro irmãos. Dos 32 que nasceram entre 1807 e 1841, vinte chegaram à idade adulta: dez rapazes e dez moças. Cinco dos varões, inclusive o avô de Stefan Zweig, Hermann (1807-84), tornaram-se proprietários ou coproprietários de usinas têxteis que produziam tecidos de sarja de algodão e de seda; um tornou-se chapeleiro e outro, Elkan (1840-1906), germanizou seu prenome, passando a se chamar Eduard Zweig, e se tornou o primeiro da família a obter diploma de curso superior, como advogado.[38] Duas das mulheres, as irmãs Elka Katti Zweig Spitzer (1823-96) e Lisette Zweig Reichmann (1830-1900), romperam com a tradição que restringia a participação feminina na administração dos negócios e ganharam seu sustento como negociantes de tecidos e artigos de armarinho; duas casaram com comerciantes têxteis; uma casou com o dono de uma casa de penhores e cinco tornaram-se esposas de proprietários de estabelecimentos industriais: cervejarias, fábricas de bolsas e tapeçarias e uma usina têxtil.[39]

Parte da explicação dessa passagem predominante para a indústria encontra-se na natureza diversificada da modernização econômica no território dos Habsburgo. Vorarlberg, terra natal dos Brettauer, começara a desenvolver uma pequena indústria têxtil no fim do século XVIII, mas a Áustria setentrional, a Boêmia e, em menor grau, a Morávia é que se tornaram os parques industriais mais importantes do império. Os grandes proprietários rurais dessas regiões mostraram-se mais dispostos que seus equivalentes das províncias alpinas a aceder aos desejos de industrialização dos governantes Habsburgo e, de modo geral, foram mais receptivos ao desenvolvimento da produção em larga escala, para fins lucrativos, por meios modernos.[40] Além disso, os diversos privilégios mediante os quais as autoridades de Estado esperavam estimular as pessoas a se dedicarem à manufatura e à indústria — privilégios registrados no Edito de Tolerância e reiterados em cartas patentes posteriores — proporcionaram uma clara oportunidade aos judeus. Quando dispunham do capital necessário para o investimento, muitos deles se deslocavam para áreas de atividade econômica às quais as restrições das antigas guildas não se aplicavam, e a concorrência direta com seus vizinhos gentios era ínfima. Isso parece ter acontecido com Hermann, o avô de Stefan Zweig, e com outros de sua geração.[41]

Entretanto, até se conceder oficialmente aos judeus das terras dos Habsburgo a liberdade de escolha quanto ao local de moradia, pouco depois da revolução de 1848, até os empresários mais abastados e de maior ascensão social entre eles continuaram presos, em sentido físico e psicológico, às comunidades judaicas em que haviam nascido. A educação secular e o maior

A entrada na burguesia 151

Hermann Zweig (1807-84), avô paterno de
Stefan Zweig. (Coleção Zweig, Universidade
Estadual de Nova York-Fredonia)

contato cotidiano com a cultura do mundo não judaico decerto
haviam ampliado sua visão e modificado alguns aspectos de
seu comportamento social. O grau de sua integração no meio
dominante refletia-se em sua adoção voluntária da língua da
maioria — o alemão — nos negócios, na contabilidade, na documentação e também nas formas de expressão coloquiais e
literárias.[42] Refletia-se ainda nas roupas que usavam: na conformidade com a moda de seus pares econômicos gentios e na
eliminação dos trajes que distinguiam os judeus no passado.

Nanette Wolf Zweig (?-1880), avó paterna de Stefan Zweig. (Coleção Zweig, Universidade Estadual de Nova York-Fredonia)

Entretanto, sem que se eliminassem outras barreiras à sua integração na sociedade civil, o sentimento de pertencer a um grupo socialmente desfavorecido e juridicamente inferior parecia manter-se vivo neles. Os judeus continuavam a ser visitantes temporários do mundo dominante, e não membros plenos dele.[43] Apesar das enormes distâncias que muitos haviam atravessado — em termos geográficos, econômicos e culturais —, os membros da geração dos avós de Stefan Zweig não eram fundamentalmente diferentes de seus antepassados da era pré-emancipação. Não negavam sua identidade religiosa como judeus, continuavam a pertencer à sua comunidade natal e a desempenhar um papel ativo nela, e guardavam um sentimento quase defensivo de ter uma obrigação especial uns para com os outros.

Os exemplos são abundantes. Em Prossnitz, Hermann Zweig, seu irmão Salomon e o tio de ambos, Marcus, deram continuidade à tradição familiar de liderança no Judenstadt. Cada um deles serviu alternadamente à comunidade, na condição jurídica de *Judenrichter* e de supervisores (*Vorsteher*). Todos também continuaram a observar as práticas religiosas judaicas, a apoiar o ensino bíblico, talmúdico e do hebraico para os jovens e a se engajar em organizações voltadas para o auxílio aos pobres e enfermos.[44] Em Hohenems, similarmente, Leopold Simon Brettauer e seus primos — os irmãos Emmanuel, Leopold e Jonas Brettauer — trabalharam como membros da junta dirigente dos assuntos internos da comunidade em várias ocasiões. O atacadista e banqueiro Hermann Ludwig Brettauer também fez parte do conselho dirigente na década de 1840, apesar de suas prolongadas ausências da cidade durante viagens de negócios à Suíça e à Itália. Sua esposa, Venturina, tornou-se diretora da Israelitischer Frauenverein (Associação das Mulheres Judias) e, nessa condição, interessou-se pela assistência aos doentes e pelo bem-estar e educação das moças indigentes. Aliás, todos esses Brettauer e seus cônjuges, inclusive os avós maternos de Stefan Zweig, eram conhecidos pelo empenho pessoal em associações de caridade e por oferecerem uma generosa ajuda financeira aos judeus necessitados de Hohenems. Além disso, todos continuaram a dar respaldo às instituições religiosas judaicas em sua comunidade — contribuindo para a renovação do prédio da sinagoga e para a manutenção do cemitério judaico — e ajudaram a manter um rabino e um professor de hebraico.[45]

Contudo, embora a redução parcial das barreiras restritivas pareça não haver enfraquecido efetivamente os laços entre esses Zweig e Brettauer e sua religião e comunidade, a conclusão do processo legal de emancipação, nos anos subsequentes, estimulou respostas mais variadas.

Assim, a aprovação da *Freizügigkeit*, na esteira da Revolução de 1848-9, concedeu aos judeus austríacos a liberdade de ir e vir e de *se estabelecer* onde desejassem. Em 1867, após a derrota da Áustria diante da Prússia e a introdução de uma constituição liberal na Austro-Hungria, os judeus receberam oficialmente a igualdade civil plena no império.[46] A obtenção desses direitos ampliou a gama das oportunidades sociais oferecidas à geração dos pais de Stefan Zweig e proporcionou a seus membros a possibilidade de se integrarem de modo mais pleno no mundo da maioria dominante. O custo disso foi uma ruptura física e psicológica mais completa com o passado.

No nível simbólico, essa ruptura foi indicada pelos prenomes claramente "modernos" dessa geração. Em vez dos nomes germanizados mas reconhecivelmente judaicos, de origem bíblica ou pós-bíblica, que tinham sido comuns até mesmo entre os da geração anterior — como Joseph, Ester,

Leib, Samuel, Sarah, Israel, Abraham, Solomon, Chaim e Moses —, os nomes favoritos passaram a ser Moritz, Heimann, Hermann, Henriette, Ida, Fanny, Ludwig, Gustav e Max. Na verdade, entre os irmãos e primos dos pais de Stefan Zweig, era possível encontrar até mesmo nomes ultrateutônicos, como Siegmund, Siegfried e Clothilde.[47]

No campo das ocupações, as tendências evidenciadas na era anterior também se intensificaram. Existem informações sobre a carreira profissional de 36 das 48 pessoas da linhagem dos Brettauer e Zweig nascidas entre 1845 e 1875.[48] Nove entre 23 parentes de Zweig (39%) — irmãos e primos do pai de Stefan Zweig, Moritz — eram proprietários de fábricas industriais, fosse diretamente, fosse por meio do casamento; oito (35%) estavam engajados em algum aspecto do comércio, em geral atacadista; e seis (26%) eram profissionais liberais: dois médicos, dois advogados, um ator e um engenheiro. Nove entre treze Brettauer (69%) — irmãos e primos de Ida, a mãe de Stefan Zweig — eram diretores ou estavam casados com diretores de casas bancárias; um era advogado; dois eram médicos especialistas (23%) — um cirurgião oftalmologista e um ginecologista — e uma havia se casado com um industrial.[49]

O número crescente de médicos e advogados nesse grupo refletiu o início de uma tendência que iria se acentuar entre os contemporâneos do próprio Stefan Zweig: o que ele chamava de "desejo de elevar-se acima do simples dinheiro", e que descreveu como a "passagem das ocupações associadas à experiência do gueto" para as profissões liberais.[50] Essa tendência, é claro, também refletiu o número crescente de escolhas à disposição dos judeus durante esse auge do liberalismo na Áustria, à medida que caíam as barreiras legais e que se reduzia a discriminação oficial contra eles nos campos não comerciais. Tampouco surpreende a grande percentagem de banqueiros e industriais nesse grupo. Os anos decorridos entre 1848 e meados da década de 1870, como afirmou Eric Hobsbawm, foram o "período em que o mundo se tornou capitalista".[51] Qualquer varão que houvesse acumulado um excedente de riqueza — por esforço pessoal, por intermédio de heranças ou por laços do matrimônio — via-se numa situação ideal para tirar proveito dessa era de expansão econômica e acentuado desenvolvimento industrial. Embora o trabalho de mascate, os empréstimos sob penhores e os empréstimos a juros tivessem sido encarados com desconfiança e certa dose de desdém pela maioria gentia em épocas anteriores, a atividade bancária e a propriedade de fábricas traziam consigo muito mais prestígio durante a Era do Capital.

A liberdade da escolha profissional, além disso, também já era acompanhada, a essa altura, pelo direito de livre escolha do local de moradia (*Freizügigkeit*). Em quantidades impressionantes, os judeus deixaram suas residências nos guetos das cidadezinhas e se mudaram para lugares onde antes não lhes era permitido residir. Muitos indivíduos e jovens casais migraram permanentemente para cidades como Praga e Viena e para os novos centros industriais do império, onde era intensa a atividade econômica e cultural. O tamanho da comunidade judaica vienense, por exemplo, sofreu um drástico aumento, passando de 6200 habitantes em 1860 (2,2% da população) para 72 600 em 1880 (10% do total).[52] Essa mobilidade geográfica evidenciou-se com clareza entre os membros da geração dos pais de Stefan Zweig.

A entrada na burguesia

Moritz Zweig (1845-1926) e Ida Zweig (1854-1928), logo depois do casamento, em 1878. (Coleção Zweig, Universidade Estadual de Nova York-Fredonia)

Apenas dez (28%) das 35 pessoas da linhagem dos Zweig nascidas entre 1845 e 1875 ficaram residindo em Prossnitz depois da promulgação do *Freizügigkeit*. Duas (6%) mudaram-se para a cidade vizinha de Olmiuz; uma (3%) estabeleceu-se em Hamburgo; sete (20%) mudaram-se para Viena; e quinze

(43%) nasceram na capital austríaca (ou em suas imediações) depois que seus pais se estabeleceram nela.[53] Entre os Brettauer, a mãe de Stefan Zweig, Ida (1854-1938), e sua irmã Fanny (1852?-?) nasceram em Ancona e se mudaram para Viena com os pais no início da década de 1870, depois que Samuel liquidou seu banco na Itália. Os três filhos de Hermann e Venturina, Emilia, Josef e Ludwig, estabeleceram-se em Trieste. Dois dos filhos de Emanuel e Elise, Josua e Hermann Emanuel, permaneceram em Hohenems, onde dirigiam um escritório bancário e de câmbio. Seu irmão Ferdinand e seu primo Heinrich mudaram-se para Bregenz, onde fundaram, em sociedade, mais uma filial da empresa bancária da família. Eugen Emanuel tornou-se advogado em Viena. O irmão mais velho de Heinrich, Ludwig, instalou-se na Suíça, fundando mais um banco em Zurique. As filhas de Leopold e Bertha, Hermine e Fany, casaram-se e se mudaram, uma para Basileia e outra para Worms. O irmão delas, Josef, tornou-se médico e acabou emigrando para Nova York.[54]

II

Ao deixarem permanentemente os confins do bairro judaico em Prossnitz e Hohenems, esses membros das famílias Zweig e Brettauer cortaram seus laços com as antigas estruturas e organizações comunitárias de maneira irreversível. A natureza e a direção de sua identificação e de sua orientação primordial passaram do *shtetl* para o *Grosstadt*. Ao contrário de seus pais e avós, que haviam simplesmente tido uma temporada um tanto constrangida no mundo não judaico, por causa das restrições à moradia e das limitações jurídicas, muitos dessa geração se sentiram mais à vontade para tirar proveito mais pleno das oportunidades culturais e materiais que estavam ao alcance da sociedade austríaca de classe média, e para se comprometerem com seu novo meio de modo mais permanente.

Na verdade, se fôssemos julgar os aspectos da experiência assimilacionista conforme se manifestaram em muitos Zweig e Brettauer pertencentes à geração nascida no terceiro quarto do século XIX — se fôssemos avaliar o rigor de sua aculturação nos valores dominantes por seu comportamento público, sua aparência externa e seu uso da língua —, seria razoável inferirmos que a via emancipatória aberta pelo Edito de Tolerância de José II havia conseguido atingir sua meta. Tomando por base os padrões burgueses do "refinamento cultural", bem como da realização econômica e profissional — tomando por base a *Verbesserung* —, muitos Zweig e Brettauer haviam realizado, se não ultrapassado, as expectativas dos reformadores sociais liberais. Na época em que receberam sua plena emancipação legal na Áustria, em 1867, os judeus pareciam haver realizado o desejo de não mais se diferenciarem dos outros cidadãos, a não ser por seu credo. Mas essa inferência deixaria de levar em conta alguns aspectos de sua adaptação social e psicológica que, direta ou indiretamente, concerniam ao fato de que a oposição à emancipação e ao progresso judaicos nunca desapareceu durante o século XIX — de que, na verdade, os preconceitos antijudaicos continuavam perfeitamente vivos, insidiosos e crescendo numa intensidade sinistra.

A orientação dos pais de Stefan Zweig, Moritz e Ida, por exemplo, deslocara-se incontestavelmente da experiência judaica das comunidades de sua origem familiar para uma imersão completa na atmosfera cosmopolita da metrópole vienense, que a essa altura eles chamavam de lar, com vigor e entusiasmo. No caso deles, o objetivo final dessa mudança e dessa imersão não era, obviamente, fugir do judaísmo para o batismo cristão. Embora Viena tivesse o mais alto índice de conversões da Europa no fim do século XIX, nem eles nem qualquer outro Zweig ou Brettauer de sua geração abandonaram a religião judaica para se converter ao cristianismo. E nenhum deles se casou fora de seu credo, como viriam a fazer alguns de seus filhos.[55] Sem dúvida, para Moritz e Ida, assim como para outros Zweig e Brettauer, a própria firmeza de opinião exigida pelo ato de conversão religiosa e o caráter decisivo de rejeição que ele simbolizava eram um gesto por demais premeditado e radical. Como indicou Albert Memmi em seu perspicaz livro *The Liberation of the Jew*, a conversão exigia "a passagem irreversível de uma comunidade para outra, de um universo ideológico para outro"; "de um só golpe, [ela] declara[va] o fracasso do grupo" do qual o convertido era originário.[56] Essa "passagem" e essa "declaração" tinham sido características da conversão religiosa de Joseph May ao cristianismo, em Serra Leoa, e de muitos contemporâneos de Moritz e Ida Zweig, em Viena. Os Zweig e os Brettauer, contudo, não pareceram dispostos a dar esse passo decisivo e inconfundível.

Sem sombra de dúvida, Moritz e Ida Zweig eram muito mais secularizados do que seus pais. Estavam amplamente emancipados das práticas religiosas judaicas ortodoxas. Eram, segundo descrição de seu filho Stefan, "seguidores fervorosos da religião da época, o 'progresso'". Contudo, também continuavam judeus para além do sentido nominal. Foram casados por um rabino, mantiveram-se membros da Israelitische Allianz, a organização comunitária judaica vienense, e mandaram circuncidar seus dois filhos. Apesar de não manterem uma prática religiosa cotidiana, ao que parece jejuavam no Yom Kippur, Dia do Juízo e data mais sagrada do calendário judaico, e reconheceram a passagem simbólica de Stefan e seu irmão Alfred para a masculinidade adulta judaica com cerimônias de bar mitsvá por ocasião do aniversário de treze anos dos filhos.[57]

Todavia, embora o fato de Moritz e Ida não se disporem a abandonar por completo as práticas religiosas e os laços comunitários judaicos possam ser vistos como um reflexo de seu desejo de manter vivas sua identidade e sua herança, sua identificação permanente com o *judaísmo* não se estendia aos *judeus em geral*. Apesar de serem membros da Israelitische Allianz, distanciaram-se, social e simbolicamente, do *hoi polloi* judaico: do grande número de judeus imigrantes pobres, menos instruídos e menos sofisticados que chegavam a Viena em bandos, provenientes das províncias dos Habsburgo e dos *shtetls* do Leste Europeu.[58]

De fato, tanto em relação a seus vínculos judaicos quanto às convenções da cultura dominante, posicionaram-se criteriosamente dentro de seu meio vienense. Adquiriram uma série de apartamentos elegantes nos melhores bairros da cidade; mobiliaram-nos com bens materiais compatíveis com o gosto burguês da época; e apareciam em público no teatro, ópera, cafés e atividades cosmopolitas associadas aos membros "mais refinados e de melhor estirpe" da sociedade da capital. Assim como aconteceu com outros aspirantes à assimilação para quem as promessas integracionistas da emancipação não tinham sido bloqueadas, sua identificação e orientação sociais primárias deram-se com outras pessoas de sua *classe* — entre as quais por certo havia muitos judeus, mas também austríacos liberais de orientação religiosa não judaica. Em público, tal como Stefan Zweig recordava seus pais, eles se esforçavam por exibir as melhores qualidades contempladas na *Verbesserung* emancipatória ideal: mostravam-se pessoas que pareciam realmente dignas da posição jurídica e social que a naturalização dos judeus na cidadania austríaca havia possibilitado.[59]

De modo similar, como indicou Stefan Zweig, Moritz e Ida também procuravam desarmar qualquer hostilidade potencial a seu sucesso econômico, desmentindo o estereótipo do judeu sovina, do Shylock avarento que despertava inveja e ódio por parte da maioria gentia. Apesar de sua fortuna considerável — Moritz se transformara em um industrial milionário da área têxtil e "era tido como homem muito rico, mesmo segundo parâmetros internacionais" —, apresentavam-se como não sendo mais do que membros comuns da "boa burguesia" vienense. Desviavam a atenção de sua "diferença" — de sua judeidade e sua riqueza — não dando importância a seu dinheiro e se mantendo discretos, contidos e sem qualquer ostentação em sua aparência pessoal e seu estilo de vida. Moritz vestia-se com simplicidade, em geral usando paletó preto bem talhado e sóbrio com calças listradas, viajava na segunda classe dos trens, vez por outra alugava uma carruagem puxada a cavalos, mas não possuía uma, e só fumava charutos baratos, em vez dos importados. Ida costumava trajar-se com mais elegância, usando rendas e cetins, e usava joias, além de um penteado rebuscado e em dia com a moda. Entretanto, apesar de seus antecedentes familiares abastados e de sua situação de riqueza na década de 1880, ela não parecia particularmente mais extravagante, em porte ou roupas, do que outras damas da classe média austríaca; e, em todos os outros aspectos, harmonizava-se com o gosto modesto do marido por uma vida pública ordeira e discreta.[60]

Naturalmente é fácil entender por que indivíduos tão aculturados e ricos quanto Moritz e Ida Zweig se adaptavam com tamanha cautela e circunspecção ao mundo da maioria gentia de Viena. Como observou seu contemporâneo Arthur Schnitzler em suas memórias, a solidez dos preconceitos contra os judeus no período subsequente à concessão da emancipação plena, em 1867, tornava-lhes difícil esquecer que eram judeus — mesmo que se inclinassem a fazê-lo.[61] Em grande parte, durante quase todo o século XIX e até depois do colapso dos bancos e da depressão econômica de 1873, que catalisaram o surgimento de um virulento movimento antissemita na Alemanha vizinha, o preconceito antijudaico manteve-se na fímbria e não no centro do tecido social austríaco.[62] Na medida em que estavam associados à livre-iniciativa e aos investimentos capitalistas, no entanto, os judeus serviam de alvo na reação contra a ordem liberal vigente, e havia quem se esforçasse por excluí-los das uniões estudantis universitárias e restringir sua participação na medicina e no direito.[63]

Grande parte da propaganda e dos sentimentos antijudaicos que haviam levado a uma interrupção, se não a uma retirada total, dos direitos concedidos pelo processo de emancipação era considerada extremista e reacionária por elementos importantes da ordem liberal dominante. Estavam ideologicamente associados à direita católica e eram vistos por muitos judeus em processo de assimilação como uma anomalia — nas palavras de Jacob Katz, "como um fenômeno cultural retrógrado, fadado a desaparecer com o tempo".[64] Mas a antiquíssima ideia do *judeu como outsider* — como entidade social estrangeira e não naturalizável — persistira durante toda a era de emancipação, ao lado da tendência mais nova de ressentimento contra o progresso econômico e profissional dos judeus.

Foi essa ideia que, na década de 1880, tornou-se o princípio central de uma nova ideologia racista, não de fato *antissemita*, mas apenas *antijudaica*. Ela encarava os judeus como "uma espécie singular, com características físicas e morais acentuadas" — como uma "raça" cuja inferioridade, segundo um de seus proponentes, Eugen Duhring, era imutável, "inalterada e inalterável".[65] Esse antissemitismo, baseado numa premissa ideológica muito disseminada e influente, que via as raças como "caracteristicamente diferentes" e postulava uma ligação biológica intrínseca entre a raça e as aptidões e traços comportamentais humanos, permitia afirmar que os judeus, "uma raça semita", eram, *por natureza,* permanentemente não assimiláveis à população "ariana" dominante: que nem mesmo o batismo seria capaz de erradicar as características intrinsecamente "inferiores" dos judeus.

O SURGIMENTO DESSE ANTISSEMITISMO RACISTA na Áustria, mais ou menos na mesma época em que nasceram Stefan Zweig e sua geração, marcou o início de uma ruptura com o preconceito antijudaico relativamente brando que havia caracterizado a emancipação dos judeus durante a maior parte do século XIX. Embora as consequências práticas das atitudes racistas fossem de início pequenas, nas décadas seguintes continuariam a penetrar e a se difundir pelo tecido da vida política e social austríaca. E culminariam nos horrores do genocídio nazista.

Não obstante, em contraste com a trajetória cautelosa mas decidida pela via assimilacionista que fora adotada por seus pais e por seus familiares de outras gerações, Stefan Zweig e seus contemporâneos entraram no campo da corrente principal burguesa austríaca com maior confiança quanto a seu lugar nela e seu direito de estar ali. Observada de nosso ponto de vista retrospectivo sobre a experiência histórica judaica do século XX na Europa, essa confiança nos parece profundamente paradoxal. Todavia, examinado a partir de uma época anterior, o contraste entre as respostas de Stefan Zweig e as de seus pais e avós esclarece a problemática central explorada por este livro: a interação incerta entre percepção individual e circunstâncias históricas.

4. A entrada no mundo branco:
A história dos Rebouças

> Branco é quem bem procede.
> Negro na cor, branco nas ações.
> Negro por fora, branco por dentro.
>
> DITOS POPULARES BRASILEIROS

> Mas quais são os iguais a mim: os que têm a mesma cor ou os que têm a mesma educação?
>
> CITADO EM COSTA PINTO, *O negro no Rio de Janeiro*

> A gama do que pensamos e fazemos
> é limitada pelo que deixamos de perceber.
> E, por não percebermos
> que deixamos de perceber,
> pouco podemos fazer
> para mudar,
> até percebermos
> o quanto o não perceber
> molda nossos pensamentos e atos.
>
> R. D. LAING, *Laços*

NA DÉCADA DE 1780, pouco depois de emigrar para a Bahia, oriundo de São Tiago do Fontão, norte de Portugal, Gaspar Pereira Rebouças, alfaiate que não vinha atravessando uma fase muito boa, conheceu e desposou a mulata escura alforriada Rita Brasília dos Santos — mulher "de bela aparência", como mais tarde a descreveram —, que havia nascido escrava.[1] Juntos, o jovem imigrante português e sua esposa afro-brasileira formaram uma família que viria a obter amplo reconhecimento das elites dominantes do Brasil, pelas realizações de diversos de seus membros — muitos dos quais se tornariam atores relevantes em alguns dos episódios mais significativos da moderna história brasileira.

Os filhos do casal desempenhariam um importante papel no movimento brasileiro pela independência da dominação de Portugal, na instituição e oficialização do Império no Brasil e na consolidação da administração política centralizada, durante o período da regência e o reinado do jovem d. Pedro II. Seus netos viriam a ser incentivadores do avanço da modernização industrial e tecnológica brasileira, na segunda metade do século XIX. Teriam uma participação relevante no planejamento e na construção de uma rede nacional de transportes, defenderiam a reforma agrária, seriam teóricos do desenvolvimento agrícola e atuariam como grandes propagandistas e estrategistas na campanha pela abolição da escravatura.

Embora o leque de atividades públicas e o grau de sucesso pessoal atingido pelos filhos e netos de Rita Brasília dos Santos e Gaspar Pereira Rebouças tenham sido extraordinários, o padrão de mobilidade social da família e sua adaptação à discriminação baseada na cor não foram incomuns no Brasil. Essa abordagem assemelhou-se à de muitos outros brasileiros de origens raciais mistas e refletiu o traço característico das relações raciais brasileiras, que Carl Degler, com muita propriedade, identificou como a "saída de emergência dos mulatos".² Esta implicava uma "ascensão" da extrema pobreza e da subalternidade, baseadas no preconceito de cor e nas origens escravas, para a classe e o mundo cultural das elites brasileiras, predominantemente brancas. Em geral, essa subida era feita por meio de um intenso esforço pessoal, do uso da inteligência e da exploração criteriosa das oportunidades de avanço social e econômico. Essas oportunidades provinham do fato de que a aceitação social no mundo "branco" dominante brasileiro era mais fácil para os mulatos e "pessoas de cor" de pele mais clara do que para os negros.[3]

Tipicamente, além disso, ela era marcada por um certo grau de conformidade aos valores culturais e às normas econômicas definidos pelo grupo dominante, assim como por uma rejeição das práticas e atitudes consideradas "inferiores", "atrasadas" e "atávicas" pelos representantes das normas dominantes. De fato, em sentido estrutural e estratégico, visto em linhas gerais, o padrão de ascensão social trilhado pelos Rebouças e por outros pretos e pardos brasileiros teve muito em comum com aquele padrão pós-emancipatório do "erguer-se da escravidão" e "sair do gueto" seguido por Ifacaié May e outros africanos e crioulos libertos de Serra Leoa, pelos Zweig, os Brettauer e outros judeus da Europa Central dos Habsburgo, e por inúmeros outros indivíduos que lutavam para superar sua condição de subalternidade na Europa, na África colonial, na Ásia e nas Américas.

Mas o padrão brasileiro, como todos os demais, também tinha traços exclusivos e especiais, derivados da ideologia assimilacionista específica que se desenvolvera no contexto da realidade histórica e cultural do país. Enquanto na Serra Leoa do começo do século XIX a conversão ao cristianismo e a europeização tinham sido as chaves para se iniciar a penetração no mundo dos dominadores, e enquanto na Europa Central dos Habsburgo a *Verbesserung* (aprimoramento) havia aberto as portas para os judeus, no Brasil as oportunidades de admissão nesse mundo e de mobilidade de classe dentro dele eram controladas e determinadas por uma ideologia baseada em critérios culturais e somáticos que passaram a ser conhecidos como *embranquecimento*.[4]

I

A despeito da escassez de informações detalhadas sobre a vida de Gaspar Pereira Rebouças e Rita Brasília dos Santos, não é difícil imaginar as razões da realização de seu casamento racialmente misto. Com certeza, ainda que na sociedade escravocrata multiétnica e multirracial do Brasil as relações sexuais inter-raciais fortuitas e sem compromisso, bem como a miscigenação, acontecessem com muito mais frequência do que o matrimônio, a ocorrência de casamentos mistos não era incomum. O Registro de Casamentos do Arquivo da Cúria, em Salvador, contém inúmeras anotações setecentistas e oitocentistas sobre pardas que se casaram com brancos.[5] Sem dúvida as realidades demográficas desempenharam papel importante nessas situações, porque na Bahia, ao longo de todo o período colonial,[6] os homens brancos em idade de contrair matrimônio parecem ter sido significativamente mais numerosos do que as mulheres brancas. As pressões morais exercidas sobre os paroquianos pelo clero católico também devem ter constituído um estímulo de peso para a formalização dos laços conjugais. Mas, para Rita Brasília dos Santos e Gaspar Pereira Rebouças, como para outros casais inter-raciais, a decisão de se casar também deve ter sido influenciada por fatores sociais e econômicos mais sutis.

Em todo o período colonial brasileiro e pelo século XIX afora, como A. J. R. Russell-Wood e outros autores convincentemente demonstraram, a situação de negros alforriados como Rita Brasília dos Santos era ambígua e precária.[7] Com certeza o percentual de "pessoas de cor" libertas — sobretudo pardos — na população geral do país aumentou consideravelmente na segunda metade do século XVIII e nas primeiras décadas do século XIX. Mas esse crescimento demográfico ocorreu num contexto de leis e práticas discriminatórias que, em sua intenção, se bem que nem sempre na prática, restringiam os direitos jurídicos, sociais, econômicos e políticos, assim como as oportunidades das pessoas identificadas como integrantes do grupo social negro liberto.[8] No linguajar da legislação colonial destinada a fortalecer a posição dominante da minoria branca, os negros alforriados costumavam ser equiparados aos escravos. Eram proibidos de ocupar cargos públicos a serviço da Coroa, do Estado ou da Igreja e, até 1759, não podiam portar armas e exibir em sua indumentária "sinais de nobreza que tendessem a colocá-las no mesmo nível dos brancos".[9] Os negros alforriados eram ativamente desestimulados pelos brancos, temerosos de sua concorrência, de se envolver no comércio e nas profissões qualificadas e artesanais. Além disso, ficavam em geral sujeitos a representações populares estereotipadas e a preconceitos que, por seu caráter negativo e excludente, complementavam a severidade da política e do discurso oficiais.[10]

Na verdade, porém, embora todos os negros fossem obrigados a reconhecer o poder da minoria branca na definição das normas que regiam a conduta e a aceitação sociais nos tempos do Brasil Colônia, a legislação discriminatória oficial muitas vezes era uma barreira mais teórica do que prática ao ingresso em áreas sociais "restritas". Durante o período colonial, a realidade da demografia e dos padrões de povoamento brasileiros — em particular a relativa escassez de brancos "de sangue puro" nas áreas rurais afastadas dos centros urbanos litorâneos — influía na aplicação efetiva das leis discriminatórias. Assim, o grau de tolerância em relação ao envolvimento social e econômico dos "negros livres", e também à sua ascensão de classe, tendia a variar de uma região para outra e ao longo do tempo.

Embora os brancos monopolizassem sistematicamente as posições de influência em todo o Brasil, uma minoria da população de negros livres conseguiu penetrar no campo dos dominadores em todas as regiões do país, obtendo certo grau de aceitação e, vez por outra, até mesmo de proeminência econômica e social. Em geral, nos lugares onde o desequilíbrio demográfico não era acentuado o bastante para criar uma necessidade natural de participação ativa dos negros nas áreas oficial ou oficiosamente restritas da sociedade, a proteção de um membro receptivo da elite branca contribuía para sua aceitação e ajudava a eliminar os empecilhos a ela. O talento e o dinheiro também compravam aceitação e status e influenciavam as percepções dos brancos, uma vez ocorrido o ingresso na elite.

Entretanto, durante todo o período colonial, em caráter sistemático e em todas as partes do Brasil, *o determinante crucial* de sua aceitação e integração no mundo do grupo dominante era a *cor da pele*: em geral, os pardos eram preferidos aos negros, e os pardos mais claros eram mais bem aceitos do que seus irmãos de tez mais escura.[11] Dizia o folclore popular:

Branco é filho de Deus,
Caboclo é seu irmão,
Cabra ainda é parente,
E negro, filho de cão.

Esse critério somático de aceitação e progresso social pautado na cor foi a base de sustentação da ideologia de "embranquecimento" que viria a dominar o pensamento racial da elite brasileira até meados do século xx.[12] Seus proponentes, embora solidamente apoiados na convicção racista universal de que os membros da "raça branca" eram "superiores" e "mais adiantados" que os dos outros grupos raciais, privilegiavam e recompensavam as pessoas cujas características físicas se aproximavam mais do ideal "caucasiano" — da "imagem somática normativa" do branco, nas palavras de Harmannus Hoetink.[13] Agindo dessa maneira, como indicou Thomas Skidmore em *Preto no branco*, foram desfeitos dois dos principais pressupostos que costumam estar presentes nas ideias racistas fora do Brasil: a crença no "inatismo das diferenças raciais" e a convicção na "degeneração do sangue misturado".[14] Reconhecendo a realidade multirracial já existente em seu país, afastaram-se das ideias europeias e norte-americanas que enfatizavam a pureza e a exclusividade raciais. No "embranquecimento", ao contrário, postularam um processo dinâmico de integração no qual a raça branca "superior" assimilaria sistematicamente as "raças inferiores de cor" no Brasil, acabando por apagá-las da população. Em vista disso, aceitavam o casamento inter-racial e a miscigenação como meios evolutivos destinados a um fim positivo: como veículos assimilacionistas que resultariam em um Brasil fisicamente mais branco e culturalmente superior.[15]

Portanto, para negros e pardos — cientes da posição superior dos brancos na sociedade colonial escravocrata do Brasil, bem como da existência de um viés somático e cultural que dava mais oportunidades sociais e econômicas aos indivíduos que mais se aproximassem da "aparência" e dos "modos de conduta" brancos —, "clarear o casamento" era uma estratégia lógica para obter mais prestígio e ascensão sociais. Sem dúvida, do ponto de vista de uma negra alforriada como Rita Brasília dos Santos, ligar-se à raça do grupo dominante mediante o casamento com Gaspar Pereira Rebouças era uma demonstração pública de afastamento do passado dos africanos negros escravizados, corroborando sua penetração bem-sucedida num mundo "mais claro" e de maior prestígio social.

No caso particular de Rita, não há nenhuma documentação que revele quanto tempo antes do casamento com Rebouças ela fora libertada da escravidão ou de que modo havia conseguido sua liberdade. As oportunidades de alforria certamente eram maiores no Brasil do que em outras sociedades escravagistas do Novo Mundo, e o processo de emancipação individual acelerou-se na passagem do século XVIII para o XIX.[16] Embora não se conheça o número exato de homens e mulheres alforriados que viviam na capitania geral da Bahia de Todos os Santos quando Rita se casou, estima-se que os negros e pardos libertos já superassem em quase 10% o número de escravos na cidade de Salvador.[17] A liberdade podia ser legalmente concedida aos escravos em testamento, por seus senhores, ou por meio da certidão de batismo, ou ainda, como era mais comum entre os adultos, pela compra da alforria. Em especial nas áreas urbanas e de mineração, onde os escravos tinham mais facilidade de juntar o capital necessário para comprar sua liberdade, a alforria por meio do pagamento pelo próprio escravo era uma prática frequente.[18] Vez por outra, no entanto, a liberdade também era concedida aos filhos de "sangue mestiço" de um senhor com uma escrava, e é muito possível, como hoje acreditam alguns de seus descendentes, que Rita Brasília dos Santos tenha recebido a dela dessa maneira.[19]

Para chegar a seu casamento com Gaspar Pereira Rebouças, Rita Brasília dos Santos talvez tenha tirado proveito de um meio de ascensão social — de um aspecto da "saída de emergência dos mulatos" — que estava singularmente ao alcance das mulheres negras no Brasil. Essa "estratégia feminina" jogava com as fantasias eróticas dos homens brancos e se refletiu sucintamente nos versos de Capistrano de Abreu:

Uma mulata bonita
Não carece de rezar:
Basta o mimo que tem
Para a sua alma salvar.[20]

Assim, é bem possível que, para Gaspar Pereira Rebouças, a raça e a aparência física de Rita tenham sido, em si mesmas, uma força de atração, e que, consciente ou inconscientemente, ela tenha tirado proveito dessa atração. O decantado poder de atração erótica das negras, em contraste com o das mulheres brancas, decerto já estava bem estabelecido nas crenças populares brasileiras no início do século XVIII, e Gaspar teria ficado exposto à sua expressão em provérbios, canções, poemas e conversas do dia a dia na rua. Teria ouvido a afirmação popular de que "a mulata é que é mulher" e escutado os cantadores baianos entoarem um lundu como

Do Brasil a mulatinha
É do céu doce maná;
Adocicada frutinha,
Saboroso cambucá.

É quitute apetitoso,
É melhor que vatapá;
É néctar delicioso,
É boa como não há...[21]

O viés que favorecia as "mulatinhas" refletia uma realidade demográfica: a relativa escassez numérica de brancas "disponíveis". Mas também se enraizava em práticas desenvolvidas na sociedade escravocrata patriarcal para a qual Gaspar havia emigrado: na segregação doméstica das mulheres brancas e em sua elevação a um pedestal quase inatingível, que as transformavam em objetos mais platônicos do que eróticos. E, é claro, fundamentava-se também no poder sobre as mulheres que essa sociedade escravocrata patriarcal conferia aos homens brancos em geral, e que lhes dava acesso fácil às mulheres dos grupos raciais subalternos para a satisfação dos prazeres da carne.[22]

Mas os antecedentes sociais e a situação econômica de Gaspar também foram, sem dúvida, elementos muito importantes na escolha da parceira. As circunstâncias de sua emigração de Portugal, de onde saiu com seu irmão, Pedro, são um tanto misteriosas, e parecem ter sido tais que lhe permitiram levar para o Brasil pouco ou nada que tivesse algum valor material. É provável, naturalmente, que a partida dos Rebouças para a América, deixando sua bela aldeia próxima de Ponte de Lima, tenha sido estimulada pelo simples desejo de melhorar de situação econômica no Novo Mundo, que dava a impressão de ser mais rico. Como em muitos de seus conterrâneos no último quarto do século XVIII, neles esse desejo teria se desenvolvido numa proporção inversa à diminuição das oportunidades econômicas em sua própria pátria, depois dos terremotos devastadores e da quebra das safras agrícolas, ocorridos em meados de 1750.

Mas há também outras razões capazes de explicar a natureza acelerada de sua emigração. Acredita-se que o sobrenome Rebouças — do qual existiam outras grafias em Portugal, como Reboussa, Rebouça, Rebossa, Reboça, Reborsa e Reborça — fosse de origem sefardim, o que sugere que Gaspar e seu irmão descenderiam de judeus portugueses convertidos à força ao catolicismo em 1497. Embora não haja qualquer prova conclusiva de que realmente fossem cristãos-novos — ou que indique que sua saída de São Tiago do Fontão tenha sofrido alguma influência dos preconceitos vigentes contra o "defeito de sangue" associado à origem dos convertidos —, decerto também não se pode descartar a hipótese de que alguma forma de pressão social, ou talvez até política, tenha acelerado sua emigração.[23]

Ao chegar à Bahia como alfaiate empobrecido, Gaspar não estava em situação econômica muito melhor que a dos pardos e negros alforriados que exerciam o mesmo ofício em sua pátria recém-adotada. Contudo, levava uma vantagem sobre a maioria dos alfaiates com quem precisaria competir pelo trabalho: a cor. E, conquanto sua condição de artífice e sua falta de fortuna pessoal pudessem não ter o menor atrativo para as filhas casadouras dos membros mais abastados da sociedade branca baiana, por certo ele representava uma excelente perspectiva de casamento aos olhos da graciosa "mulatinha" Rita Brasília dos Santos.

Pouco se pode dizer sobre a vida conjugal do casal. Existem apenas descrições vagas a respeito de sua aparência externa, e não se conhecem muitos detalhes sobre sua história e suas realizações pessoais. Não sabemos se algum dos dois tinha mais do que uma alfabetização superficial, se participaram de alguma das numerosas organizações sociais e assistenciais da Bahia, tampouco se tiveram mais do que uma ligação simbólica com o catolicismo. Não temos qualquer informação clara sobre suas preferências e aversões, seus amigos ou seu relacionamento conjugal.

Sabemos, porém, que os dois se mudaram de Salvador para Maragogipe, pequena cidade da região açucareira do Recôncavo Baiano, pertencente a essa capitania real, antes do nascimento de seu primeiro filho, José Pereira Rebouças, no fim da década de 1780. Sabemos também que tiveram pelo menos nove filhos (cinco meninas e quatro meninos) que sobreviveram à infância; que, em 1798, Gaspar era um mestre em alfaiataria "muito bem-conceituado", o qual "havia conquistado a estima dos cidadãos mais influentes da região";

que, apesar de sua profissão, não participou da Revolta dos Alfaiates de 1798, uma fracassada insurreição de massas na Bahia influenciada pelo Iluminismo e pelas ideias revolucionárias francesas; e que cerca de dez anos depois da morte de Rita ele ainda estava vivo, na ocasião do batizado de seu neto André, em novembro de 1840.[24]

Como o casal não deixou qualquer indicação direta de sua percepção da sociedade em que vivia, não podemos determinar se sua vida foi de algum modo prejudicada por preconceitos raciais ou sociais declarados, nem avaliar até que ponto os dois terão ou não se sentido insatisfeitos ou desanimados com sua sina pessoal. Embora por certo fossem pobres, não estavam entre as pessoas mais pobres de sua sociedade. Considerando-se a nacionalidade portuguesa de Gaspar e seu contato profissional, na condição de mestre em alfaiataria, com as classes média e alta, não seria extraordinário que ele e Rita aspirassem a um reconhecimento maior, por parte de seus pares sociais, do que o conferido por sua real situação financeira. Tampouco seria de surpreender que optassem por proteger seu status de artesãos em camada superior, mantendo certa distância social dos que se situavam abaixo deles na escala societária.

Eles teriam concretizado esses dois objetivos pela adoção e internalização de alguns dos valores materiais e culturais de seus "superiores" sociais, bem como ao evitarem qualquer associação com baianos pertencentes aos grupos de trabalhadores subalternos libertos e não libertos. Sem dúvida também podem ter tentado projetar-se socialmente por intermédio da aparência e da manifestação pública de valores da elite: do tipo e qualidade das roupas que usavam e de sua conduta externa em geral. Além disso, em virtude da cor de Rita, sua imagem pública de status e de ascensão para uma classe mais alta também há de ter exigido que evitassem ou mesmo negassem as práticas culturais e religiosas que prevaleciam entre as "pessoas de cor" da classe mais baixa — sobretudo entre os escravos, grupo da comunidade afro-brasileira do qual ela conseguira escapar.

Tudo isso, entretanto, é especulação. Apenas na geração dos filhos de Gaspar e Rita, racialmente mestiços, é que o padrão de ascensão social da família Rebouças para o mundo elitista dos dominadores ganhou forma com maiores detalhes. O "embranquecimento" físico, pela miscigenação, manteve-se como um elemento sistemático nesse padrão. Pelo menos quatro dos nove filhos do casal contraíram matrimônios "clareados", casando-se com pessoas identificadas como "pardas claras" ou brancas.[25] Essa prática, que aliás pode não ter sido conscientemente planejada por eles, foi um testemunho do poder e da disseminação hegemônicos da ideologia racial dominante entre os brasileiros: da cumplicidade inadvertida dos indivíduos subalternos "de cor" com a manutenção de um constructo ideológico que promovia os interesses da elite dominante "branca". Para eles, casar com alguém "mais claro" foi uma reprodução do arranjo conjugal materno, distanciando-os, tal como se dera com a mãe, das "tonalidades mais escuras" associadas à subordinação. Foi também uma promessa de que seus filhos teriam ainda mais chance de fuga somática do estigma da negritude.

Mas, embora o "embranquecimento" somático fosse um elemento crucial na ideologia dominante brasileira da assimilação, o padrão de ascensão social dos Rebouças também incluiu seu complemento cultural necessário. Tal como no caso de outras "pessoas de cor" brasileiras que "subiram" da subordinação para a sociedade burguesa oitocentista, foi a aquisição da instrução formal que favoreceu ainda mais a admissão dos Rebouças nas profissões de status superior, livrando-os do trabalho braçal e lhes oferecendo a possibilidade de uma riqueza maior. Nesse aspecto, é claro, a estratégia assimilacionista que eles e outros negros brasileiros empregaram mal chegou a diferir da utilizada pelos africanos e crioulos libertos da colônia de Serra Leoa, como os May, ou pelos judeus da Europa Central dos Habsburgo.

Em termos gerais, os filhos de Gaspar e Rita que mais receberam instrução formal fizeram seus estudos num período em que estavam ocorrendo no Brasil uma reforma e uma reorientação educacionais significativas, particularmente nas áreas urbanas. Logo no início do século xix — a partir da chegada da corte portuguesa à Bahia, em 1808, e da introdução de uma nova corrente de pensamento pedagógico, influenciada pelos ideais dos enciclopedistas franceses —, o âmbito e a ênfase do currículo educacional foram ampliados na maior parte do país. Além das disciplinas que haviam constituído o currículo tradicional do ensino secundário — gramática, latim, retórica, poesia, filosofia e teologia —, alguns dos filhos dos Rebouças também começaram a ter aulas de línguas vivas e literaturas modernas, como o francês e o inglês, bem como de ciências físicas e naturais, e de matemática.[26]

Essa instrução, porém, apesar de revolucionária em seu distanciamento da tradição pedagógica e curricular de orientação religiosa e literária que os jesuítas haviam introduzido e disseminado por todo o Brasil durante o período colonial, não questionava, sob nenhum aspecto, os valores e ideias culturais dominantes a respeito das relações raciais.[27] Na verdade, a despeito de sua ênfase crescente no ensino científico e técnico, o conteúdo ideológico e simbólico da "nova" educação continuava a reforçar um viés que enaltecia as realizações culturais europeias "brancas" como o padrão superior a ser imitado. Também respaldava o "processo de embranquecimento", em suas dimensões somática e cultural, como o veículo assimilacionista apropriado para a consecução da integração social brasileira e do desenvolvimento nacional.

O uso da educação para fins de ascensão social que os filhos dos Rebouças puderam fazer diferiu segundo o nível de formação escolar que cada um conseguiu obter. Certamente, como a aquisição de instrução formal por parte das mulheres brasileiras costumava ser impedida pelo preconceito sexual, as filhas de Rita e Gaspar Rebouças tiveram menos oportunidade que os irmãos varões de empregá-la em prol da mobilidade de classe. Escolástica, Luísa, Maria, Anna Rita e Eugênia Rebouças receberam pouca instrução além do ensino mais elementar e, provavelmente, mal sabiam ler e escrever. Se fossem filhas de uma família mais abastada, poderiam ter recebido aulas particulares de música e uma instrução que fosse um pouco além da alfabetização rudimentar. Como não o eram, decerto terão sido instruídas apenas nas artes domésticas, e não no plano acadêmico: terão aprendido a cozinhar, costurar e cerzir, e a cuidar dos maridos, filhos e parentes varões.

Seu status social passou a depender, em grande parte, da situação e da mobilidade dos homens com quem se casaram e a quem vieram a servir. Sob esse aspecto, é claro, não diferiram da mãe nem da maioria das mulheres de origem semelhante em toda a sociedade patriarcal em que viviam, dominada pelos homens. No fim do século XVIII e pelo século XIX adentro, um velho ditado português continuou a ser pertinente no Brasil: "A mulher tem instrução que lhe baste quando sabe ler corretamente suas orações e escrever sua receita de goiabada. Mais do que isso seria um perigo para o lar".[28]

Embora as diferenças de classe e status e entre residência rural e urbana influíssem no grau de liberdade pessoal e independência de movimentos que as mulheres podiam ter no início do século XIX, elas continuavam, em termos jurídicos e de costumes, essencialmente numa situação de inferioridade em relação aos homens, e seus papéis costumavam se restringir às funções e atividades domésticas.[29] Nesse aspecto, as mulheres negras e pardas, como as filhas dos Rebouças, ficavam sujeitas a preconceitos baseados tanto na raça quanto no sexo — por parte da elite dominante em geral, mas também por parte dos homens em particular —, de modo que não surpreende que tirassem proveito, para sua "promoção" pessoal, da crença masculina na suposta sexualidade apimentada e fogosa das então chamadas mulatas.

Seus irmãos varões, por outro lado, tiveram melhores oportunidades de decidir seu próprio destino. Até Manoel Pereira Rebouças, o menos bem-sucedido dos quatro rapazes — e aquele sobre quem dispomos de menos informações —, foi mantido na escola primária pelos pais até o início da adolescência. Embora Gaspar e Rita não tivessem recursos para sustentá-lo depois dessa idade, ele conseguiu adquirir os conhecimentos acadêmicos necessários para se qualificar como escrevente no escritório de um tabelião, cargo de status alto o bastante para lhe permitir casar-se com uma parda clara de família da baixa burguesia baiana.[30]

Maurício, o penúltimo filho varão, também obteve instrução primária antes de precisar procurar emprego. Como Manoel, qualificou-se para trabalhar no escritório de um tabelião, primeiro na cidade vizinha de Jaguaripe, no sul do Recôncavo, e depois em Salvador e na cidade mais rica do Recôncavo: Cachoeira. Sua ambição, no entanto, era maior que a do irmão. Após breve temporada como voluntário no Exército, do lado das forças nacionalistas durante a luta brasileira pela independência no início da década de 1820, conseguiu juntar dinheiro suficiente para retomar seus estudos em Paris, capital da nação que a elite brasileira associava ao máximo da realização cultural. Lá diplomou-se em artes e ciências, além de obter seu doutorado em medicina.

Em 1832, ao voltar à Bahia, foi encarregado da cátedra de botânica e zoologia da recém-fundada Faculdade de Medicina de Salvador e consolidou uma bela reputação como médico e acadêmico. Sua carreira, por si só, foi mais um exemplo do papel extraordinariamente importante que os negros livres desempenharam na medicina durante todo o período colonial e oitocentista no Brasil. Maurício Rebouças escreveu livros e artigos de medicina e sobre o ensino médico, recebeu diversas incumbências do governo durante sua vida e, em especial, destacou-se por prestar serviços gratuitos durante uma epidemia de febre amarela e um surto de cólera-morbo.[31] Recebeu a comenda de Cavaleiro da Ordem Imperial do Cruzeiro e, com ela, o cargo honorário de conselheiro do imperador.[32]

O irmão mais velho, José Pereira Rebouças, complementou sua educação primária inicial com estudos de música. Aprendeu a tocar violino e piano e, após alguns anos de trabalho como escriturário e no serviço militar, nos quais conseguiu acumular capital, também deixou a Bahia, em 1828, para prosseguir sua formação musical na Europa. Estudou música instrumental em Paris, recebeu o diploma de mestrado em harmonia e contraponto no Conservatório de Música de Bolonha e retornou ao Brasil, onde se tornou maestro da Orquestra do Teatro, em Salvador. Tocando um Stradivarius que adquirira na Europa, ganhou reputação como um dos melhores violinistas brasileiros e foi solista constante nas cerimônias oficiais e no Palácio Imperial.[33]

Foi Antônio Pereira Rebouças, no entanto, o caçula dos nove filhos de Gaspar e Rita, quem pareceu particularmente decidido a usar a instrução como complemento à "saída de emergência dos mulatos" e como trampolim para se elevar acima da posição social dos pais. Nascido em Maragogipe em 1798, aprendeu a ler e escrever e iniciou seus estudos primários nessa cidade do Recôncavo. Embora recebesse aulas de música quando menino — na esperança, talvez, de que também pudesse escolher a música como sua futura carreira —, Antônio quis dar continuidade a seus estudos acadêmicos num nível mais avançado. Até 1813 estudou latim e português na recém-fundada escola pública de sua cidade natal. Mas, não dispondo de recursos financeiros pessoais ou familiares suficientes para arcar com os estudos formais numa academia de ensino superior, foi obrigado a contar consigo mesmo — com sua considerável inteligência, ímpeto e determinação de se sair bem.

Em 1814, deixou a casa dos pais em Maragogipe e foi para Salvador, onde fez um breve aprendizado como guarda-livros num estabelecimento comercial. Depois, seguindo os passos dos irmãos Manoel e Maurício, foi aprendiz no escritório de um tabelião. Poucos meses após chegar à capital da Bahia, entretanto, conseguiu emprego de escrevente no escritório de um "advogado de grande reputação" e logo tirou proveito da oportunidade de ascensão profissional que o posto lhe oferecia. O alto status dos homens formados em direito não lhe deve ter passado despercebido. Como ainda não havia faculdade de direito no Brasil, concentrou-se em dominar os aspectos técnicos e práticos da advocacia, observando seus colegas escreventes e se esforçando de maneira incansável, tanto no trabalho quanto em casa.[34] Nas horas vagas, lia vorazmente a bibliografia jurídica, concentrando-se nos textos de jurisprudência mais atualizados. Também estudou grego, latim e literatura clássica — "expressão do mais alto nível da civilização europeia", em suas palavras —, pois sabia que eram reconhecidos como símbolo de refinamento. Sempre como autodidata, também estudou "francês, lógica, ética, retórica, geografia e história" nos livros dos colegas de Salvador que tinham melhor situação financeira.[35]

Não muito depois de empreender esse esforço disciplinado, Antônio começou a preparar os casos judiciais para seus empregadores. Em 1820, alguns dos advogados de maior destaque da cidade estavam tão impressionados com seus conhecimentos jurídicos que apoiaram, "voluntária e entusiasticamente", sua petição às autoridades no Rio de Janeiro para que lhe fosse concedida permissão para exercer a advocacia na Bahia. Um ano depois, havendo obtido aprovação no exame necessário, Antônio Pereira Rebouças recebeu reconhecimento formal como advogado.[36]

Antônio Pereira Rebouças em 1838, ano em que foi sufocada a revolta conhecida como Sabinada, na Bahia. (De A. Rebouças, *Diário e notas autobiográficas*. Rio de Janeiro, 1938.)

Todavia, embora o ímpeto, a perseverança, o trabalho árduo e a aquisição de refinamento acadêmico e reconhecimento profissional tenham por certo contribuído para o "embranquecimento" cultural de Rebouças e sua escalada rumo à burguesia, a velocidade de sua ascensão e o nível insuperável de sua realização também decorreram de sua argúcia política, sua sorte e sua disposição de se identificar totalmente com os valores da elite brasileira, predominantemente branca, e com a sociedade da Corte. Ele tinha um incrível talento para estar no lugar certo na hora certa, e para apoiar a facção que acabava triunfando nas situações de conflito político e social.

Em 1821 e no início de 1822, por exemplo, houve uma crise de grandes proporções nas relações do Brasil com Portugal. O rei d. João VI, que transferira a corte portuguesa para o Brasil em 1808, na esteira das invasões napoleônicas de sua pátria, foi chamado a Lisboa por uma assembleia liberal de representantes recém-reunida: as Cortes Constituintes. Deixou seu filho Pedro na condição de regente, com autoridade sobre os assuntos internos do Brasil, mas as Cortes Constituintes ordenaram que o príncipe também retornasse imediatamente a Portugal. Os representantes portugueses na assembleia — um grupo que constituía a maioria da constituinte — pretendiam anular a elevação do Brasil à condição de reino, assinada por d. João em 1815, e restituir o país à situação colonial anterior a 1808. Para atingir esse objetivo, as Cortes Constituintes tencionavam privar o Brasil da presença do rei e descentralizá-lo, estabelecendo, em diversas províncias, juntas governamentais diretamente sujeitas às ordens de Lisboa e não às da capital brasileira, o Rio de Janeiro.

O príncipe Pedro enfrentou o desafio da assembleia metropolitana e, contestando suas exigências, resolveu permanecer na América. Contava com o apoio dos membros da sociedade que mais haviam se beneficiado da chegada da corte portuguesa ao Brasil, em particular do abandono, por parte da Coroa, da política de intercâmbio comercial que havia restringido o acesso do país aos mercados internacionais e, dessa maneira, limitado seu crescimento econômico. Os membros da aristocracia rural brasileira e da burguesia urbana em ascensão, cujo prestígio social e cuja situação econômica haviam passado por uma drástica elevação em decorrência da presença da Corte, estavam especialmente decididos a não permitir que o Brasil fosse de novo reduzido à subserviência colonial. Assim, quando o príncipe Pedro tentou estabelecer um governo e obter reconhecimento para sua regência, recebeu apoio e declarações de lealdade de elementos destacados da população do Rio de Janeiro, São Paulo e Minas Gerais, três das províncias economicamente mais poderosas do país. Outras províncias com grandes guarnições militares portuguesas, inclusive a Bahia, foram obrigadas a se enquadrar nas determinações das Cortes Constituintes e a estabelecer juntas governamentais submetidas a Lisboa, que repudiaram a autoridade de Pedro.[37]

Foi em meio a essa situação que Antônio Pereira Rebouças, então com 23 anos e recém-licenciado em advocacia, deu o primeiro de uma série de passos decisivos que o identificariam com a facção nacionalista do movimento de independência brasileiro e que o ligariam ao grupo de indivíduos que viria a emergir como a elite política no governo da nação. Por sua própria origem humilde, talvez fosse particularmente sensível aos benefícios econômicos e sociais da presença real no Brasil — em especial, ao aumento das oportunidades de mobilidade social ascendente que a presença do rei, assim como as políticas de economia expansionista associadas a ela, facultavam a negros e pardos que ansiavam por melhorar sua situação.

Antônio começou a participar ativamente da tentativa de exortar sua província natal a aclamar a regência de Pedro.

Num período relativamente curto, porém, sentindo-se frustrado nesses esforços pelo controle português de Salvador, resolveu exercer suas atividades em Cachoeira, maior cidade da região do Recôncavo. Avaliou com acerto a importância estratégica dessa cidade — sua localização era central, mas protegida de invasões por terra ou por mar — e a força do sentimento antilusitano ali existente. Em suas *Recordações da vida patriótica*, publicadas mais de meio século depois, relembrou o juramento que fizera ao sair de Salvador, em fevereiro de 1822, de não voltar enquanto a "mancha lusitana" não fosse "expurgada" da província.[38]

Dias depois da mudança, organizou e se engajou ativamente numa série de "conferências patrióticas" clandestinas, que atraíram um apoio considerável dos principais habitantes de Cachoeira e das cidades vizinhas do Recôncavo, como Santo Amaro e São Francisco. Mais uma vez, foi logo reconhecido por suas habilidades jurídicas e solicitado por seus companheiros de conspiração a redigir um documento, esboçado a partir de outro editado semanas antes, no Rio de Janeiro, reconhecendo Pedro como regente do Brasil e repudiando a postura jurídica de qualquer instituição que não fizesse o mesmo. Esse "Ato de Aclamação", como ficou conhecido o documento redigido por Rebouças, tinha o claro propósito de contestar diretamente a junta de Salvador, subordinada a Lisboa. Foi inscrito no registro oficial da Assembleia Municipal de Cachoeira em 22 de junho de 1822, assinado por seus membros e seu presidente, pelos empregados da Assembleia, por oficiais militares locais que eram leais a d. Pedro, e por 43 "cidadãos" que compareceram à cerimônia organizada para sua proclamação. Antônio Pereira Rebouças também foi eleito secretário, "com pleno direito de voto", de um "governo provisório" composto por cinco homens — a Junta Interina, Conciliatória e de Defesa, criada como uma grande reunião de "patriotas" no dia seguinte ao da assinatura e proclamação pública do Ato de Aclamação. Esse "governo" foi instaurado como alternativa à junta existente na capital da província e pretendia funcionar até que as autoridades de Salvador reconhecessem a posição de Pedro e se submetessem às ordens governamentais emitidas pela corte, no Rio de Janeiro.[39]

Nesse episódio, não houve qualquer sentimento jacobino em Antônio Pereira Rebouças. Ele e seus aliados não desejavam outra coisa senão arquitetar a aclamação oficial da regência do príncipe Pedro pela Bahia e rechaçar os esforços de recolonização das Cortes Constituintes — e planejavam consegui-lo, como ele recordou depois, "sem nenhum aparente sintoma de um rompimento revolucionário".[40] Eles não advogavam qualquer mudança estrutural radical na sociedade brasileira, tampouco nas relações do país com Portugal. Em contraste com as Cortes Constituintes portuguesas, que, ao ordenarem o retorno à situação colonial anterior a 1808, haviam adotado uma postura reacionária, a posição deles era claramente conservadora. Mas o caráter não revolucionário de suas atividades não teria impedido que fossem detidos, presos e até executados se as Cortes Constituintes houvessem conseguido impor sua vontade aos brasileiros. Rebouças e seus companheiros de "conspiração" tornaram-se "patriotas" precisamente porque os portugueses fracassaram. Não só o Brasil não voltou a uma posição colonial subalterna como, em setembro de 1822, foi declarado plenamente independente da metrópole — tornando-se um "império" soberano governado pelo príncipe d. Pedro I, coroado como "Imperador Constitucional e Defensor Perpétuo" do país.

Rebouças correu um claro risco ao defender d. Pedro de maneira tão ativa e franca durante a crise. Depois da Independência, o Ato de Aclamação que ele havia redigido e assinado e a Junta Interina de que fizera parte foram reconhecidos como tendo sido cruciais para arregimentar a resistência baiana à recolonização do Brasil pelos portugueses. Por seus serviços, Rebouças granjeou o reconhecimento e a gratidão de alguns dos homens mais poderosos do país, inclusive José Bonifácio de Andrada e Silva, ministro do Império, Diogo Antônio Feijó, que na década de 1830 exerceria o cargo de

Rua Direita, no Rio de Janeiro, na década de 1830. (Por Johann Moritz Rugendas, *Voyage pittoresque au Brésil*, lâmina 3/13.)

ministro da Justiça e regente, e até de d. Pedro I, o recém-aclamado imperador.[41]

Ao obter a atenção e o respaldo desses membros eminentes da elite dominante, Rebouças conseguiu penetrar na rede informal, mas extremamente disseminada, que constituía o grande veículo da elevação social brasileira: o sistema de clientelismo e proteção. Esse sistema, enraizado em antecedentes feudais e nas realidades sociais e culturais patriarcais de uma sociedade escravocrata, baseava-se na reciprocidade de favores — na troca da lealdade e dos serviços pessoais de indivíduos das camadas sociais mais baixas por privilégios e benesses concedidos por protetores pertencentes às classes dominantes. Para os negros e pardos alforriados e talentosos, como Rebouças, os benefícios advindos da participação nessas relações eram uma garantia contra os potenciais empecilhos discriminatórios à mobilidade social ascendente "normal", conquistada pela competição direta num mercado aberto; eles proporcionavam mais uma via de escape da subordinação. Mas, como indicou Emilia Viotti da Costa em suas perspicazes discussões sobre o clientelismo e o patronato, o preço da participação desses indivíduos em tais relacionamentos também incluía um fator de cooptação: exigia sua aceitação ativa das normas e valores da elite dominante e sua identificação com as prescrições ideológicas desta.[42]

Em outubro de 1823, quando d. Pedro visitou a Bahia, Rebouças foi condecorado com uma medalha e recebeu o título de Cavaleiro da Ordem Imperial do Cruzeiro, em "recompensa pelos serviços prestados à causa da independência brasileira".[43] E, no final desse mesmo ano, recebeu a primeira de uma série de nomeações políticas: a de secretário do go-

A entrada no mundo branco

verno da província de Sergipe, cargo no qual em algumas ocasiões desempenhou as funções de chefe da província. Recebeu também permissão para exercer à advocacia em todo o império. Depois de retornar à Bahia e trabalhar por algum tempo como advogado, foi nomeado, em 1826, para o cargo de juiz corregedor da Assembleia Municipal de Salvador. Em 1828, seus amigos insistiram em sua candidatura a um cargo político e ele foi eleito "deputado conselheiro à Assembleia Geral do Governo", no Rio de Janeiro, e "conselheiro geral da Província da Bahia".[44]

II

Tão bem-sucedido foi Antônio Pereira Rebouças, tão regular a sua ascensão social e tão segura, segundo consta, sua posição na elite governante do país, que o fato de ele ser pardo numa terra dominada por brancos talvez pareça irrelevante para sua história de vida. Contudo, essa interpretação seria um erro. Ele viveu — e morreu — numa sociedade escravocrata com uma longa tradição de preconceito de cor. E essa realidade não podia e não pôde escapar-lhe pessoalmente.

No começo de sua carreira como autoridade pública, ele foi vítima de diversos ataques com motivação racial, inclusive um particularmente cruel. Quando ocupava o cargo de secretário de governo da província de Sergipe e estava exercendo a chefia interina do governo na ausência do presidente da província, em 1824, diversos proprietários brancos, associados às plantações locais de cana-de-açúcar e contrários ao estabelecimento da regência e de seu novo governo, o acusaram publicamente de

Antônio Pereira Rebouças no fim da década de 1860, usando a medalha que lhe foi outorgada quando d. Pedro I lhe conferiu o título de Cavaleiro da Ordem Imperial do Cruzeiro. (De A. P. Rebouças, *Recordações da vida parlamentar*. Rio de Janeiro, 1870, v. 1.)

perseguir os cidadãos "de sangue puro" e de estar arquitetando um plano secreto para uma revolta dos escravos. O objetivo dos esforços clandestinos de Rebouças, segundo as acusações que lhe foram dirigidas, era promover o "massacre geral de todos os brancos" e fundar um "sistema pavoroso, como o da ilha de Santo Domingo".[45] Essa acusação era especialmente maldosa, à luz do velho medo que a minoria branca tinha das rebeliões de escravos. E tal medo se intensificara enormemente com o aumento das revoltas de escravos, em pequena escala, nas plantações e nas áreas urbanas do Nordeste brasileiro, durante o século XVIII e o início do XIX, depois que chegou à região a notícia do sucesso da revolta haitiana.[46]

No contexto desse clima de medo e instabilidade crescentes, a minoria branca havia tentado salvaguardar sua posição dominante, influenciando a aprovação de diversos decretos e leis locais que determinavam a punição rigorosa, inclusive com a pena de morte, de qualquer negro ou pardo, escravo ou alforriado, que fosse condenado por instigar ou participar de levantes de escravos.[47] Assim, as acusações feitas a Rebouças puseram-no numa situação de considerável perigo pessoal. Elas tinham a intenção de ser mais do que uma simples tática de intimidação: pretendiam ferir.

Rebouças acabou sendo inocentado de todas as acusações nessa matéria, após um prolongado interrogatório público. Mas por certo se sentiu insultado, se não magoado, pela calúnia ligada à raça. A despeito de sua educação e dos sinais de seu sucesso pessoal — apesar de sua erudição, formação jurídica, posição de autoridade e de seu estilo de vida e visão política conservadores —, representava, para seus acusadores brancos, não apenas o desafio de uma nova autoridade política, mas, como "pessoa de cor", também uma ameaça racial potencial. Aos olhos deles, Rebouças era indistinguível da massa de negros escravizados que eles temiam e a quem procuravam controlar.

É imensamente revelador, portanto, que não haja a menor referência a esse incidente racista nos textos publicados e não publicados de Rebouças. Ele *conversou* sobre as acusações de Sergipe e outros episódios discriminatórios com seu filho André, muitos anos depois, sugerindo, numa *recordação oral*, que de fato o preconceito racial lhe deixara uma marca profunda.[48] Mas esse "silêncio" a respeito de Sergipe — na verdade, a respeito da questão do racismo em geral — no registro público *escrito* de sua história de vida pode ser visto como uma chave do sucesso de sua adaptação social. Num certo nível, certamente podemos argumentar, como fez Daniel Goleman, que esse silêncio exerceu uma importante função psicológica: a mente, "atenuando" a dor, se protege da angústia. Nesse sentido, a reação de Antônio Pereira Rebouças, a longo prazo, foi de negação inconsciente.[49] Entretanto, mais do que mera negação ou recalcamento, esse "silêncio" pareceu integrar uma estratégia deliberada: num nível geral, refletia seu desejo de minimizar a existência da discriminação dentro da visão positiva da evolução social brasileira que passaria a aceitar; no plano pessoal, indicava a pequena importância que queria atribuir ao racismo como obstáculo à trajetória ascendente de sua carreira pública.

De fato, ao contrário de muitos outros indivíduos de origem semelhante que também enfrentaram a discriminação, fica claro, pelos dados biográficos relativos a Antônio Pereira Rebouças, que as experiências com o racismo não o motivaram a deixar que a cor de sua pele, ou a origem escrava de sua mãe e antepassados maternos, funcionasse como desvantagem paralisante. Ao contrário, sua diferença de aparência física e de origens familiares em relação aos brancos dominadores parece ter-lhe servido como força motivadora dinâmica — um motor de propulsão — que o mobilizou e que exerceu uma influência fundamental em sua tentativa de concretizar suas escolhas pessoais, profissionais e políticas na vida com uma determinação ainda maior.

Sob esse aspecto, sua reação ratificou uma descoberta importante da psicologia adleriana: as consequências por vezes mental e fisicamente revigorantes, e não incapacitantes, do confronto individual com o preconceito e com as acusações de inferioridade.[50] Ao transformar o efeito potencialmente negativo e paralisante do racismo em motivação positiva estimulante para sua penetração no mundo dos dominadores e sua ascensão social dentro dele, Rebouças pôde continuar a acreditar na viabilidade da "saída de emergência dos mulatos". Em vez de se voltar contra o sistema por causa de suas experiências com o racismo — em vez de questionar seu próprio lugar nesse sistema, como pardo, e possivelmente contestar as convenções e realidades das relações sociais e raciais brasileiras —, foi capaz de continuar a aceitar e defender a premissa ideológica fundamental que rege a assimilação: foi capaz de manter a confiança na ideia, hegemônica no grupo dominante, do "embranquecimento" cultural e somático.

Sem dúvida, porém, houve também outros fatores em ação. As recompensas sociais e econômicas que Rebouças obteve, ao passar pela "saída de emergência" e se empenhar no processo de embranquecimento, também reforçaram sua motivação de lutar para penetrar no campo dominante e o influenciaram a se identificar menos com o mundo que estava deixando para trás. Durante toda a vida adulta, evitou sistematicamente tomar o partido de negros e pardos ou se identificar com eles apenas com base no "parentesco racial", e, de modo geral, ligou-se a indivíduos de seu nível ou acima dele, em termos de posição social e educação, e que partilhavam sua visão da sociedade. Na década de 1820, o perfil social de seus companheiros mais íntimos, durante a crise da regência e da independência na Bahia, foi o de pertencentes da pequena burguesia, cada vez mais numerosa e em franca ascensão social — comerciantes, escreventes, servidores públicos e profissionais liberais —, ou então o de proprietários abastados, que ansiavam por preservar os benefícios econômicos e sociais que haviam conseguido com a chegada da família imperial portuguesa ao Brasil. Algumas dessas pessoas eram pardas; muitas, talvez a maioria, eram brancas.

Em meados da década de 1830, como deputado eleito para a assembleia provincial da Bahia pelo partido conservador, ele demonstrou pouca solidariedade com os infortúnios dos habitantes menos privilegiados da província — a classe predominantemente negra e parda de homens e mulheres alforriados da qual ele mesmo proviera. As oportunidades de emprego desse grupo tinham sido severamente reduzidas, numa consequência conjunta da depressão tributária generalizada e dos acordos comerciais desfavoráveis impostos pela Grã-Bretanha ao governo central brasileiro — acordos que permitiam a importação de produtos industrializados europeus mais baratos e desestimulavam a produção local.[51]

Ainda que nessa época Rebouças defendesse sistematicamente a abolição dos decretos imperiais que condenavam com a pena de morte qualquer escravo que participasse de rebeliões — postura talvez influenciada por sua própria experiência em Sergipe —, e embora já advogasse uma representação maior, nos ministérios e nos conselhos gerais, dos pardos que houvessem "adquirido um alto grau de entendimento e civilização", ele se recusava enfaticamente a ser considerado representante das "pessoas de cor" libertas menos educadas, da classe baixa, e por certo menos ainda um porta-voz dos escravos. Na verdade, ainda que mais tarde tenha se transformado em defensor da abolição, foi durante essa década — depois de seu casamento com Carolina Pinto, filha única do rico comerciante André Pinto de Silveira — que ele e sua esposa compraram vários escravos domésticos.[52] Ao se tornar senhor de escravos, frisou a distância que percorrera em sua ascensão social.

Entretanto, foi o papel ativo que Rebouças desempenhou na revolta de 1837-8, a Sabinada — quando se aliou aos proprietários de plantações baianos, à alta burguesia e às autoridades que representavam o governo imperial centralizador —, que demonstrou com mais clareza até que ponto a classe social, e não a raça, havia passado a constituir a base de seu compromisso de fidelidade social. Essa revolta violenta, que reivindicava uma "república baiana" semiautônoma e melhorias sociais e econômicas radicais, contou com apoio considerável das massas de "pessoas de cor" desempregadas e insatisfeitas e levou cinco meses para ser esmagada. Rebouças empenhou-se vigorosamente em conseguir que os habitantes menos descontentes da região provincial do Recôncavo, produtora de açúcar e tabaco, ficassem do lado do governo imperial. Além disso, ajudou as autoridades civis baianas "legalistas" a se manter nas cidades de Santo Amaro e Cachoeira, depois de terem sido expulsas da capital da província pelos rebeldes. Trabalhou também como assessor confidencial e secretário do vice-presidente da província, José de Barros Paim, autoridade encarregada de conter a maré rebelde.⁵³

Embora Rebouças não tenha tido uma participação pessoal na luta, que se concentrou maciçamente no centro principal da revolta, a cidade de Salvador, é inconcebível que tenham escapado à sua atenção as notícias sobre o caráter brutal do esmagamento da rebelião pelas tropas do governo — uma repressão da qual os habitantes negros e pardos pobres foram as principais vítimas.⁵⁴ As forças do governo empregaram fartamente a intimidação e até a tortura para arrancar os rebeldes de seus esconderijos e inibir o apoio que lhes era concedido, e se engajaram em violentos combates casa a casa por toda a cidade. Segundo relato de uma fonte secundária, os soldados do governo

> foram pouco clementes com a massa de pessoas de cor, muitas das quais não eram combatentes. Centenas de mulheres, crianças e velhos foram mortos, numa onda de ódio e barbárie. Tamanho foi o rigor com que os legalistas empregaram a pólvora e a espada contra a população de cor, que o reiterado "problema dos negros" de Salvador deixou de existir, uma vez terminada a revolta. [...]. Os povos negros da cidade, antes altivos e insolentes, [...] [foram] inteiramente acuados e dizimados.⁵⁵

Mas, embora Rebouças possa ser criticado por sua fidelidade acrítica ao meio político dominante e censurado por sua falta de empatia com o sofrimento das massas baianas não brancas durante a sangrenta repressão da Sabinada, sua postura política nesse episódio foi coerente com a que adotara durante as lutas contra a recolonização portuguesa, na década de 1820, e com seu declarado apoio de longa data à autoridade real central no Brasil. Além disso, a Sabinada havia desafiado o poder de homens importantes, ocupantes de cargos oficiais, que haviam se tornado seus protetores pessoais; havia atacado a autoridade de indivíduos que, da perspectiva elevada de sua posição na vida, podiam ser vistos como homens que tinham exercido uma influência positiva na aceitação social e no status ascendente de negros e pardos "dignos de mérito". Portanto, seu sólido apoio à ordem estabelecida dominante nesse acontecimento pode ser interpretado como mais uma confirmação do quanto suas percepções de *sua própria* ascensão e realizações na sociedade brasileira haviam passado a influenciar seus atos, sua orientação social e seus valores.

Apesar de suas experiências pessoais com o preconceito racial, estava claro que suas oportunidades na vida *não* tinham sido bloqueadas e, por conseguinte, suas crenças nas possibilidades universalmente aperfeiçoadoras do trabalho árduo, da disciplina, da perseverança e do talento — crenças que a ideologia dominante projetava e o discurso dominante enaltecia — não se abateram. Considerando-se não barrado ou excluído, mas recompensado pelas pessoas influentes com quem procurara se identificar, parece não ter percebido nenhuma necessidade de buscar uma identificação alternativa com o grupo com o qual tinha certa afinidade de cor, mas do qual conseguira distanciar-se, social e economicamente, com evidente sucesso.

Claramente, para Antônio Pereira Rebouças, a aceitação pela elite dominante confirmou a viabilidade e a natureza desejável do embranquecimento como estratégia de ascensão da subalternidade. Se o preço a ser pago por essa aceitação era a fidelidade acrítica a essa elite e uma certa dose de negação das evidências em contrário, as recompensas pareciam-lhe altas o bastante para que se dispusesse a entrar no jogo.

III

Pelo prisma de uma visão do fim do século xx, esclarecida pelos perspicazes estudos revisionistas das relações raciais brasileiras feitos por Florestan Fernandes e pela geração de cientistas sociais que escreveram depois da Segunda Guerra Mundial, não é difícil identificar a ideologia e a prática do "embranquecimento" como um grande alicerce das estruturas de dominação que conferiram o poder à classe alta branca no Brasil.[56] Nas palavras de Florestan Fernandes:

> A filosofia política [da] solução [do "problema negro"] repousava no antigo modelo de absorção gradativa dos elementos de cor, pelo peneiramento e assimilação dos que se mostrassem mais identificados com os círculos dirigentes da "raça dominante" e ostentassem total lealdade a seus interesses ou valores sociais.[57]

O "embranquecimento" sustentou de diversas maneiras a dominação das elites brancas. Sua disseminação pelo campo geral da mitologia popular brasileira, como veículo evolutivo que prometia a elevação na classe social e uma participação econômica e política mais plena, ajudou a alimentar a ideia de uma "democracia racial" brasileira em evolução e a amortecer as polaridades existentes nas relações raciais. Dessa maneira, também contribuiu para extinguir o pavio das desigualdades associadas à discriminação racial, potencialmente explosivas, e para inibir a probabilidade de um confronto entre as raças. Além disso, ao retirar das fileiras dos subalternos os negros e pardos que, em termos individuais, culturais e somáticos eram "qualificados", e ao incentivar sua identificação com as elites dominantes, o "embranquecimento" tornou mais difícil para os negros e pardos a elaboração de um sentimento comum de identidade grupal subalterna. Com isso, impediu a formação de um "poder negro" potencialmente unido, capaz de se opor à hegemonia da elite branca.[58]

Contudo, a despeito desse vínculo hoje evidente entre a função e os resultados efetivos do "embranquecimento" e as estruturas de dominação, seria um erro atribuir uma manipulação ideológica deliberada aos brancos dominadores, ou inferir neles uma intencionalidade consciente.[59] No seio das classes dominantes não havia nenhum grupo identificável que estivesse deliberadamente fabricando uma escora ideológica para sua posição. Na verdade, a força do "embranquecimento" como ideologia assimilacionista — assim como a da *Verbesserung* na Áustria dos Habsburgo, ou a da "europeização" em Serra Leoa — residia em sua relativa invisibilidade *como ideologia*. Era transmitida nas escolas, na família e em inúmeras instituições que ajudavam a inculcar, nos brasileiros de todas as camadas, os valores e crenças do grupo dominante. Como todas as ideologias, segundo as palavras de Louis Althusser, o que essa ideologia representava "não [era] o sistema das relações reais que regem a vida dos indivíduos, mas a relação *imaginária* desses indivíduos com as relações reais em que eles vivem".[60]

Nesse sentido, tanto para as elites dominantes quanto para negros e pardos como Antônio Pereira Rebouças, o que importava no dia a dia não era a ideologia do "embranquecimento" em si, não era a situação "real" de preconceito e discriminação no país, mas a *percepção* que elas tinham de sua relação particular com essa situação. Embora, para as "pessoas de cor" brasileiras, as "relações reais em que elas [viviam]" não se tenham alterado significativamente no século xix no que concerne à persistência do preconceito e da discriminação, André Rebouças, filho de Antônio, acabaria percebendo essa situação por um prisma diferente do de seu pai ou de seus avós.

PARTE II

O embaraço da marginalização 1870-1945

5. Situação de marginalidade, psicologia individual e ideologia

> Existe em cada mente a concepção de uma meta ou ideal [fictícios] de ultrapassar a situação atual e superar as deficiências do presente [...]. Por meio dessa meta, o indivíduo pode pensar e sentir-se superior às dificuldades do presente, pois tem em mente seu sucesso no futuro.
>
> ALFRED ADLER, *Individual Psychology*

> É o indivíduo que participa ampla e intimamente da cultura do grupo dominante que, ao ser rejeitado, se torna o tipo extremo de pessoa marginalizada. A profundidade de sua assimilação mede a profundidade de sua identificação psíquica. Esta, por sua vez, mede a gravidade do impacto mental de sua vivência do conflito de culturas quando este incide sobre sua própria aceitabilidade social.
>
> EVERETT V. STONEQUIST, *The Marginal Man*

> [A ideologia] é o sistema de representações por meio do qual imaginamos o mundo como ele é.
>
> LOUIS ALTHUSSER

SE COMPARARMOS O MOVIMENTO de "saída do gueto" das famílias Zweig e Brettauer com a trajetória de conversão de Ifacaié May e com a ascensão social dos filhos de Gaspar Pereira Rebouças e Rita Brasília dos Santos, veremos emergir diversos traços comuns importantes.

O primeiro deles é *estrutural* e diz respeito ao caráter da situação social que a emancipação e o assimilacionismo modernos produziram em todos os três casos. O conceito de "situação de marginalidade" incorpora os elementos gerais desse traço e funciona como um proveitoso recurso descritivo para fins de análise comparativa. Como definido pelo sociólogo H. F. Dickie-Clark, o traço essencial de uma "situação de marginalidade" é uma estrutura social hierárquica marcada por "alguma incoerência na ordenação das questões reguladas pela hierarquia".[1] Ela reflete a existência de pelo menos duas camadas sociais — uma subalterna e outra superior ou dominante — e se caracteriza pela conjunção de dois fatores:

1. Na camada dominante, a *posse do poder de regular o acesso* às esferas situadas no âmbito de seu controle, como os direitos políticos e jurídicos, as oportunidades econômicas e o ingresso em suas instituições, associações, profissões e outras esferas de interação social.
2. A existência de algum tipo de *barreira*, que mantém a natureza hierárquica da situação e é suficiente para impedir que os subordinados gozem de todos os privilégios dos dominadores, mas não necessariamente impede que absorvam os valores e perspectivas culturais do grupo dominante.[2]

O segundo aspecto, correlato, que é comum à experiência dos Zweig, Brettauer, May e Rebouças é *psicológico*. Suas características correspondem a duas grandes proposições teóricas do sistema de psicologia individual desenvolvido por Alfred Adler, estando sintetizadas em seus conceitos de "empenho" e "meta ficcional". Segundo Adler, a força dinâmica predominante subjacente a toda a atividade humana é "o empenho em ir de uma situação vivida como menos para outra vivida como mais, em ir 'de baixo' para 'cima', em passar de um sentimento de inferioridade para a superioridade, a perfeição, a totalidade".[3] O caráter desse empenho compensatório, segundo propõe Adler, é em grande parte individualmente determinado, recebendo sua forma e sua direção específica de uma "meta, ou ideal do eu, que é individualmente única" — uma meta que, apesar de influenciada por fatores biológicos e ambientais e pelas experiências passadas da pessoa, é, em última instância, uma "ficção", uma criação subjetiva do indivíduo. Embora a meta possa ser apenas "vagamente vislumbrada" e nem sempre conscientemente visível, funciona como um princípio determinante da unidade e da coerência interna na estrutura de personalidade do indivíduo — como um quadro de referência para a orientação no mundo e uma influência no comportamento e no estilo de vida.[4]

Claro que não é preciso aceitarmos como *universalmente* válido o princípio psicológico dinâmico do empenho compensatório, tal como entendido por Adler, para reconhecer as importantes percepções que a teoria adleriana fornece à compreensão da psicologia da experiência assimilacionista e da natureza contextual das reações do indivíduo a ela.[5] Com certeza, seria muito difícil universalizar o "empenho pela superioridade" (como Adler denomina esse processo) observado em Joseph May, Antônio Pereira Rebouças e inúmeros membros oitocentistas das famílias Zweig e Brettauer, de modo a transformá-lo em qualidade humana inata — no que Adler chamou de "necessidade intrínseca da própria vida" —, retirando-o, como tal, de seus vínculos históricos específicos com o "século da emancipação" e com as ideologias assimilacionistas que acompanharam as mudanças jurídicas e sociais dessa época.

Mas a ideia adleriana do empenho em passar de uma situação "inferior" para outra "superior", em ir "de baixo" para "cima", da posição de "excluído" para a de "inserido", aborda, de fato, dois dos principais elementos implícitos na estrutura e na oportunidade da experiência emancipatória e assimilacionista: a hierarquia e a mobilidade. Em linhas gerais, ela descreve a dinâmica psicológica do engajamento do indivíduo no processo de mobilidade *da* subordinação *para* o mundo burguês, ainda que Adler não ligue esse processo a nenhum contexto social ou histórico específico.

Todos os membros das famílias May, Rebouças e Zweig--Brettauer sobre os quais existem dados biográficos comprovados foram motivados, em alguma medida, a sair de uma situação "excluída" e "menor" para uma situação "inserida" e "maior". Aliás, essa motivação e esse padrão de mobilidade também foram característicos da história de vida do próprio Alfred Adler e da ascensão oitocentista, da saída do gueto e entrada na burguesia, de sua família judia na Áustria.[6] Em geral, como ilustram os relatos biográficos da Parte I deste volume, o padrão de mobilidade — ou de mobilidade *desejada* — foi da subordinação para a participação no mundo dos dominadores, no caso das pessoas da *primeira geração emancipada*. Como ilustra o Capítulo 6, foi da participação para a maior aceitação, a igualdade, a inserção e a realização, no caso das gerações *subsequentes*. Para os indivíduos implicados nessa mobilidade, sempre houve dois pontos de referência hierárquicos implícitos: *a situação* de inferioridade da qual estavam emergindo, ou em que ainda se sentiam inseridos e que se empenhavam em superar, e a *meta* que lhes fornecia a alternativa "superior" e uma base de comparação.

Como sugere a teoria adleriana, tanto o "sentimento de inferioridade" que motivava o empenho compensatório das pessoas dessas famílias quanto a meta "superior" a que ele visava, e que lhes fornecia um referencial comparativo alternativo e uma "orientação para a frente", eram, *em parte*, constructos ("ficções", para usarmos o termo de Adler) subjetivamente criados por cada indivíduo.[7] Chamá-los de constructos, entretanto, não significa deixar implícito que a "inferioridade" — de um escravo recém-liberto como o jovem Ifacaié May, de um morador do *Judenstadt* como Josef Moses Zweig, de um pardo no Brasil, de um negro africano em Serra Leoa colonial, de uma mulher ou de qualquer pessoa numa situação de subordinação — não seria também uma "realidade" passível de ser "objetivamente" medida e descrita em relação a uma multiplicidade de normas econômicas, políticas e sociais. Tampouco pretende excluir a possibilidade de se definir "objetivamente", por consenso, a consecução de uma meta definitiva do processo de emancipação — por exemplo, pelo estabelecimento de um conjunto de critérios mensuráveis que, uma vez atendidos, indiquem a chegada ao ponto-final da viagem emancipatória e assimilacionista.

Tais critérios especificariam, sem dúvida, o recebimento de plenos direitos sociais e políticos pelos indivíduos antes subordinados, e exigiriam a eliminação jurídica do preconceito e da discriminação. Por certo, além disso, seria possível identificar uma multiplicidade de fatores "objetivos" — de origem hereditária, ambiental e histórica — que, nos exemplos transculturais examinados neste livro, influenciaram os May, os Rebouças, os Zweig e os Brettauer no sentimento de si mesmos em relação a seu passado, presente e futuro. A raça, a religião, o sexo, os antecedentes culturais, o grau de instrução e a situação econômica seriam de importância crucial entre esses fatores.

Mas não foram esses fatores "objetivos" — tampouco a situação "real", externamente definida, em que os indivíduos dessas famílias se encontravam em determinado momento de sua história de vida, nem a experiência passada, nem uma meta objetivamente definida por critérios consensuais — que acabaram por disparar e determinar a natureza, o caráter e a gama de suas respostas à exclusão. O que respondeu por isso, ao contrário, foi o que Adler identificou como a relação dinâmica entre a ideia *subjetiva* que o indivíduo tem do *eu no presente* e sua ideia do *eu no futuro* — uma relação interpretativa e mutável, baseada na *percepção* que o indivíduo tem de sua situação passada e presente num dado momento, *em relação* à sua *construção* do futuro.

É essencial enfatizar, no entanto, que essas percepções e construções individuais não foram fantasias inventadas, colhidas na imaginação. Como indicam as histórias dos May, Rebouças, Zweig e Brettauer narradas na primeira parte deste livro, eles estavam profundamente arraigados na vida social, sendo influenciados e afetados pelas mudanças políticas, econômicas e sociais externas. E, como esses relatos também ilustram, nas experiências dos indivíduos em processo de assimilação nos séculos xix e xx, eles vieram de contextos sociais em que a ideologia de uma burguesia dominante estava se tornando — ou já havia se tornado — hegemônica.[8]

Essa ideologia burguesa, como afirmou Louis Althusser, existe em tudo o que é "óbvio para nós" — nos sistemas filosóficos e religiosos e nos truísmos da "vida cotidiana" — e é apresentada por meio de uma variedade de instituições distintas e especializadas.[9] Em meados do século XIX, ela já havia se manifestado não apenas nas sociedades de classe europeias capitalistas, nas quais os Zweig e os Brettauer vinham conseguindo ascender, mas também nas sociedades recém-independentes e coloniais em que viviam os membros das famílias Rebouças e May. As escolas e universidades, que desempenharam papel central e facilitador no processo assimilacionista e na mobilidade social de indivíduos dessas famílias, eram os principais veículos de disseminação e inculcação da ideologia dominante. Eram os locais que ensinavam as crianças e adultos jovens a ler e escrever na língua dominante e que, por intermédio dessa língua, moldavam sua concepção do mundo.[10] Essas instituições lhes forneciam elementos da cultura científica e literária dominante e as versões da história dadas por ela, instruíam-nos nas regras do comportamento e da moral aceitáveis, educavam-nos para a responsabilidade civil e instilavam neles o respeito pela divisão sociotécnica do trabalho.

Além disso, as instituições de ensino eram auxiliadas — em sua tarefa de inculcação ideológica — por outras instituições no seio da sociedade dominante: a família, o direito, os meios de comunicação e as artes. Juntos, esses "aparelhos ideológicos de Estado", como os denominou Louis Althusser, ajudavam a representar e reforçar os valores, opiniões, crenças e mitos que definiam o mundo em que os May, os Rebouças, os Zweig, os Brettauer e outros indivíduos em processo de assimilação e mobilidade social tentavam situar-se.[11]

Ao apontarmos a onipresença da ideologia burguesa e sua influência nas percepções e construções psicológicas individuais não pretendemos, é claro, sugerir que essa ideologia fosse um "conjunto de distorções deliberadas", imposto aos ingênuos aspirantes a essa classe por uma burguesia cínica e calculista.[12] A ideologia burguesa, como todas as ideologias, refletia uma formação social específica e um modo de produção situado no tempo e no espaço; não foi *criada* por um único agente identificável. Longe de serem seus transmissores conscientes, os membros do grupo dominante também estavam *inseridos* nessa ideologia, submetidos a ela, e eram influenciados por suas representações.[13] As biografias de muitos membros das três famílias demonstram, além disso, que a hegemonia dos valores e das ideias burgueses não era produzida, em nenhum sentido, por lavagem cerebral ou coerção. Em geral, como afirmou Antonio Gramsci, ela se estabelecia sem o uso da força: pelo "consentimento espontâneo", por parte dos indivíduos que emergiam da subordinação, "à direção imposta à vida social pelo grupo fundamental dominante".[14]

O fato de, em certas ocasiões, parecer que esse "consentimento espontâneo" era dado acriticamente e sem grande entusiasmo — como ilustram, por exemplo, o papel de Antônio Pereira Rebouças ao ajudar a esmagar a Sabinada e a entusiástica destruição de "ídolos" por Ifacaié May — explica que sua existência como característica das relações entre dominadores e subalternos tenha sido interpretada como reflexo da cumplicidade destes últimos com sua própria vitimação.[15] Em termos mais exatos, porém, isso aponta para o "sucesso" do que Louis Althusser chama de "interpelação ideológica": para o cumprimento da *verdadeira* função da ideologia, que é *construir os indivíduos como sujeitos*. Nas palavras de Althusser, "a categoria do sujeito só é [...] constitutiva de qualquer ideologia na medida em que toda ideologia tem a função (que a define) de 'constituir' indivíduos concretos como sujeitos".[16] De fato, ao "interpelar" os indivíduos como sujeitos — estejam eles numa estrutura política, num sistema de crenças, numa ordem econômica ou num sistema de relações sociais —, a ideologia serve para manter e perpetuar as formações sociais.[17]

Não se deve pensar no conteúdo e na expressão da ideologia burguesa como inalteráveis, uniformemente coerentes e isentos de contradição. Embora sua função primária e preponderante consista em assegurar a reprodução das relações capitalistas de produção, existe uma multiplicidade de abordagens voltadas para esse fim — ao longo do tempo e em esferas políticas, culturais e econômicas relativamente autônomas, bem como nas esferas pública e privada. A passagem de uma ética predominantemente assimilacionista para uma ética racista, por exemplo, realizou-se, no fim do século XIX, dentro da "ideologia burguesa", sem a eliminação total da assimilação como ideia atingível. Isso ilustra claramente a maleabilidade e o caráter multifacetado dessa ideologia, assim como sua capacidade de acolher as contradições.

Ao mesmo tempo, entretanto, pelas experiências de membros das famílias Zweig, Brettauer, May e Rebouças, fica claro que a meticulosidade da inculcação ideológica era variável, assim como o grau de socialização gerado nos indivíduos por tal inculcação. Essa variação, ao lado das incoerências e contradições embutidas na ideologia burguesa, deu margem à emergência do que Gramsci chamou de "consciência contraditória": uma consciência "alternativa", baseada na herança e na história, em sentimentos, valores, atitudes, símbolos culturais, visões de mundo e expectativas que diferiam da ideologia dominante.[18]

Para os judeus da Europa Central, especialmente na primeira metade do século XIX, essa consciência alternativa derivou dos hábitos associados à "vida íntima" dos indivíduos e aos ritos e práticas comunitários: da persistência e da força dos costumes ligados ao nascimento, ao casamento, à morte e ao sepultamento, à comida e à bebida, à sinagoga, ao Shabat e às festas populares, e ainda à criação dos filhos e ao ensino religioso.[19]

Para os africanos libertos e os crioulos de Serra Leoa, as fontes da consciência alternativa encontravam-se em crenças e práticas populares profundamente arraigadas, concernentes ao poder dos ancestrais e ao ciclo de vida, por exemplo, dos diversos povos africanos de que elas se originavam, e também dos costumes dos grupos nativos da colônia e de suas regiões rurais.[20] Era a "consciência contraditória" que dava aos indivíduos o referencial alternativo com que se comparar em relação a suas metas futuras e sua orientação no passado.

AO RECONHECER O PAPEL CENTRAL desempenhado pela subjetividade na causalidade, bem como a natureza ideologicamente arraigada das percepções e construções intelectuais do indivíduo — ao reconhecer o caráter dinâmico e interpretativo dos quadros de referência relativos ao passado, presente e futuro —, torna-se possível adquirir uma compreensão mais profunda das mudanças nas respostas individuais ao longo do tempo, assim como das semelhanças e diferenças entre elas. A comparação dos relatos biográficos da Parte 1 deste livro demonstra que o ponto-final da viagem emancipatória — do que de fato significava "passar para o mundo do grupo dominante" — diferia, em seus detalhes específicos, de uma pessoa para outra e no decorrer da vida de cada uma.

Esses relatos destacam, em especial, a crucial necessidade analítica de diferenciar as diversas *situações de marginalidade* em que todos esses indivíduos se encontravam e as *reações psicológicas e sociais* potenciais dos que se viam nessas situações. Na experiência de Joseph May, Antônio Pereira Rebouças e diversos membros das famílias Zweig/Brettauer, as narrativas demonstram que os indivíduos em processo de assimilação numa "situação de marginalidade" *não se percebiam automaticamente como marginalizados* — não se viam sempre como aspirantes barrados, excluídos, rejeitados e inaceitáveis ao privilégio e ao poder do grupo dominante. Não apresentavam automaticamente os diversos traços de personalidade, inclusive "a tensão e mal-estar internos, a sensação de isolamento, de não estar inserido", atribuídos ao chamado "homem marginal" dos primórdios da literatura sociológica sobre a marginalização.[21]

Além disso, as histórias dos May, Rebouças, Zweig e Brettauer esclarecem nosso entendimento de um traço característico da diferenciação hierárquica entre dominadores e subordinados: a *barreira*. Suas histórias confirmam que qualquer um de diversos critérios — desde a aparência física, biologicamente determinada, até expressões simbólicas relacionadas com a cultura, como a língua e o vestuário, e ainda os costumes religiosos e sociais — era usado por membros da camada dominante para restringir ou impedir o acesso aos privilégios dos dominadores.[22] Essas histórias confirmam também que tais barreiras podiam alterar-se com o correr do tempo e diferir em seu alcance, indo desde o preconceito sutil, expresso de pessoa para pessoa, até a exclusão discriminatória, abertamente respaldada pelas autoridades oficiais.

As barreiras, em outras palavras, podiam variar quanto à abrangência e eficácia de sua função excludente; dependendo das circunstâncias de sua existência, podiam ser "completas" e, nessa condição, agir de modo efetivo como bloqueio à integração na camada dominante, ou ser "permeáveis" ou "superáveis".[23] Em sua *permeabilidade*, como indicam as diferenças da posição alcançada por negros, judeus ou pardos individualmente, as barreiras podiam excluir *alguns* integrantes da camada subalterna *e outros não*. Podiam permitir uma participação *parcial* mas não *total* no sistema de relações sociais do grupo dominante e ser permeáveis com respeito a alguns poderes e privilégios, mas a outros não. Também podiam permitir que alguns aspectos significativos da cultura dominante fossem "filtrados" para a subordinada, ao mesmo tempo negando seletivamente os direitos e o reconhecimento do status associados à posse dessa cultura. A *transposição* (ou transcendência) das barreiras, por outro lado, reflete-se no fenômeno da passabilidade, de "fazer-se passar por" ou "posar como" — na possibilidade de escapar por completo da barreira e da situação subalterna por meio de uma espécie de subterfúgio ou trapaça.[24]

Mas o que as histórias dos May, Rebouças e Zweig-Brettauer demonstram de maneira convincente é que não é a *exis-*

tência da barreira em si que gera as respostas e adaptações dos indivíduos subordinados à exclusão. Antes, é a *percepção* que eles têm da barreira e de sua eficácia que constitui o principal determinante da ação. A barreira é, portanto, um fenômeno *estrutural* e *psicológico*; é tanto *objetiva* quanto *subjetiva*. Com o tempo, pode também alterar-se em suas características "objetivas" (do preconceito brando para a discriminação seletiva e a exclusão total), bem como no modo como os indivíduos a percebem em diferentes momentos de sua vida.

Esses fatores ajudam a explicar por que, muitas vezes, indivíduos situados na camada subalterna de uma mesma "situação de marginalidade" — de um mesmo universo situacional — deixavam de reagir ou reagiam de maneiras diferentes a circunstâncias que um observador externo e "objetivo" identificaria como discriminatórias ou de rejeição. Para alguns desses indivíduos — como Joseph May e Antônio Pereira Rebouças, por exemplo —, cujas ambições pareciam ter sido amplamente realizadas por meio de oportunidades surgidas na esteira da emancipação, qualquer barreira era percebida como permeável, se não desprovida de consequências. Sem expectativa de conseguir mais do que já haviam alcançado por intermédio do processo assimilacionista, eles não questionavam sua própria identidade social ou o caráter incompleto de sua integração no mundo dos dominadores, embora fossem excluídos de muitos dos poderes e privilégios deste. Por ter conseguido ascender, social e economicamente, de condições de escravidão e extrema pobreza, avaliavam suas conquistas em relação a um passado que se sentiam felizes por deixar para trás, e não em relação a uma situação potencialmente ideal, presente ou futura — uma situação na qual fossem indistinguíveis, em matéria de privilégios e oportunidades, dos membros da burguesia dominante que tomavam como modelo e com quem se identificavam. Na formulação de Gramsci, continuavam a dar seu "consentimento espontâneo" à ordem hegemônica dominante.

No fim da década de 1870, por outro lado, Moritz e Ida Zweig tinham clara consciência de estarem situados em posição marginal. Apesar de suas realizações econômicas e da bem-sucedida trajetória de suas respectivas famílias da situação de privação de direitos do gueto para a cidadania participativa, sabiam que a aceitação social dos judeus na sociedade cristã dominante da Áustria continuava a ser impedida pela persistência de estereótipos e preconceitos antissemitas. Conquanto os aspectos positivos de sua integração social os levassem a considerar "permeável" a barreira contra os judeus, eles também tinham conhecimento dos esforços que ameaçavam transformá-la em barreira completamente excludente. Sua polaridade atitudinal — expressa nos esforços para obter uma discreta conformidade externa aos valores da classe média austríaca, ao mesmo tempo mantendo uma ligação contínua mas ambivalente com o judaísmo e a comunidade judaica — era reflexo de sua insegurança quanto à natureza futura da barreira e atestava o sentimento de marginalização a que sua consciência da exclusão potencial dava origem.

As histórias de vida de André Rebouças, Cornelius May e Stefan Zweig, que serão examinadas no próximo capítulo, esclarecem melhor a interação casual dinâmica entre a situação de marginalidade, a barreira e a percepção individual, destacando as complexidades e profundidades das diversas respostas ao infortúnio da marginalização.

6. "Não pertenço a lugar algum, em toda parte sou estrangeiro": As tribulações de André Rebouças, Cornelius May e Stefan Zweig

> Judeu é aquele que outros consideram judeu.
>
> JEAN-PAUL SARTRE, *Anti-Semite and Jew*

> Somos aborígines descobertos em nossa própria terra, estranhos ao homem branco e por certo diferentes dele, se não em tudo, em muitas coisas. A posição entre ele e nós era a de senhor e súdito, dominador e dominado. Víamos nele toda a majestade de uma civilização estrangeira e observávamos que, quer passasse rapidamente por nós, quer vivesse em nosso meio, ele tinha a seu serviço, invariavelmente, o conforto, o esclarecimento, a liberdade e a satisfação. Terá porventura havido algum momento em que um grupo humano desprovido de sofisticação viveu em condições incitadoras de admiração sem procurar conformar-se a essas condições? Nossos antepassados que viveram há cinquenta anos, muito próximos das condições primitivas da vida nativa, e que procuraram reproduzir o estilo de vida europeu que admiravam, não tiveram culpa. [...] O homem branco chegou até eles e era, a seu ver, um semideus; sua civilização parecia conferir-lhe a supremacia de que ele desfrutava; o negro também notou que, a menos que se "conformasse", não seria aceito em confiança nem considerado como coisa alguma na nova ordem europeia.
>
> CORNELIUS MAY, *Sierra Leone Weekly News*,
> 6 de agosto de 1910

> Minha negritude estava ali, escura e indiscutível. E me atormentava, perseguia-me, perturbava-me, enraivecia-me [...].
>
> Frantz Fanon, *Pele negra, máscaras brancas*

> Ah! Saudosos tempos que hoje relembramos como um sonho paradisíaco!
>
> De André Rebouças ao visconde de Taunay, 8 de novembro de 1896

I

Era natural que Stefan Zweig, Cornelius May e André Rebouças seguissem as mesmas trilhas que os mais velhos haviam desbravado. Na verdade, enquanto seus pais haviam se adaptado deliberadamente, e até com esperteza, ao meio da camada dominante dos países em que viviam, tanto por um profundo desejo íntimo de aceitação quanto pelo anseio de segurança, os filhos mergulharam nesse mundo com mais segurança e com um sentimento mais profundo de pertencimento.

Ao contrário dos pais, todos os três receberam instrução universitária ou formação profissional em seus países e no exterior. Rebouças, que nasceu em 1838, no segundo ano da sangrenta Sabinada que devastou sua Bahia natal, foi aceito no curso de engenharia civil da prestigiosa Escola Militar do Rio de Janeiro, após uma exibição brilhante nos exames de admissão. Graças à abnegação de seu pai, que financiou a viagem e os estudos adicionais, André e seu irmão menor, Antônio, também formado em engenharia civil, foram para a França e a Inglaterra, em 1861, a fim de completar sua formação teórica e prática.[1] Cornelius May, dezenove anos mais novo do que André Rebouças, frequentou o Wesleyan Theological College (que depois se transformou na Prince of Wales School), em Freetown, e em 1880 rumou para a Inglaterra, onde passou sete anos estudando jornalismo e adquirindo conhecimentos avançados e experiência em tipografia.[2] Stefan Zweig frequentou a universidade em Viena e depois, por pouco tempo, também em Berlim; obteve seu doutorado em 1904, com uma tese sobre o filósofo francês Hippolyte Taine.[3]

No caso de Zweig, o reconhecimento acadêmico foi a realização do desejo de seus pais de ascenderem não apenas pelo dinheiro. Sem dúvida, tanto a tradição de seus antepassados judeus quanto os valores da burguesia vienense os influenciaram a ter a instrução (*Bildung*) em mais alta estima do que os bens materiais (*Besitz*). Para eles, entretanto, como observou Stefan com argúcia, o sucesso expressou igualmente "a secreta nostalgia de, através da fuga para o campo intelectual, sair da esfera judaica para se dissolver no que é propriamente humano".[4] O sucesso foi não apenas prova da aceitação do filho deles nos círculos de elite da sociedade, mas também um novo reconhecimento da vasta distância que a família havia percorrido, ultrapassando os "defeitos [...] e estreitezas e mesquinharias" impostos à judeidade pelo gueto.[5]

Burgueses não apenas por criação e educação, André Rebouças, Cornelius May e Stefan Zweig também tinham um estilo de vida e cultivavam uma aparência física que se conformavam às normas estabelecidas pelos membros da classe média instruída de suas respectivas sociedades. May e Rebouças eram formais e sóbrios na aparência, e sua presença projetava um aprumo, uma dignidade e uma ordem criteriosos. Preferiam usar roupas feitas de tecidos pesados, importados

dos centros têxteis europeus para Serra Leoa e o Brasil: ternos elegantes e bem talhados, mas por certo desconfortáveis em seu meio tropical. Ambos usavam bigode — pequeno, um pouco caído e elegantemente aparado — e o cabelo cortado bem curto, repartido do lado, de acordo com a moda européia de então, dissimulando traços físicos dos fios ligados à raça, como espessura, textura e ondulação. Durante toda a maturidade, Rebouças também usou um cavanhaque bem aparado, do tipo que havia se popularizado no fim do século XIX entre os jovens de educação universitária da Europa e da América Latina. Dos três, apenas Zweig optou por usar roupas leves, confortáveis e até descuidadas — reflexo, talvez, da atitude mais displicente em relação à indumentária de seus pares mais imediatos, artistas e escritores europeus. Também deixou crescer o bigode durante o período universitário e o conservou pelo resto da vida.

As preferências desses três homens eram as dos *hauts bourgeois* civilizados e cultos, muito distantes das observadas nas "classes populares" de seus países. Stefan Zweig, que ainda rapaz já havia conquistado um público leitor internacional para seus textos, considerava-se "um mediador no mundo das letras europeias".[6] Conhecia na intimidade muitos intelectuais da Europa, traduziu um grande número de suas obras e manteve uma longa correspondência com luminares como Sigmund Freud, Thomas Mann, Maksim Górki e Romain Rolland.[7] André Rebouças, amigo íntimo de Carlos Gomes, o compositor brasileiro de formação clássica que escreveu *O guarani* e inúmeras outras óperas e peças para voz e piano, era um apreciador erudito da música italiana e alemã "séria" e um frequentador assíduo dos salões de concertos. Sua estreita

Cornelius May na década de 1890. Fotografia tirada
após ele se juntar à Royal Empire Society, em Londres.
(Royal Commonwealth Society, Londres)

amizade com Alfred d'Escragnolle, o visconde de Taunay, nasceu da admiração que ambos sentiam pelo talento de Carlos Gomes e de seu interesse comum pela arte europeia, assim como pela arte brasileira de inspiração e caráter europeus. André conhecia pessoalmente muitos dos melhores escritores e grandes intelectuais de seu país, lia em abundância e se expressava com fluência e elegância na escrita. Era também um linguista talentoso, familiarizado o bastante com o latim e o grego para ensiná-los e capaz de se comunicar em francês, alemão, italiano e inglês, além de sua língua pátria.[8]

Cornelius May, apesar de não ser nem de longe tão erudito quanto Zweig ou Rebouças, era também um leitor voraz e escrevia com lucidez e inteligência sobre uma vasta gama de assuntos sociais, políticos e econômicos no *Sierra Leone Weekly News*, do qual era editor e proprietário, e em outras publicações. Era um frequentador assíduo de solenidades públicas e privadas onde se apresentavam "as coisas mais requintadas da vida": espetáculos e recitais de música, apresentações teatrais, leituras de poesia, conferências e *conversazione* — grandes reuniões de salão sem bebidas alcoólicas, para as quais se vendiam ingressos e onde se esperava que houvesse conversas estimulantes. May era sócio da Young Men's Literary Association, organização fundada para elevar o nível cultural da juventude "corrompida" de Freetown, e se tornou organizador e dirigente de outras agremiações que patrocinavam palestras, peças teatrais e recitais de música e literatura.[9]

Enquanto Rebouças, May e Zweig perceberam sua vida e as contingências de suas respectivas carreiras como relativamente não estorvadas por fatores relacionados com a "diferença" racial ou religiosa que haviam herdado por nascimento, sua principal base de identificação grupal com suas sociedades residiu na classe e na posição social. Seus relacionamentos e sua identificação se deram com indivíduos como eles, de estilos de vida e valores semelhantes aos seus, e não com as pessoas com quem compartilhavam antecedentes religiosos ou uma aparência racial comuns.

"Não pertenço a lugar algum, em toda parte sou estrangeiro"

André Rebouças, provavelmente no início da década de 1880. (De A. Rebouças, *Diário e notas autobiográficas*. Rio de Janeiro, 1938.)

Durante todos os seus anos de formação, portanto, Cornelius May considerou aceitável, de modo geral, o sistema colonial britânico do qual era súdito, e se viu como diferente dos — e superior aos — africanos que não haviam experimentado ou aproveitado o contato cultural prolongado com os europeus para se "aprimorar". Tal como seu pai, Joseph

May, e como outros crioulos de influência missionária que tinham passado a se perceber como agentes, se não parceiros, dos britânicos na "civilização" da África, May atacava com frequência os "bárbaros" costumes sociais e religiosos que prevaleciam entre os africanos negros, e procurou ser aceito como um serra-leonês anglicizado com êxito — alguém que tinha muito mais em comum com as pessoas de classe média e de educação europeia, qualquer que fosse sua raça, do que com os africanos menos europeizados e de "classe baixa", ainda que tendo a mesma cor.[10]

Stefan Zweig não se preocupou, a princípio, com a massa de judeus proletários que saiu da Europa Oriental e foi se estabelecer na Áustria. Quando muito, demonstrou desprezo pelo tradicionalismo tacanho e pelo comunitarismo de gueto daqueles proletários galicianos, poloneses e russos das ruas, cujo comportamento, às vezes rude, contrastava marcantemente com seu próprio refinamento civilizado. É certo que não se identificava com esses e outros judeus, com base no parentesco religioso. Sua criação nas questões de fé, como ele mesmo reconheceu, fora displicente ao extremo, e os sentimentos que nutria sobre sua própria judeidade eram pouco intensos.[11] "Surtiu em mim um efeito benéfico descobrir que era possível sentir-se a judeidade e o judaísmo de maneira tão insensivelmente displicente", ironizou Martin Buber, referindo-se ao descompromisso religioso de Zweig.[12]

O fio de ligação do trabalho a que Zweig dedicou sua vida até o fim da década de 1920 — a unificação intelectual da Europa —, levou a encontros, intercâmbios e amizades com escritores e artistas de todo o continente. Alguns desses co-

Stefan Zweig em 1912. (Stefan Zweig Estate, Londres)

nhecidos também eram judeus, mas o relacionamento de Zweig com eles baseava-se, primordialmente, na similaridade de seus interesses profissionais e seus passatempos e num humanismo cosmopolita comum, fundamentado na crença no progresso e no Iluminismo. Com Theodor Herzl, por exemplo, um homem que tinha a mesma origem de classe e que, como editor do *feuilleton* do *Neue Freie Presse*, lhe deu a primeira oportunidade de publicar seus textos num jornal famoso, Zweig optou por manter uma amizade distante, mais baseada na afinidade literária do que, como esperava Herzl, num apoio ao sionismo, filosofia que mostrava o fracasso da assimilação e da integração dos judeus na Europa.[13]

Até o final da década de 1860, André Rebouças tendeu a se dissociar das massas afro-brasileiras negras e pardas. Seguindo os passos do pai, chegou a se posicionar precocemente contra a continuação do sistema escravagista brasileiro, mas o fez por abominar as crueldades intrínsecas dessa instituição e o obstáculo que ela representava para a modernização do país, e não porque se identificasse com suas vítimas como *companheiros de cor*. Além disso, durante esse período, faltou engajamento à sua oposição: ele empregou alguns escravos no projeto de construção da alfândega e do porto que dirigiu no Rio de Janeiro, e tanto ele quanto Antônio Pereira Rebouças só libertaram seus três últimos escravos domésticos em 1870.[14] Em seus primeiros diários, também costumava empregar os termos descritivos "o negro" ou "o preto", com o distanciamento da terceira pessoa, ao se referir a afro-brasileiros de classe baixa — talvez como reflexo de um desejo, durante essa época de sua vida, de se distanciar racial e socialmente da "ralé". Essa prática contrasta enormemente com o uso que viria a fazer desses mesmos termos no fim da década de 1880 e na de 1890.[15] A orientação inicial de Rebouças, portanto, assemelhou-se à de May e Zweig na fase em que estes ainda não percebiam qualquer barreira significativa contra o processo assimilacionista em que estavam empenhados: voltava-se para a elite da sociedade dominante, em cujo mundo ele havia ingressado por meio da miscigenação, da instrução e da aplicação nos estudos.[16]

II

Em última instância, porém, nem mesmo os pertencentes a essa segunda geração pós-emancipação encontraram no processo assimilacionista garantias da continuidade de sua aceitação e de sua segurança no mundo dos dominadores. Com a ascensão do racismo como uma barreira potencialmente cerceadora, não importava que André Rebouças, Cornelius May e Stefan Zweig se sentissem mais comodamente enraizados e mais completamente integrados na sociedade dominante do que seus pais. Quando afinal se perceberam rejeitados e excluídos pelo racismo, a solidez de sua confiança no assimilacionismo e a profundidade de seu compromisso com ele foram questionadas — de maneira ainda mais profunda, talvez, do que se houvessem estado menos seguros de seu sentimento de inserção. Nesse momento, viram-se imersos numa fase de considerável insegurança psicológica a respeito de sua identidade: foi um período crítico de conflito e desorientação internos, durante o qual se conscientizaram de sua posição marginalizada entre dois mundos. Perscrutando seus valores e práticas, questionando a validade e a viabilidade da abordagem assimilacionista, cada qual veio a se perguntar: "Quem sou eu? Negro ou branco? Africano? Europeu? Judeu?". Com o tempo, foram levados a explorar alternativas pessoais ao assimilacionismo — a buscar adaptar-se à sua situação, de acordo com as limitações pessoais e as circunstâncias históricas.

No caso de Rebouças, o sentimento de rejeição acumulou-se lentamente. Nas notas autobiográficas, diários e cartas que registram sua vida entre a época de estudante na Escola

Militar e o engajamento no movimento abolicionista — o período de 1854 a 1880, quando foram mais amplas suas vias de acesso ao mundo da elite brasileira —, citou quase uma vintena de incidentes em que ele próprio, seu pai ou seu irmão foram vítimas do preconceito racial. André Rebouças e Antônio Rebouças Filho tiveram negadas as bolsas para fazerem novos estudos de engenharia na Europa, em 1861, em decorrência da franca discriminação das autoridades governamentais, apesar de sua aceitabilidade e de suas excelentes qualificações; e André foi rejeitado em empregos e teve sua nomeação acadêmica barrada em pelo menos quatro ocasiões de exclusão mais sutil.[17] Quando por fim foi nomeado para chefiar a construção das docas da Alfândega do Rio de Janeiro, pagaram-lhe um salário inferior, em mais de um terço por ano, ao do engenheiro britânico que ele substituiu, e inferior até ao do diretor assistente anterior.[18] Seus inimigos e rivais lançaram insultos contra ele e contra seus familiares enquanto ocupou o cargo, publicando cançonetas satíricas sobre eles, com flagrantes insultos raciais, e enviando cartas anônimas aos amigos brancos de Rebouças, para lamentar sua associação com pardos.[19] Muito maior foi o preconceito com que André se deparou nos Estados Unidos, ao visitar o país por algumas semanas em 1873, depois de ser substituído no projeto das docas por seu maior rival profissional: foi obrigado a se hospedar em hotéis inferiores, passou pela experiência de lhe recusarem atendimento em restaurantes e foi impedido de assistir a um espetáculo na Grand Opera House de Nova York por causa de sua cor.[20]

Não obstante, embora essas experiências certamente ficassem registradas em sua consciência e viessem a ser recordadas mais tarde, Rebouças não as percebeu, no momento em que ocorreram, como marcantes o bastante para negar a validade da visão de mundo na qual fora criado, ou do rumo que havia tomado em sua vida. Seu otimismo se manteve inabalável: cada incidente injurioso parecia ser contrabalançado, se não neutralizado, por uma demonstração positiva de aceitação. Durante esse período ele estabeleceu sólidos laços de amizade com diversos nobres e pessoas influentes do Brasil, entre eles Machado Coelho, o barão de Estrela, e os viscondes de Taunay, Mauá e Itaboraí. Essas pessoas apreciavam seu intelecto, sua visão e seu talento, e o receberam no mundo elitista da capital imperial, com todos os seus salões, festas, bailes, exposições de arte e concertos.[21]

Apesar dos obstáculos profissionais e do antagonismo racial com que se deparou durante esses anos, Rebouças foi nomeado para cargos de peso e prestígio, que lhe trouxeram considerável reconhecimento pessoal e, em prazo bastante curto, recursos financeiros suficientes para mantê-lo e à sua família no estilo abastado e elegante da alta burguesia do Rio de Janeiro.[22] Mais importante que tudo, foi durante esse período que estabeleceu sólidas relações pessoais com a família imperial, particularmente com d. Pedro II, e a franca aceitação por essa imagem perfeita da alta sociedade brasileira não apenas o envaideceu como parece haver reafirmado sua visão do futuro num mundo potencialmente bom — se não no melhor de todos os mundos possíveis.[23]

A ligação com d. Pedro II teve profundo impacto psicológico em Rebouças e viria a se transformar em obsessão durante seus últimos dez anos de vida. Em contraste com o número crescente de brasileiros favoráveis ao governo republicano, ele identificava o imperador com as características mais elevadas, progressistas e liberais da nação: d. Pedro era, a seu ver, um "philosopho e philanthropo" que defendia com vigor a liberdade política, a ordem, a liberdade de imprensa e a liberdade de consciência. Rebouças o considerava singularmente acessível em termos pessoais e preparadíssimo em assuntos científicos e culturais. Também via nele um poderoso aliado, interessado na modernização do Brasil e no aprimoramento de seus habitantes. E, fazendo eco ao julgamento de seu pai, também reconhecia d. Pedro e a família imperial como "amigos dos mulatos".[24]

A identificação positiva de Rebouças com a família imperial intensificou-se nos últimos meses da campanha pela abolição da escravatura. Ele se engajara com paixão na luta abolicionista depois da morte do pai, em 1880, porque, a essa altura, havia se convencido de que a escravidão e o sistema de exploração em que ela se baseava "maculavam a terra" e funcionavam como principal obstáculo para o êxito de uma nação progressista e moderna, na qual "a democracia rural, a liberdade de consciência [e] a liberdade de comércio" pudessem prevalecer.[25] Em consonância com suas convicções, tornou-se membro fundador e dirigente da Sociedade Brasileira contra a Escravidão, da Confederação Abolicionista e do Centro Abolicionista da Escola Politécnica, onde lecionava. Fez também importantes contribuições financeiras à causa abolicionista, da qual foi um propagandista dedicado e enérgico, tendo escrito numerosos manifestos e artigos em defesa dela.[26]

Todavia, quando a escravidão foi afinal abolida, em maio de 1888, Rebouças atribuiu à postura assumida pelo imperador e pela princesa Isabel na questão da emancipação total

André Rebouças quando estudante de engenharia em Paris, 1861. (De A. Rebouças, *Diário e notas autobiográficas*. Rio de Janeiro, 1938.)

o triunfo definitivo do movimento. "Foi simplesmente um ato de coragem e de abnegação", escreveu em 1889, "arriscar um trono para fazer uma obra santa de justiça e de equidade."[27] Ele acreditava que, no fundo do coração, o imperador sempre estivera ao lado dos abolicionistas e que seus sentimentos eram muito bem conhecidos, a despeito de sua incapacidade anterior de se manifestar publicamente, e concordou com os panegíricos que chamaram o velho monarca de "patriarca da família abolicionista" e deram à sua filha o nome de princesa redentora.[28]

A proximidade entre a casa de Rebouças e a residência de d. Pedro em Petrópolis e as conversas e visitas frequentes feitas a este nos meses seguintes à abolição reforçaram seu sentimento de apego pessoal ao imperador e à sua família.[29] Assim, quando o Império foi derrubado pelo golpe republicano de novembro de 1889 e a família imperial foi presa, essa notícia foi mais do que um choque para Rebouças: representou a rejeição de suas próprias crenças e de sua orientação de vida. Ele interpretou os acontecimentos como uma reação das forças escravocratas e da velha ordem racista ao Brasil "moderno" que ele e o imperador haviam defendido, e para o qual a abolição tinha sido uma preliminar de importância crucial.[30] Também encarou esses acontecimentos como negação de sua confiança na assimilação, de sua crença num sistema que haveria de reformar-se, expandir-se e abrir espaço para todos os brasileiros: em suas próprias palavras, para "brancos, mulatos e negros; europeus, asiáticos, americanos, africanos e oceânicos: todos iguais, todos irmãos".[31]

De maneira súbita e inequívoca, a crise nacional desencadeou uma crise pessoal para Rebouças. No passado, ele sempre conseguira superar, por meio de sua confiança na esperança do progresso brasileiro, o racismo com que havia se deparado. Na verdade, o considerável reconhecimento obtido por seu pai e suas próprias realizações profissionais e acadêmicas, a despeito de todos os obstáculos, lhe haviam confirmado a existência de uma sociedade que recompensava o trabalho árduo, a inteligência, a dedicação e a iniciativa. Mas passara cada vez mais a associar diretamente a democratização racial e econômica de seu país a d. Pedro e outros monarquistas esclarecidos, como seu amigo Taunay. Assim, quando o imperador foi derrubado e quando fracassou a quixotesca tentativa de Rebouças de convocar uma contrarrevolução antirrepublicana, sua decisão repentina de abandonar o Brasil e acompanhar a família imperial no exílio atestou o agudo sentimento de descontinuidade e desilusão que sofreu nesse momento.[32] Para André Rebouças, o que se depusera fora mais do que um monarca: uma visão de mundo também tinha sido abalada.

Em 7 de dezembro de 1889, Rebouças chegou a Lisboa, ali desembarcando do *Alagoas*, que havia transportado d. Pedro, a imperatriz, a princesa Isabel e outros integrantes da comitiva real.[33] Na Europa, no exílio, sua consciência da raça ampliou-se; sua visão de si mesmo sofreu uma metamorfose. Isso não ocorreu porque ele houvesse experimentado qualquer novo contato pessoal devastador com o preconceito racial, nem porque dispusesse de conhecimentos factuais de que a natureza da discriminação racial havia, de fato, piorado drasticamente nos meses decorridos desde a emancipação dos escravos, em 1888. Essas mudanças ocorreram nele, antes, porque sua *percepção* do futuro da realidade multirracial brasileira e de seu próprio lugar dentro dela tinha sido alterada pelo sucesso do golpe.

Ao longo da década de 1870 e durante seu engajamento abolicionista na década de 1880, Rebouças se vira primordialmente como um modernizador cuja identidade como negro era secundária. Estava convencido de que, na nova nação brasileira que estava ajudando a fazer surgir, a raça acabaria por não ter importância. Sua interpretação dos acontecimentos de novembro de 1889, entretanto, bem como das forças que estavam por trás da derrubada do Império, levou-o à conclusão oposta: a de que, com o racismo vivo e em ascensão, a identidade racial *tinha e teria importância*. Com frequência cada vez maior, nos meses subsequentes à sua chegada a Portugal, passou a se identificar em público como pardo, como porta-voz da "raça africana" — como "pessoa de cor" que rendia homenagens à exilada família imperial brasileira, em nome de seus "irmãos africanos".[34]

Apesar de sua tristeza crescente, da sensação de isolamento e do agravamento de sua situação financeira, Rebouças descreveu-se — em palavras cujo próprio eurocentrismo destaca a crise de identidade por que estava passando — como alguém que levava uma "vida tolstoica" após um ano de exílio, resistindo "com a maior veemência" de seu "sangue africano" à "bacanal jacobina" que havia atingido sua pátria.[35] Recusou os pedidos de amigos e familiares para que voltasse ao Brasil, dando-lhes uma explicação: "O nosso velho imperador [...] necessita da minha dedicação africana; bem africana".[36]

Por ocasião da morte do imperador, entretanto, em dezembro de 1891, Rebouças já havia perdido a esperança de que o império de d. Pedro e o mundo que ele prometera pudessem algum dia ressuscitar. "Quantas ilusões!", escreveria mais tarde, relembrando esse período: "Julgávamos que, restituída a liberdade aos escravizados, ia o nosso Brasil iniciar um período de paz, de felicidade e de incessante progresso; — [a] 'idade de ouro' que os filantropos supõem sempre chegada e que, no entanto, ainda está longe, muito longe, nos séculos por vir".[37]

Seu desespero intensificou-se. Começou a ver Lisboa como nada além de "uma extensão" do Rio de Janeiro, uma cidade frequentada pelos mesmos "monstros de ingratidão" que "desgraçaram o Brasil". Horrorizou-se à ideia de passar mais um verão na Europa e sentiu necessidade de "voltar para o sol e a brisa fresca de um clima quente". Sua odisseia, tanto em sentido geográfico quanto psíquico, estava claramente inacabada. Rebouças esperou pelo funeral do imperador, durante o qual escreveu, no cartão que acompanhou sua coroa de flores: "Um negro brasileiro em nome de sua raça". Dias depois, resolveu deixar a Europa e ir trabalhar na África.[38]

Segundo Rebouças explicou em suas cartas, a África viria a ser seu "novo destino" — lugar onde recomeçar a vida e acalmar os nervos —, assim como uma "necessidade higiênica" de distraí-lo da "dolorosa saudade" de seu "Santo Mestre, o Imperador" e dos "horrores que assolam [seu] mísero Brasil".[39] Também aliviaria sua angústia pessoal. "Ninguém sabe melhor do que Taunay", escreveu a seu amigo mais íntimo, relembrando incidentes passados, "o quanto o Brasil foi injusto e inimigo para os Rebouças, desde o pai até os últimos filhos".[40] "É preciso", confidenciou, "que eu lave todas essas feridas do meu coração africano nas águas do Nilo, do Níger, do Congo, do Zambezi e dos lagos equatoriais; e, se for necessário, no Mediterrâneo e nos oceanos Atlântico e Índico".[41]

Com a mudança para o continente de seus "ancestrais africanos" e a prática de boas obras — semear "a doutrina de

Jesus e de Tolstói, de trabalho e de humildade, de sacrifício e de abnegação" —, talvez fosse possível reconstituir, em solo africano, sua visão da sociedade, que a revolução republicana de 1889 havia destruído.[42]

Mas, embora Rebouças quisesse encontrar refúgio emocional no mundo de seus ancestrais negros e se identificar com a África e os africanos, suas percepções do continente e dos povos ali existentes eram filtradas pelos valores e visões culturais que ele levara consigo de seu mundo euro-brasileiro, urbano e burguês. Sua visão dos africanos era paternalista; sua preocupação de "erguê-los" só fazia recapitular, no continente africano, seus projetos brasileiros para o futuro dos escravos recém-emancipados. Imaginava uma campanha africana que viesse a

> elevar o negro; cobrir-lhe a bárbara nudez; dar-lhe um pedaço de terra; constituir-lhe família pela prosperidade rural; acelerar sua evolução cerebral através do bem-estar [...]; ensiná-lo; instruí-lo; educá-lo; prepará-lo, em tudo e por tudo, para a fusão final com o Grande Cosmos Humano.[43]

A educação agrária deveria ser o primeiro passo na evolução acelerada dos africanos; o ensino da leitura e da escrita deveria ser adiado, a fim de evitar a emancipação prematura e o risco potencial de intrigas políticas e fraude eleitoral.[44] Rebouças insistia em que se ensinasse aos africanos uma "língua civilizada" da Europa e em que os benefícios da cultura europeia lhes fossem revelados por esse veículo. Sempre meticulosamente preocupado com a aparência, afligia-se com a nudez pública e expôs um projeto para vestir "300 milhões de africanos", argumentando que o "espírito satânico da escravidão" preferia os africanos nus àqueles que usavam trajes europeus, para justificar as teses da inferioridade racial negra e sua impossibilidade de evoluir e se tornar uma civilização cristã e igualitária.[45]

A exploração e a escravização dos africanos em seu próprio continente ofenderam e desanimaram Rebouças profundamente. Tal como fizera no Brasil em prol da causa abolicionista, denunciou em tom apaixonado essas iniquidades em seus textos escritos. Seus diários e cartas, entretanto, revelam que tinha pouco contato íntimo com as vítimas desse tratamento: o povo africano. Como no Brasil e na Europa, seus amigos e conhecidos continuavam a ser os homens de origem e classe iguais às suas: Simon Goodman, do Observatório Real do Cabo da Boa Esperança; Harold Alers Hankey, jornalista; Richard e Albert Rosenthal; Joseph Freeman e um advogado de nome Stokes.

Curiosamente, esse grupo não incluía nenhum africano negro educado pelos missionários — como os que havia entre as pessoas "de escola" da colônia do Cabo, onde Rebouças morou por seis meses —, tampouco, aliás, qualquer mestiço dessa colônia. Por maior que fosse sua empatia com o sofrimento dos africanos, havia entre ele e as massas da África um abismo que ultrapassava qualquer limite baseado na proximidade racial. O próprio Rebouças intuiu essa distância e o limbo em que ela o situava em relação ao Brasil e à África, ao escrever, com considerável sarcasmo para consigo mesmo, em seus *Ydillios Africanos VI*: "Bem-aventurados os que não têm pátria, os que são estranhos em seu próprio continente africano".[46]

Rebouças passou catorze meses na África. Instalou-se de início em Lourenço Marques, Moçambique, após breve temporada no Egito e em Zanzibar, mas partiu logo depois para Barbeton, no Transval, por não conseguir tolerar a embriaguez, a devassidão e os maus-tratos infligidos aos africanos pelos europeus com que se deparou no porto português.[47] A princípio, considerou Barbeton "uma Petrópolis africana [...], apenas um pouquinho inferior ao Éden criado pelo imperador d. Pedro II", e ali esperou encontrar sossego.[48] Chegou até a se mostrar otimista quanto à possibilidade de introduzir pés de café no vale de Kaap, próximo da cidade, cuja terra vermelha lhe pareceu semelhante à que havia nas imediações de São Paulo, a mais produtiva região cafeicultora do Brasil.[49] Contudo, após alguns meses de "incessantes conflitos" com os fanáticos brancos de Barbeton, sentiu-se obrigado a se mudar para a Cidade do Cabo, considerada mais "liberal" em matéria de questões raciais.[50] Como pardo, entretanto, numa sociedade em que a cor da pele, e não as realizações culturais, desempenhava papel crucial na definição do status, também ali Rebouças não se sentiu à vontade. Cada vez mais, foi percebendo que até mesmo na África, continente de seus antepassados negros, era definido de fora para dentro e marcado por sua cor.[51]

Em junho de 1893, a África havia se tornado insuportável para Rebouças. Sem maiores explicações, ele partiu para Funchal, na ilha da Madeira, que, em termos geográficos e espirituais, ficava a meio caminho entre seus mundos africano e brasileiro. Lá sua situação financeira deteriorou-se drasticamente e sua saúde, que nunca fora muito boa, sofreu uma debilitação aguda. Rebouças ficou reduzido a sete libras mensais para suas despesas, depois de uma série de quedas extraordinárias na taxa de câmbio da moeda brasileira, e teve graves problemas intestinais, que lhe tiraram o sono e as forças. Por várias vezes, no entanto, rejeitou os apelos de amigos e parentes para que retornasse à sua pátria. "Tenho escrúpulos", escreveu a Taunay, "tenho muitos escrúpulos que me impedem de voltar ao Brasil. Tenho escrúpulos de faltar à coerência; tenho escrúpulos de aviltar a dignidade pessoal; tenho escrúpulos de quebrar a integridade do meu caráter."[52] Já não era possível se iludir: o Brasil e a África o haviam decepcionado e ele não tinha qualquer esperança no futuro.

Em maio de 1898 — no décimo aniversário da abolição da escravatura no Brasil —, Rebouças foi encontrado morto na base de um penhasco junto ao mar, nas imediações do hotel onde residia. Um relatório inicial indicou suicídio como causa da morte. Seus parentes discordaram dessa conclusão, afirmando que não seria de seu feitio pôr fim à própria vida.[53]

O SENTIMENTO DE REJEIÇÃO de Cornelius May — sua desilusão com o ideal assimilacionista e sua percepção de si mesmo como homem marginalizado — foi consideravelmente mais ambíguo que o de André Rebouças após a derrubada do Império, e suas reações refletem essa ambiguidade.

Ao retornar a Freetown em 1887, após sete anos de estudos na Inglaterra, deu-se conta de que o preconceito e a discriminação europeus contra pessoas como ele — os "africanos instruídos" — haviam crescido. Uma nova onda de racismo, legitimada nos círculos científicos e acadêmicos, vinha se popularizando cada vez mais entre os servidores do governo britânico e de suas colônias, assim como junto ao público em geral, e assinalava um claro desvio da ideologia catequética que havia constituído a base do experimento de Serra Leoa. À medida que os bioantropólogos e outros proclamavam a inferioridade de todos os povos negros, e que o trabalho de Darwin era usado para corroborar a afirmação de que as "raças superiores" se distinguiam por sua superioridade material e tecnológica, foi ficando claro para May e outras pessoas que muitos britânicos já não aceitavam a premissa com base na qual se criara a colônia de Serra Leoa. Esses britânicos, ao contrário de seus antepassados, não acreditavam no poder transformador da educação europeia e do cristianismo.[54] Para eles, as "raças inferiores", biologicamente encerradas em seu atraso, jamais poderiam apreender as complexidades da "civilização" europeia, quanto mais dominá-la o suficiente para funcionar como portadores da cultura europeia entre seus companheiros de raça negra.

Não se sabe até que ponto May vivenciou os efeitos prejudiciais desse novo racismo durante sua estada na Inglaterra. Mas julgou inquietante o clima racial alterado de Freetown. Não era nada incomum, na ocasião em que retornou à sua pátria, ouvir os funcionários coloniais da Coroa, os viajantes que chegavam a Serra Leoa e os europeus ali residentes se referirem aos africanos ocidentalizados e educados na Europa como "macacos" e "negrada", além de insultá-los e parodiá-los em artigos e livros. Diversos livros de sucesso, como *Wanderings in West Africa* e *To the Gold Coast for Gold*, de Richard Burton, *Sierra Leone or The White Man's Grave*, de G. A. L. Banbury, e *West African Sketches*, de A. B. Ellis, tinham em comum a depreciação das aptidões dos africa-

"Não pertenço a lugar algum, em toda parte sou estrangeiro" 245

O reverendo Joseph Claudius May (sentado, ao centro), irmão mais velho de Cornelius e primeiro diretor do Wesleyan Boys High School, em Freetown. Na foto, ele aparece com o corpo docente da escola, não muito antes de morrer, em 1902, aos 58 anos de idade.
(Methodist Missionary Society, Londres)

nos e o desdém pela catequese da conversão e suas consequências.[55] Além disso, a discriminação racial permeava os campos das profissões liberais, do comércio e da burocracia do serviço público da colônia, nos quais a ascensão dos africanos era impedida e barrada. Ainda que o próprio May não tenha sido imediatamente afetado por nenhuma dessas manifestações de racismo, para ele e muitos de seus conterrâneos já eram inconfundíveis os sinais de que o ideal assimilacionista que todos haviam abraçado estava sob violento ataque.[56]

O reverendo Claudius May, irmão mais velho de Cornelius, retratou essa situação em 1887, ao escrever, no *Sierra Leone Weekly News*:

> É uma constatação incontroversa que hoje tudo aponta para o fato de estarmos nos aproximando de uma crise em nossa vida como comunidade. [...] Estamos [...] frente a frente com um problema que terá que resolver o "ser" ou "não ser" das questões de nossa vida futura. [...] Os sucessores daqueles que, há cinquenta anos, foram a favor de nos dar todas as oportunidades de ascensão no mundo agora são da opinião de que qualquer esforço de nossa parte deve ser cortado pela raiz, ou encarado com uma indiferença que beira o desprezo. [...] Eles nos tratam como marionetes, e não como homens, veem-nos como instrumentos que podem usar quando necessário e jogar fora quando a necessidade deixa de existir.[57]

Em vez de provocar um contra-ataque dirigido ao novo racismo, entretanto, a "crise" estimulou os negros nativos, inclusive Cornelius May, a voltarem um olhar introspectivo para si mesmos e para sua sociedade. Se o mundo europeu parecia rejeitá-los e se sua ascensão nele vinha sendo dificultada ou inviabilizada, não seria, talvez, porque este não era o seu lugar, para começo de conversa? Teriam eles "pervertido" sua "verdadeira personalidade racial", por meio de uma europeização indiscriminada, por isso merecendo a ridicularização e o tratamento preconceituoso? May e seus conterrâneos examinaram minuciosamente tudo o que definia os "africanos instruídos" — não apenas sua forma de instrução e as disciplinas aprendidas, mas também sua vida social e suas ocupações, sua preferência por roupas, residências e hábitos alimentares de estilo europeu, e até sua maneira de repartir o cabelo — e concluíram que sua comunidade havia perdido "a essência de sua raça". Filhos e netos de escravos libertos, haviam se tornado intelectualmente cativos, imitando sem pensar comportamentos e costumes estranhos ao meio africano.[58] Depois de reconhecer os erros do passado, resolveram afirmar uma nova identidade, que era africana, e não europeia.

Sua abordagem introspectiva sofreu a influência marcante de Edward Wilmot Blyden, nativo das Índias Ocidentais que então circulava em seu meio.[59] Escritor prolífico e orador dinâmico, Blyden desenvolvera, logo no início de sua vida, uma ideologia que combinava crença teleológica na capacidade de aperfeiçoamento da humanidade com convicção na singularidade das raças. "Toda raça é dotada de talentos pe-

Discurso dos maçons de Freetown, entre eles Cornelius May, ao duque de Connaught, em 15 de dezembro de 1910.
(Royal Commonwealth Society, Londres)

culiares", escreveu em *Christianity, Islam, and the Negro Race*, "e vigilante no mais alto grau é o grande Criador, no que concerne à individualidade, à liberdade e à independência de cada uma delas. Na música do universo, cada qual fará soar uma nota diferente, mas necessária à grande sinfonia."[60] Na concepção de Blyden, as diferenças entre as raças não significavam que alguma delas fosse inferior ou superior em termos físicos, intelectuais ou morais. Todas eram capazes de desenvolvimento e progresso equiparáveis, mas não idênticos. Os europeus, nesse universo racialmente determinado, haviam se tornado os dirigentes de Deus, os soldados de Deus e os policiais de Deus, encarregados de manter a ordem. No plano divino, seu papel consistia em trabalhar pelo progresso material e temporal da humanidade. A ciência e a política eram seu ponto forte racial, e o individualismo era a base de sua sociedade.[61]

Os negros africanos, por outro lado, tinham uma "personalidade racial" diferente.[62] Eram membros de uma "raça espiritual", de organização social comunitária e cooperativa, em vez de "egoísta e competitiva", e de vida familiar polígina, e não monogâmica. À diferença dos brancos, seu "dom" divino não estava no campo da vida política, mas no progresso espiritual por intermédio da Igreja, da lavoura e da oficina.[63] E, talvez por serem, por natureza, o povo menos agressivo, as qualidades singularmente intrínsecas à sua raça tinham que ser cultivadas, protegidas e desenvolvidas, para que pudessem dar sua contribuição à elevação global da humanidade. Na visão de Blyden, ninguém teria nada a ganhar com a diluição ou a destruição da personalidade negra africana por intermédio da introdução e aceitação maciças da cultura europeia.

Todas essas ideias, é claro, tinham particular importância para os membros da elite negra de Serra Leoa. Blyden explicou a falta de iniciativa ou de "virilidade africana" dos nativos, assim como suas realizações superficiais, sua estagnação, suas "emoções artificiais" e sua aparência fácil de caricaturar, imputando a responsabilidade por tudo isso à educação e formação europeias. Como as raças estavam submetidas ao desígnio divino de se deslocarem por "linhas paralelas", e não "numa mesma trilha", nenhuma interação ou aprendizagem cultural, por maior que fosse, jamais transformaria os negros africanos em europeus ou faria de europeus negros africanos.[64] Na melhor das hipóteses, os africanos que se julgassem europeus seriam imitadores; na pior, se tornariam "macacos" e parasitas, pessoas desprovidas de identidade própria. Dirigindo-se ao Clube da União de Freetown, Blyden deixou claras suas ideias a esse respeito:

> Seu dever primordial é serem vocês mesmos. [...] Ninguém precisa lhes dizer que tenham constantemente diante de si o fato de que vocês são africanos e não europeus — negros, e não brancos —, de que foram criados com as características físicas que os distinguem, para a glória do Criador e para a felicidade e perfeição da humanidade; e de que, em seus esforços de se transformarem em outra coisa, vocês estão não somente estragando sua natureza e se afastando de seu destino, mas também roubando da humanidade a parte com que deveriam contribuir para seu desenvolvimento e bem-estar completos, e se transformam num sal que perdeu o sabor — que não serve para nada, exceto para ser jogado fora e pisoteado pelos outros.[65]

Os esforços de Blyden no sentido de melhor conscientizar os negros "europeizados" da África Ocidental de sua "verdadeira" identidade racial, assim como seu questionamento da assimilação de estilos europeus por parte deles, tocaram num nervo exposto em todos os nativos que se preocupavam com a situação de sua sociedade. Suas ideias pouco lisonjeiras atingiram-nos em cheio, mas eram, não obstante, as de um conterrâneo negro instruído e, nessas condições, mais fáceis de acolher do que se fossem articuladas por um europeu. Além disso, por mais duras que fossem suas implicações para os negros, as ideias de Blyden eram também extremamente cativantes: acreditar na singularidade e na qualidade ímpar da raça negra e de seu destino era um bálsamo psicológico eficiente contra a dor infligida pelos insultos e pela discriminação europeus.

Influenciados por Blyden, alguns serra-leoneses crioulos, inclusive Cornelius e Claudius May, fundaram a Dress Reform Society, Sociedade de Reforma da Indumentária, em 1887. Ao contrário do projeto quimérico de André Rebouças de vestir "300 milhões de africanos", o objetivo explícito da entidade era eliminar a insígnia mais óbvia da europeização — o vestuário de estilo ocidental —, como primeiro passo em direção à independência gradativa de todos os costumes europeus. As metas da Sociedade foram expostas no *Methodist Herald*, jornal fundado por Claudius May e do qual Cornelius foi editor por um curto período:

> Seria pretensioso afirmar que a esfera visada pela Sociedade de Reforma da Indumentária é irrestrita. Mas ela se proporia, com o correr do tempo, debater outras questões sociais e locais. Sua intenção é transformar-se na linha de frente de todos os

melhoramentos sociais. [...] Trata-se de uma sociedade apta a se transformar, cada vez mais, em ponto de encontro de todos aqueles que anseiam pela vida nacional independente da África e do negro, e que se dedicam a isso.[66]

Menos de um ano após sua fundação, entretanto, a Sociedade de Reforma da Indumentária foi extinta, juntamente com várias iniciativas complementares, tais como a "reforma dos nomes". Seu fracasso já era imaginado, desde o início, pela ambivalência intelectual de seus fundadores: eles não conseguiam se desembaraçar por completo do mundo europeu para o qual a assimilação os levara, tampouco abraçar uma identidade exclusivamente "africana". Em momento algum Cornelius May ou outros membros dessa organização consideraram que sua atividade estaria estabelecendo laços entre eles e aqueles a quem alguns consideravam como os povos africanos "menos esclarecidos", na colônia de Serra Leoa ou em sua região interiorana. É patente que não havia qualquer mobilização das massas, em termos étnicos e de classes, por trás da africanização simbólica que estava implícita em sua reivindicação de um estilo não europeu de vestuário.

A indumentária da Sociedade foi uma invenção — sem dúvida era um pouco parecida com as bermudas e as batas sem mangas, de tecido rústico, usadas pelos africanos "do mato", mas ainda assim diferente o bastante para não ser confundida com elas. Isso permitiu que os "reformadores" fizessem caber dois proveitos no mesmo saco. Por um lado, puderam pensar que já não eram imitadores completos dos europeus e que estavam moldando sua cultura de um modo mais compatível com o que Edward Wilmot Blyden, que fazia parte de seu grupo, denominava de seu "destino racial". Por outro, evitaram a identificação com os "aborígines bárbaros" — expressão que utilizavam, vez por outra, para se referir à massa de africanos da qual as circunstâncias históricas e a "europeização" os haviam retirado.

A reforma do vestuário, portanto, não foi o arauto de um movimento nacionalista africano pautado na solidariedade racial, mas antes um jogo intelectual. Foi um híbrido estéril na junção de dois mundos: uma criação baseada na ilusão de que, de algum modo, o hábito *pode* fazer o monge. Seu fracasso refletiu a profunda insegurança dos membros quanto à perspectiva de se afastarem da via assimilacionista. O próprio Cornelius May ficou em dúvida. Como jornalista, tinha aguda consciência do preconceito europeu e se ressentia dele. Mas, tal como André Rebouças antes da derrubada do Império, achava que o racismo apenas impedia a mobilidade para o mundo dos europeus dominantes: tornava as coisas mais difíceis, porém *não* impossíveis. Porventura sua vida e suas oportunidades de carreira na sociedade de Serra Leoa não continuaram favoráveis? May tornou-se proprietário e editor do *Sierra Leone Weekly News*, semanário de grande circulação relativamente livre das pressões do governo colonial. Mais tarde, foi nomeado cônsul na Libéria, tornou-se membro da Assembleia Legislativa de Serra Leoa, elegeu-se vereador do município e, posteriormente, prefeito de Freetown, e passou a fazer parte de uma elite influente que, vez por outra, era consultada pelos residentes e funcionários britânicos da colônia, inclusive o governador.[67]

Em May, por conseguinte, o sentimento pessoal de exclusão do mundo a que sua educação europeia lhe dera acesso foi transitório. Apesar do racismo e discriminação cada vez mais escancarados contra os negros, ele passou a considerar que o sistema colonial do qual era súdito fora maculado, mas não exibia cicatrizes permanentes. Continuou a questionar o ideal assimilacionista nos editoriais do *Weekly News*, quando algum incidente específico de preconceito ou algum ato discriminatório provocava uma crise momentânea, mas sua reação predominante, durante muitos anos, foi otimistamente reformista. Seu objetivo — fosse como participante de uma delegação que apresentasse um requerimento ao governo da colônia, como representante de Serra Leoa no Congresso Nacional da África Ocidental Britânica, como membro da Assembleia Legislativa ou nos artigos que redigia para criticar a situação e as iniquidades coloniais — era corrigir as imperfeições do sistema do qual se sentia uma parte inextricável.[68]

Somente no fim da vida May sofreu uma decepção irremediável. Em 1926, quando cumpria seu terceiro ano de mandato como prefeito de Freetown, foi preso por "conspiração para fraudar a Assembleia Municipal". Seu julgamento, conduzido sem a presença de um júri, foi presidido por um juiz europeu, que ignorou o veredicto de "inocente" proferido pelos três assessores do julgamento e se recusou a aceitar um recurso. May foi condenado e sentenciado a nove meses de prisão com trabalhos forçados. Nunca se recuperou da indignidade desse episódio. Tendo se posicionado, semanas antes de ser indiciado, a favor dos ferroviários serra-leoneses que estavam em greve por melhores salários, considerou que a condenação fora não apenas injusta, mas também motivada pelo racismo — inspirada no desejo das autoridades coloniais de reprimir as ideias de independência dos africanos. O fato de os britânicos haverem utilizado esse escândalo como pretexto para abolir a Assembleia Municipal administrada pelos africanos, em 1927, e substituí-la por um conselho dominado por europeus, nomeados pelo governador do conselho, dá crédito à sua interpretação. Por certo, embora se possa dizer que May foi responsável por uma gestão displicente quando prefeito de Freetown, o que indiretamente permitiu a prática de corrupção entre alguns de seus subordinados, as provas de seu envolvimento pessoal em esquema fraudulento são muito precárias.[69]

Ele tinha quase setenta anos na época da condenação, e, quando estava no presídio, sua saúde se deteriorou com tal rapidez que o governador em exercício decidiu reduzir sua pena e mandar soltá-lo. Ele gastou seus últimos meses de vida numa tentativa fracassada de obter o perdão real. Amargurado e abatido por essa experiência, morreu de um acidente vascular cerebral no início de 1929.[70]

O mundo que Cornelius May havia imaginado, ao seguir seu ideal assimilacionista, era fundamentalmente semelhante àquele pelo qual André Rebouças havia se esforçado e trabalhado, sobretudo durante seu intenso engajamento na campanha abolicionista brasileira. Era um mundo harmonioso e sensato, no qual a língua, a raça, a religião e a política não cerceariam a liberdade individual — um mundo, em outras palavras, idealmente adequado para "híbridos" culturais e raciais como esses dois homens que nos servem de exemplo. Mas a atração desse mundo também era particularmente intensa para judeus refinados, como Stefan Zweig, que desejassem, ultrapassar em muito os confins do tradicionalismo

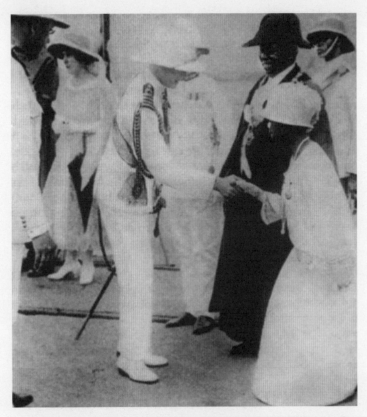

Cornelius May, prefeito de Freetown, e Claribel Agnes May, cumprimentando o príncipe de Gales durante sua visita a Serra Leoa, em 1925. Um ano depois, em consequência de um escândalo controvertido, as autoridades coloniais aboliram a Assembleia Municipal e May foi preso por peculato. (Museu de Serra Leoa, Freetown)

religioso e do comunalismo corporativo segregado associados aos guetos e *shtetlekh* europeus anteriores à emancipação, e que quisessem ser aceitos como cidadãos plenos das sociedades em que viviam.

No caso de Stefan Zweig, esse foi um mundo criado no otimismo da primeira década do século xx e dos anos imediatamente anteriores à Grande Guerra, um período em que, ao menos nos círculos intelectuais da Europa, pareciam estar despontando "um espírito comunitário" e uma "consciência europeia".[71] "Nunca amei a nossa velha terra mais do que nesses últimos anos que precederam a Primeira Guerra Mundial", diz Zweig em sua autobiografia, "nunca esperei mais pela unificação da Europa, nunca acreditei mais em seu futuro do que nesse tempo em que julgávamos vislumbrar uma nova aurora."[72] Seu idealismo expressou-se em sua defesa sistemática de uma irmandade cultural europeia: um internacionalismo humanista que ele fundamentava mais na "soma dos laços individuais e pessoais forjados pela amizade" do que num programa político.[73] Apesar de nascido de pais judeus, na Áustria, considerava-se "cidadão da Europa", pertencente a uma confraria intelectual que ia além do nacionalismo e da xenofobia e na qual a religião e a raça eram irrelevantes.

Tal como havia acontecido com Rebouças e May, entretanto, também para Zweig os sinais da rejeição foram discerníveis numa época relativamente precoce de sua vida. Sua autobiografia indica que ele tinha consciência dos esforços de seus pais para dissipar os temores cristãos vigentes de uma supremacia social judaica, assim como para desfazer os estereótipos dos cristãos sobre o "pendor natural dos judeus para o dinheiro", procurando não chamar a atenção para seu sucesso econômico. Zweig também tinha consciência do sentimento antijudaico, disseminado e atuante, que se percebia pela emigração de judeus da Europa Oriental, pelo caso Dreyfus, na França, e pela eleição de um demagogo antissemita, Karl Lueger, como prefeito de Viena. E, durante seus tempos de estudante universitário, ele decerto há de ter notado, entre muitos de seus contemporâneos não judeus, a crescente popularidade do tipo nacionalista de antissemitismo que se pautava "na raça e no sangue": a ideologia sobre os judeus, que se respaldaria na ciência, cuja ascensão foi paralela ao crescimento do "novo racismo", de base supostamente biológica, contra os negros e pardos. Do mesmo modo que este último se opunha às incursões emancipatórias e assimilacionistas feitas pelos "não brancos", o antissemitismo racial questionava a emancipação social e política dos judeus, contrastava seus "traços raciais" inferiores com a superioridade germânica "ariana" e defendia as restrições profissionais e o confinamento dos judeus nos guetos.[74]

Todavia, embora estivesse ciente desses sinais, Zweig preferia guiar-se pelos sinais mais otimistas que também existiam e que pareciam mais pertinentes à sua situação pessoal. Seu reconhecimento como literato e o número de seus leitores haviam aumentado sistematicamente nos doze anos que antecederam a Primeira Guerra Mundial, e continuavam a crescer. A década de 1920 marcou um período de sucesso fenomenal para ele, como escritor e mediador nos círculos literários e editoriais europeus. Zweig apresentou numerosos escritores estrangeiros — entre eles, Émile Verhaeren, Romain Rolland, Paul Verlaine e Charles Baudelaire — ao público de língua alemã, traduzindo ou encontrando tradutores para as obras deles, publicando artigos e ensaios e intercedendo pessoalmente por eles junto aos editores. Seus próprios livros, traduzidos para cerca de quarenta línguas, também ganharam popularidade em escala mundial, sendo vendidos às centenas de milhares para um público que não se sentia atraído pela literatura expressionista e experimental; e seus textos eram encenados em palcos teatrais, lidos em público, transformados em filmes e estudados nas escolas de toda a Alemanha e Áustria.[75]

Stefan e Alfred Zweig (sentado), na virada do século xix para o século xx. (Coleção Zweig, Universidade Estadual de Nova York-Fredonia)

"Não pertenço a lugar algum, em toda parte sou estrangeiro" 259

Stefan Zweig (o segundo, da esquerda para a direita) no início de 1915, com colegas designados para o "trabalho de informação" nos Arquivos de Guerra, em Viena. Embora tempos depois afirmasse ter sido sempre pacifista e haver se oposto à Primeira Guerra Mundial, Zweig foi um patriota engajado, que defendeu suas ideias com ardor e sem rodeios durante alguns anos depois da eclosão da Grande Guerra. (Coleção Zweig, Universidade Estadual de Nova York-Fredonia)

Nessa época, Zweig estava envolto no que Hannah Arendt descreveu como "o poder radioso da fama" — num sucesso que deve ter lhe indicado que ele era aceito e que suas origens eram irrelevantes. Para ele, na verdade, a década de 1920 parece haver recriado o otimismo da virada do século; apesar das ameaçadoras tendências ocultas, ele acreditava ser essa uma época em que "era possível até voltar a sonhar e ter esperanças de uma Europa unida".[76]

Em 1931, Zweig considerou o "ódio aos judeus como uma força moribunda na civilização" e viu em Adolf Hitler "um dos últimos espécimes de uma intolerância que agoniza rapidamente". "Não há qualquer dúvida", disse ele a David Ewen, que o entrevistou em seu quinquagésimo aniversário,

> de que, hoje em dia, se um judeu tiver talento e capacidade, não haverá nada no mundo que possa detê-lo. Algumas de nossas maiores personalidades literárias [...] são sabidamente judias — e são reconhecidas e apreciadas por toda parte. Isso é um sinal saudável. Ser judeu já não é um obstáculo intransponível [...]. Havendo se tornado insignificante o preconceito racial, o judeu poderá continuar a seguir sua religião, suas crenças e seus preceitos em qualquer país em que estiver. E, ao mesmo tempo, poderá fazer muito em prol do trabalho pela paz universal e pela fraternidade entre os homens.[77]

Zweig não poderia estar mais enganado. A ascensão de Hitler ao poder como chanceler da Alemanha, no início de 1933, marcou uma vitória do nacional-socialismo, projeto político que unia ideologias extremistas de caráter nacionalista e racial antissemita. Longe de haver se convertido em força moribunda, o "ódio aos judeus" obteve então a aprovação e o incentivo dos servidores do Estado e das instituições que estes controlavam; com tal respaldo, as manifestações preconceituosas e discriminatórias aumentaram e se tornaram mais francamente agressivas. O próprio Zweig foi atingido, de maneira direta e dramática, pela vitória de Hitler. Em poucas semanas, ele e outros escritores judeus passaram a ser atacados na imprensa e no rádio; seus livros foram arrancados das prateleiras das livrarias, expostos ao escárnio público e queimados. Ele compartilhou esse martírio literário com outros contemporâneos eminentes, como Einstein, Freud, Mann e Werfel, e a publicação de seus textos, bem como dos de outros autores "não arianos", foi proibida na Alemanha, onde ele havia gozado de parte de sua maior popularidade.[78]

Entretanto, quase até o momento da anexação da Áustria pela Alemanha — o *Anschluss* de 1938 —, Zweig tentou fanaticamente agarrar-se a uma visão de mundo e a um ideal de humanidade que a marcha dos acontecimentos no continente europeu contradizia cada vez mais. "Não devemos pensar demais nessas coisas", alertou, depois do episódio de queima dos livros, e declarou lamentar a grande publicidade que esse acontecimento havia recebido.[79] Viajou para a Inglaterra em outubro de 1933, por sentir-se incapaz de se concentrar em seu trabalho na residência de Salzburgo, em meio a toda aquela agitação, e contemplou Londres como uma "espécie de sanatório [...] a quilômetros de distância da política" — sentimentos que endossavam estranhamente as palavras de André Rebouças quando este partiu para seu exílio voluntário na África.[80] Mas Zweig viajou na esperança de "que esse terrível equívoco" não se revelasse "duradouro e eterno" e de que o nacional-socialismo, assim como a virulência antissemita, fossem fenômenos passageiros. Não encarou sua mudança como emigração permanente.[81]

Zweig fez viagens periódicas à Áustria até 1938, continuou a escrever livros que eram campeões de venda e a ganhar reconhecimento popular e, em meados da década de 1930, foi aos Estados Unidos e à América do Sul em excursões de imenso sucesso como conferencista. Durante boa parte desse período, oscilou entre a reafirmação pública de seu velho internacionalismo europeu e um silêncio baseado na convicção de que a onda de ódio e loucura se desfaria se as pessoas a deixassem de lado. A exemplo de Erasmo de Rotterdam, que Zweig via como seu pai espiritual e cuja biografia concluiu em 1934, considerava que o fanatismo era o pior inimigo da razão e continuou a se apresentar como um homem apolítico, sem vinculação com nenhum partido ou grupo, e disposto a não permitir que o forçassem a qualquer demonstração contrária a suas convicções mais íntimas. [82]

A deterioração da situação política e o crescimento do número de relatos de agressões antissemitas no continente europeu acabaram por lançá-lo num estado de ânimo progressivamente mais abatido; a entrada triunfal das tropas alemãs na Áustria, em 1938, e o entusiasmo com que, nesse momento, a população atacou e humilhou seus concidadãos judeus transformaram em desespero o pessimismo crescente de Zweig. O efeito do *Anschluss* foi profundo e pessoal, isolando-o de sua pátria e de sua base literária. Seu passaporte perdeu a validade e, como escreveu em sua autobiografia, da noite para o dia sua situação na Inglaterra passou de "hóspede estrangeiro" para "emigrante" — de "um gentleman que ali gastava o seu salário internacional e pagava impostos" para "um *refugee*". Desde o dia em que isso aconteceu, conforme confessou, "nunca mais me senti inteiramente pertencente a mim mesmo"; ao contrário, passou a sentir que "caíra um degrau", estava numa "categoria inferior", como um daqueles "indivíduos sem pátria".[83] A "queda da Áustria" também significou que, como escritor, foi despojado de quase todo o seu público de língua alemã

— separado do mundo de sua própria língua por barreiras erguidas pela força e pela desrazão.[84]

Como nunca lhe acontecera na vida, Zweig foi excluído e marginalizado, conscientizando-se, talvez pela primeira vez, de que, com Hitler em ascensão, Stefan Zweig, o europeu, estava sendo *definido de fora para dentro* como Stefan Zweig, o judeu. Não importava quem ele fosse — se era famoso, culto e rico. Seu traço distintivo era invisível, ao contrário do de um negro ou mulato, mas nem por isso deixava de ser uma marca.

Tal como André Rebouças depois do sucesso do golpe anti-imperialista no Brasil, também Zweig mergulhou numa crise de identidade quando seu ideal assimilacionista — sua crença em si mesmo como *citoyen du monde* — foi destroçado. Dirigindo-se a Felix Braun, descreveu a si mesmo durante esse período como "abalado pelo momento" e girando no meio do "vórtice".[85] Definido pelos outros como judeu, não conseguia encontrar consolo no judaísmo. Como a imagem perfeita do intelectual leigo, não tinha qualquer fé religiosa judaica a sustentá-lo — qualquer convicção da santidade da ortodoxia tradicional e da lei. A estrada assimilacionista que seus antepassados e ele haviam trilhado afastara-o da religião que em épocas passadas servira de amparo aos judeus, conferindo-lhes uma identidade e dando sentido à sua vida. Para explicar o dilema específico do judeu assimilado, escreveu em sua autobiografia:

> Porém o mais terrível nessa tragédia judaica do século xx foi que os que a sofriam não podiam mais encontrar nenhum sentido e nem culpa nela. Todos os expulsos dos tempos medievais, seus

antepassados e ancestrais pelo menos sabiam por que sofriam: pela sua fé, pela sua lei. Eles ainda possuíam como talismã da alma aquilo que os de hoje há muito perderam: a fé inquebrantável em seu Deus. Viviam e sofriam no delírio orgulhoso de serem o povo eleito do criador do mundo e dos homens, destinados a uma sorte especial e a uma missão especial, e a palavra profética da Bíblia era para eles preceito e lei. [...] Já os judeus do século xx não eram mais uma comunidade. Não tinham uma fé comum, sentiam sua condição de judeu mais como carga do que como orgulho, e não tinham consciência de nenhuma missão. Viviam apartados das leis de suas antes sagradas escrituras e não queriam mais a antiga língua comum. Almejavam com impaciência crescente inserir-se na vida dos povos, dissolver-se, só para ter paz de toda a perseguição, descanso na fuga eterna. Assim, uns não compreendiam mais os outros, fundidos como estavam dentro dos outros povos, já mais franceses, alemães, ingleses e russos do que judeus.[86]

Para que Zweig descobrisse, a essa altura de sua vida, uma "fé inquebrantável em seu Deus", seria preciso fazer uma viagem ao mundo *de anteontem* — ao mundo de seus avós e bisavós —, a um mundo de fé e observância religiosas com o qual não tinha a menor afinidade.

Não é verdade, como afirmaram alguns de seus críticos, que Stefan Zweig tenha negado sua herança cultural judaica.[87] Vez por outra utilizava temas do Antigo Testamento e personagens judaicos em obras de ficção. Mas encarava sua herança religiosa, vista por um prisma secular, como não tendo maior validade ou importância do que qualquer das outras grandes correntes da civilização do "homem europeu". E a usava cada vez menos como afirmação de sua judeidade do que como um veículo para esclarecer ideias universais. Durante a Primeira Guerra Mundial, por exemplo, escrevera a peça em versos *Jeremias* como uma condenação da guerra; não há nenhuma indicação de que pretendesse que ela fosse vista como uma exploração da história judaica durante o período do cativeiro na Babilônia. Quando a peça voltou a ser encenada em Londres, em meados da década de 1930, e se traçaram paralelos entre o relato que ela fazia da perseguição nos tempos bíblicos e a opressão hitlerista dos judeus na Alemanha, Zweig objetou, em carta à sua esposa, que não tinha o menor "desejo de enfatizar os aspectos judaicos" de seu drama.[88]

Embora nutrisse certa afeição pela burguesia judaica austríaca, ele não tinha vínculos estreitos com nenhuma outra comunidade dentro do judaísmo.[89] Por muitas das mesmas razões que impediram que André Rebouças se identificasse de maneira significativa com os afro-brasileiros e os africanos com base na simples afinidade racial, ou que Cornelius May se identificasse com as massas africanas "menos esclarecidas" de Serra Leoa, Zweig não conseguia guardar um sentimento de identidade com os outros judeus emigrados como ele, com os quais tinha pouca coisa em comum, a não ser por um judaísmo externamente definido e por sentir a experiência da perseguição.

Quando instalado na Inglaterra e, mais tarde, nos Estados Unidos e no Brasil, deu apoio financeiro a refugiados judeus, trabalhou para conseguir moradia e emprego para alguns deles e ajudou a levantar fundos para as atividades de resgate. Muitas vezes, porém, queixou-se das exigências excessivas dos emigrados, possivelmente intuindo (com acerto) e se ressentindo do fato de também eles o definirem "de fora para dentro", como "um deles", e pareceu aborrecer-se com o que considerou uma superestimação de sua fortuna e de sua influência potencial. Em 1939, quando o caráter da emigração se modificou, passando a incluir mais indivíduos de menor instrução, vindos do proletariado, sua disposição de ajudar os refugiados diminuiu e Zweig começou a falar deles como não sendo "nada além de mendigos, quase todos pessoas de segunda classe, irmãos mais fracos 'que protelaram demais'". Sentindo-se "pressionado" por seus "apelos infindáveis", ansiava por um modo de escapar.[90]

"Como seria cômodo ser sionista, bolchevique ou algum outro tipo de pessoa engajada em vez de ser jogado de um lado para outro como um pedaço de madeira numa inundação súbita!", queixou-se a Felix Braun em outubro de 1939.[91] Mas optou por não abandonar suas convicções e se agarrou ao ideal de permanecer acima do provincianismo do envolvimento político. Como internacionalista durante a vida inteira, não conseguia simpatizar com o sionismo — um movimento *nacionalista* e antiassimilacionista que almejava reconstituir um Estado judaico por meios políticos. Mesmo depois de 1938, embora reconhecesse o paradoxo de se acreditar um cidadão do mundo ao mesmo tempo que se descobria sem teto, não conseguiu superar sua velha antipatia pela ação política e se recusou a usar sua fama para combater o ódio e a opressão.[92]

Incapaz de encontrar um substituto para o mundo desvanecente de seu ideal, Zweig voltou-se para a autobiografia na tentativa, segundo explicou, de resgatar épocas passadas, como testemunha não de sua história pessoal, mas da histó-

Stefan Zweig e sua segunda esposa, Lotte Altmann,
provavelmente em 1938. (Stefan Zweig Estate, Londres)

ria de sua geração e de uma era "em que valia a pena viver e em que o mundo era aberto e livre".[93] Contudo, o presente se intrometeu muitas vezes, antes que ele concluísse o livro, em outubro de 1941, e a notícia catastrófica da eclosão da guerra, a queda de sua amada Paris, o rápido avanço militar dos alemães e a perseguição cada vez pior aos judeus o atingiram, como ele escreveu, "como se fossem marteladas", mergulhando-o em um desespero cada vez mais profundo.[94]

Zweig deixou a Inglaterra e partiu para o Brasil — país que, após uma visita anterior, chamara de "dádiva nesta nossa Terra [...], único lugar onde não existe questão racial" —, mudando-se com sua segunda esposa, Elizabeth Charlotte Altmann, para uma cidade serrana de veraneio: Petrópolis, que fora a última residência de André Rebouças antes do exílio.⁹⁵ Ironicamente, porém, as cartas dos adeptos de Hitler no Brasil, carregadas de ódio, chegavam a Zweig até mesmo nesse refúgio.⁹⁶

Como Rebouças em seus últimos anos de vida, o escritor descobriu-se incapaz de nova adaptação. Sua autobiografia estava terminada; *o mundo de ontem*, que ele evocara de modo tão comovente no livro que levara esse subtítulo, estava chegando ao fim, até como ato de recriação literária. Em janeiro de 1942, Zweig também terminou de escrever *Xadrez, uma novela*, talvez sua melhor novela e também o único de seus livros que teve por tema acontecimentos políticos contemporâneos. Segundo a observação perspicaz de John Fowles, a trama — a história de um indivíduo que resiste ao interrogatório implacável e às torturas da Gestapo, refugiando-se cada vez mais nas complexidades das partidas de xadrez imaginárias que são jogadas em sua mente — foi paralela ao "refúgio habitual do próprio Zweig na imaginação [...], quando a realidade doméstica ou política o ameaçava muito de perto".⁹⁷ Lido no contexto da sombria visão de mundo de Zweig ao escrever a novela, entretanto, o tema de *Xadrez* dificilmente seria interpretável como afirmação de sobrevivência em face do desespero. Ao contrário, no mergulho do protagonista na loucura obsessiva Zweig projetou seu próprio sentimento presente do preço negativo desse tipo de retirada para o interior da mente: seu pessimismo quanto à viabilidade de uma fuga bem-sucedida do que ele identificou como os "demônios do desassossego externo".⁹⁸

E, de fato, seu exílio brasileiro só fez intensificar a angústia de sua marginalização. "Creio que nunca voltarei à [...] Europa", escreveu de Petrópolis a Friderike Zweig, "e tudo

Stefan Zweig no Rio de Janeiro, aproximadamente no fim de 1940. (Deutsches Literaturarchiv, Marbach)

o que lá existe de meu [...] foi perdido, [inclusive] os países onde eu tinha uma base sólida, pois o mundo inglês e norte-americano nada tem de meu."[99] Aos sessenta anos, cansado, abatido e sem saber ao certo qual o sentido de sua vida, concluiu: "Assim, não pertenço a lugar algum, em toda parte sou estrangeiro ou, na melhor das hipóteses, hóspede".[100]

Em 22 de fevereiro de 1942, Stefan Zweig e Elizabeth Charlotte tomaram doses maciças de veronal, um composto barbitúrico, e morreram em sua casa de Petrópolis. Ele deixou sua derradeira criação literária disposta em lugar de destaque sobre a escrivaninha: um bilhete de suicida elegantemente elaborado, ao qual deu o título de "Declaração", em português, mas que, afora isso, foi escrito em alemão, língua em que havia adquirido sua reputação de mestre do estilo:

> Antes de deixar a vida, por minha livre e espontânea vontade e em pleno domínio de minhas faculdades, uma última obrigação se impõe a mim: fazer um sincero agradecimento a esta esplêndida terra do Brasil, que proporcionou a mim e a meu trabalho um abrigo tão generoso e hospitaleiro. Meu amor por este país aumentou dia após dia, e em nenhum outro lugar eu teria podido reconstruir uma vida nova, hoje que o mundo de minha língua desapareceu para mim e que meu lar espiritual, a Europa, destrói a si mesmo.
>
> Mas, depois dos sessenta anos, é preciso ter uma força incomum para começar de novo. A minha esgotou-se nos longos anos vagando sem pátria. Assim, julgo melhor concluir, em tempo hábil e de cabeça erguida, uma vida na qual o trabalho intelectual sempre representou a mais pura alegria, e a liberdade pessoal, o bem mais precioso da Terra.
>
> Saúdo todos os meus amigos! Possam eles ter a graça de ainda ver a aurora depois da longa noite! Eu, demasiado impaciente, parto antes.[101]

III

Uma ponderação posterior

Há um fato curioso a respeito do bilhete de suicídio de Stefan Zweig e de sua explicação desse acontecimento — um fato que passou despercebido a seus contemporâneos e a outros que se debruçaram sobre sua declaração final e discutiram a justificação de sua mensagem. Todos os comentaristas passaram ao largo do fato de que, apesar da natureza dupla do ato dos Zweig — um pacto de morte que implicou marido e mulher —, seu bilhete foi inteiramente escrito na primeira pessoa do singular. Elizabeth Charlotte Altmann Zweig, Lotte, não existiu nesse texto criteriosamente elaborado. E a própria Charlotte, que fora secretária de Stefan antes do casamento e que continuara a exercer essa função no Brasil, não deu qualquer explicação adicional em separado sobre sua decisão de tirar a própria vida. Não deixou qualquer bilhete, declaração ou palavra. Foi, no momento derradeiro, "a mulher silenciosa", a companheira subalterna e velada de seu parceiro famoso mas desesperado.[102]

Quando me conscientizei da ausência de Lotte Zweig no bilhete de suicídio de Stefan, assim como de seu próprio silêncio, percebi que o "mutismo" dessa mulher, nesse momento dramático, não foi uma ocorrência isolada; que não passou, na verdade, de mais uma manifestação dos "silêncios" femininos de toda a minha pesquisa. Isso ressaltou o fato de que, embora tivesse sido possível recompor em linhas gerais, por meio de um levantamento cuidadoso, a experiência histórica das mulheres das famílias Zweig-Brettauer, May e Rebouças, praticamente não houve comentário detalhado das próprias mulheres sobre aspectos cruciais dessa experiência.

Por certo a escassez, por parte das mulheres, de reações expressas à marginalização não deveria me surpreender. Pessoas como Ida e Lotte Zweig, Ann Wilberforce e Agnes Claribel May, Rita Brasília dos Santos e Carolina Pinto Rebouças compreendiam o significado e percebiam as promessas da emancipação e da assimilação de um modo diferente do que faziam os homens de suas famílias. Enquanto, de um modo geral, seus maridos e parentes varões esperavam que sua viagem emancipatória e assimilacionista conduzisse ao acesso à esfera das atividades públicas e profissionais, as mulheres eram socializadas para ter uma expectativa diferente. Relegadas a uma esfera "doméstica" separada, em função da divisão do trabalho refletida na ideologia burguesa e na construção social dos papéis sexuais, procuravam obter os benefícios materiais e o status da vida burguesa por meio de seus laços conjugais e de seus parentes varões. Quando percebiam a exclusão das esferas públicas do campo do grupo dominante, só o faziam de maneira indireta: por intermédio da experiência de seus homens. E, uma vez que era a consciência de ter uma meta entravada — da existência de uma barreira à aceitação na esfera pública — que estimulava muitos dos homens a perscrutar sua situação e dar voz a suas aflições, a ausência de vozes femininas torna-se mais compreensível. Para as mulheres das famílias May, Rebouças e Zweig, portanto, a marginalização era um sofrimento "em segundo grau". Vistas pela perspectiva da ordem estabelecida, elas eram não apenas o "outro", como disse Simone de Beauvoir, mas o "outro do outro".

O "silêncio" de Lotte Zweig e o relativo "mutismo" das outras mulheres das três famílias, portanto, foram uma manifestação da distância situacional em relação à arena pública das expectativas masculinas. Essa conclusão, todavia, decorre do enfoque comparativo e transcultural específico em que se baseia este estudo. Não deve levar à generalização errônea de que todas as mulheres, ao se elevarem com seus homens de uma situação de subordinação, permanecem necessariamente em silêncio acerca de sua percepção e experiência da discriminação e da exclusão. Em outros contextos, muitas mulheres ultrapassaram os confins do lar e da família e penetraram em áreas de atividade social, econômica e política que, caracteristicamente, só eram acessíveis aos homens. Nos casos em que o fizeram, é claro, a emancipação e a jornada para o mundo dos dominadores adquiriram para elas um significado semelhante, se não idêntico, ao que tinham para os homens. Podemos presumir que também elas tenham verbalizado sua angústia quando, no decorrer dessa jornada, se sentiram vitimadas por aspirações que não conseguiam realizar e por esperanças que não podiam materializar. De modo paradoxal, porém, também podemos nos indagar: se elas só adquiriram "voz" ao se tornarem versões femininas dos "homens marginalizados", será que o som autêntico dessa voz de fato se fez ouvir? Ou será que, afinal de contas, elas continuaram a ser "mulheres silenciosas"?

7. A via de saída: Do "Deus selvagem" à "violência sagrada"

> Quando o céu começou a rugir,
> Foi uma paulada em minhas costas.
> Quando minhas costas começaram a doer,
> Foi uma facada em meu coração.
> Quando meu coração começou a sangrar,
> Foi a morte, a morte, a morte para valer.
>
> POEMA INFANTIL TRADICIONAL, citado
em A. Alvarez, *The Savage God*

> Pois a honra jamais será conquistada pelo culto ao sucesso ou à fama, pelo autoaprimoramento, ou mesmo pela dignidade pessoal. Para a "vergonha" de ser judeu, só existe uma saída — lutar pela honra do povo judeu como um todo.
>
> HANNAH ARENDT, *The Jew as Pariah*

> Chega necessariamente o dia em que o colonizado ergue a cabeça e derruba o equilíbrio sempre precário da colonização. Para o colonizado e o colonizador, não existe outra saída senão pôr fim, completamente, à colonização. A recusa do colonizado não pode ser nada senão absoluta, isto é, não apenas uma revolta, mas uma revolução.
>
> ALBERT MEMMI, *The Colonizer and the Colonized*

O SUICÍDIO — o "Deus selvagem" — foi uma "solução final" pessoal para Charlotte e Stefan Zweig: uma resposta drástica, mas por certo não incomum, à difícil situação da marginalidade. Basta recordarmos as circunstâncias da morte de André Rebouças para confirmar essa observação num contexto cultural e histórico diferente. Não há comentário mais pungente ou mais amargamente irônico sobre o fardo do assimilacionismo fracassado, por parte de um indivíduo marginalizado, do que o suicídio, em 1915, do escritor haitiano Edmond Laforest, que amarrou um dicionário Larousse ao pescoço e saltou de uma ponte para a morte.[1] Na Europa Central, no círculo de amigos de Stefan Zweig, os escritores Egon Friedell, Otto Pick e Ernst Weiss — todos judeus e agudamente conscientes de sua exclusão de um mundo com o qual se haviam identificado de corpo e alma — tiraram a própria vida nos dois anos que se seguiram ao *Anschluss*.[2]

O índice de suicídios entre os judeus em geral, que até a década de 1930 estivera entre os mais baixos da Europa Central, aumentou de modo considerável à medida que se intensificou a perseguição nazista.[3] A justificação dos suicídios dos "judeus mais famosos", como eram às vezes chamados, tornou-se fonte de controvérsia emocional para seus contemporâneos. Muitas vezes seu *Selbstmord* [suicídio] era encarado com pouca compaixão. "Os pensamentos se voltam para os companheiros que, em circunstâncias externas mais difíceis, são obrigados a combater o desespero hora após hora", escreveu Bruno Frank no *Aufbau*, jornal de refugiados de Nova York, depois que a notícia da morte de Zweig chegou aos Estados Unidos. "Mantenhamo-nos juntos, ajudemo-nos uns aos outros, material e moralmente, para que ninguém mais sucumba até podermos ver a luz."[4] "Terá ele encarado sua vida como um assunto exclusivamente privado? Podia ele conceder tamanho triunfo ao arqui-inimigo?", perguntou Thomas Mann, ao saber do ato de Zweig em Petrópolis.[5] Hannah Arendt, ainda mais contundente, considerava os suicídios de emigrados, como o de Zweig, "anormalmente antissociais e indiferentes aos acontecimentos gerais". Ela os via como exemplos de um "tipo de egoísmo" sem sentido, baseado no individualismo e no interesse exclusivo em si mesmo — como atos que respaldavam o derrotismo e a desmoralização e que prejudicavam a resistência coletiva à opressão. "Somos os primeiros judeus não religiosos a ser perseguidos", escreveu ela em "Nós, os refugiados", e "somos os primeiros a, não apenas in extremis, reagir com o suicídio".[6]

Pelo prisma dos contemporâneos de Zweig — no contexto de um período de perseguição crescente, no qual, pelo menos aos olhos de alguns, a resistência e a ação coletivas pareciam proporcionar a melhor chance de sobrevivência —, é compreensível que a decisão de pôr fim à própria vida, "pessoal e individualmente", de "jogar a vida fora e abandonar o mundo", como escreveu Arendt, pudesse ser vista como uma espécie de traição.[7] Contudo, será mesmo válido julgar um ato tão intensamente pessoal quanto este apenas com base em suas consequências políticas para a solidariedade grupal? Podemos nós, em verdade, ignorar as diferenças humanas individuais — de origens, história pessoal e estrutura psicológica — entre aqueles que o praticaram? Sem saber o que se passava na cabeça das pessoas que resolveram se matar, sem compreender essa decisão em termos de suas experiências e expectativas de vida, será lícito recriminar publicamente os mortos?

Com efeito, deslocando a perspectiva crítica para um ponto mais próximo de nossa época, para uma visão mais recente das causas e significados gerais do suicídio, é possível ver com muito mais compreensão a drástica solução pessoal para o dilema da marginalização escolhida por Zweig e alguns de seus contemporâneos. "O suicídio", observou Alfred Alvarez em *The Savage God*, "parece-me, de algum modo, estar tão além da profilaxia social ou psíquica quanto está além da moral — uma reação terrível, mas sumamente natural, às exigências tensas, estreitas e antinaturais que às vezes criamos para nós mesmos."[8] Igualmente, Jean Baechler, cujo extenso livro *Suicides* oferece o estudo mais abrangente desse assunto desde o clássico estudo sociológico de Émile Durkheim, discordou das conclusões comumente aceitas sobre o caráter desviante, aberrante ou antissocial do ato suicida. Ao contrário, afirmou que "o suicídio é uma solução aplicada a um problema [...], um ato positivo, praticado por um ser humano comprometido com uma estratégia de vida".[9]

Nesse sentido, o ato fatal de Stefan Zweig pode ser entendido e julgado como *trágico*, e não como a reação *antissocial* de uma pessoa *indiferente aos acontecimentos gerais*. Refletiu sua incapacidade psicológica de modificar uma visão pessoal de mundo e uma visão de si mesmo que eram antitéticas a uma identificação grupal ou nacional: uma visão de mundo supranacional, acima da política, que dissuadia o escritor de se engajar na resistência política à opressão por meio da ação coletiva. Mas foi também uma solução *positiva*, compatível com o ideal de liberdade pessoal que ele havia sustentado e defendido durante toda a vida adulta. Essa solução afirmou seu controle último sobre sua própria morte e atestou sua liberdade de escolha e sua integridade como ser humano pensante e dotado de sentimentos.

O suicídio foi, sem dúvida, uma resposta extrema, em meio a uma ampla categoria de reações "escapistas", ao infortúnio da marginalização: respostas que se centravam no indivíduo e que eram predominantemente particularistas, se não particulares, em sua orientação e sua execução. O outro extremo dessa categoria era representado pelas ações dos indivíduos que tentavam *saltar* completamente as barreiras da discriminação e da exclusão — que procuravam *passar por inteiro* para o mundo dos dominadores, obliterando todos os sinais e vínculos visíveis, culturais e físicos, que os ligavam ao mundo subalterno do qual haviam emergido.

Para alguns indivíduos situados nesse extremo, a *conversão religiosa* tornou-se um meio de efetivar essa ruptura transformadora com o passado. Entre os judeus austríacos de origens semelhantes às de Stefan Zweig, mas provenientes sobretudo de uma geração anterior, pessoas como Victor Adler, Herman Wittgenstein, Gustav Mahler, Arnold Schönberg e Karl Kraus converteram-se ao cristianismo, mas alguns judeus vienenses, como Otto Weininger e Arthur Trebitsch, chegaram até mesmo a ir além da conversão religiosa, transformando-se em antissemitas virulentos.[10] Aliás, embora o número de convertidos talvez nunca tenha chegado a mais do que uma pequena percentagem da população judaica total da cidade, Viena teve, até quase o final da década de 1930, o mais alto índice de conversões registrado na Europa.[11]

Em alguns desses convertidos, sem dúvida, a adoção da religião cristã foi motivada pelo distanciamento pessoal do judaísmo e pela atração espiritual do novo credo. Para outros, talvez a maioria, a conversão foi, se não uma estratégia de sobrevivência, uma decisão pragmática, tomada em nome do progresso na carreira ou do casamento misto. Teve o intuito de proporcionar o que Heinrich Heine chamou de "bilhete de entrada na cultura europeia".[12] Assim, de acordo com Marsha Rozenblit, "uma percentagem extremamente elevada de homens convertidos [em Viena] compunha-se de servidores públicos ou de profissionais liberais, aqueles cujas carreiras mais teriam a ganhar com uma mudança conveniente de religião".[13] A conversão formal de Gustav Mahler ao catolicismo, ligada à sua nomeação para o cargo de regente da Ópera de Viena, enquadrou-se claramente nessa categoria. "Ele tinha que ser batizado", escreveu sua esposa, Alma Mahler, "para poder aspirar a uma posição tão elevada, sob a égide do Tesouro Real e Imperial."[14]

Entretanto, para todos os que repudiaram o judaísmo e abraçaram o cristianismo — na verdade, para os convertidos religiosos em geral —, a conversão implicou um ato consciente e decisivo que, por seu caráter resoluto e sua natureza implicitamente final, tinha uma curiosa afinidade simbólica com o suicídio. Ela marcou "a passagem de uma comunidade para outra, de um universo ideológico para outro", para usar as palavras de Albert Memmi, mas visou também a assinalar o término da viagem assimilacionista dos convertidos e seu afastamento irrevogável do mundo de seus antepassados. Ao mesmo tempo, contudo, embora muitos convertidos religiosos da Europa Central tenham abandonado o judaísmo "para se livrar dos estigmas que comprometiam suas oportunidades", como observou Peter Gay, o ato de conversão, para alguns deles, baseou-se, de modo geral, numa ideia de reciprocidade: na expectativa de que a conversão trouxesse como recompensa a aceitação e a integração na maioria dominante.[15]

Todavia, foi essa mesma ideia de reciprocidade que veio a ser diretamente questionada nas primeiras décadas do século XX, à medida que o antissemitismo racial foi começando a prevalecer na consciência da maioria cristã da Áustria e da Alemanha. Para a geração dos pais de Stefan Zweig, e até para

Mahler e sua geração, a conversão religiosa ainda fora uma opção viável para "fugir" do judaísmo. Na década de 1930, entretanto, quando a ideologia da "pureza racial" se tornou instrumento de exclusão e perseguição aos judeus em todo o âmbito social e político alemão e austríaco, essa alternativa deixou efetivamente de existir. Batizado ou não, segundo a crença e os atos da nova leva de antissemitas raciais, cada vez mais poderosa, o judeu seria sempre judeu.

A conversão a uma forma da religião dominante também foi, é claro, um componente central do projeto assimilacionista do grupo dominante para os não brancos das sociedades coloniais ou multirraciais dominadas pelos brancos. De fato, o esforço catequético empreendido pelos missionários e agentes europeus, nas Américas, na África e na Ásia, induziu inúmeros indivíduos subalternos a se converter ao cristianismo. Não há dúvida de que eles foram atraídos para a religião dominante por muitas das mesmas razões que influenciaram os judeus a se converter na Europa. A experiência de Joseph May, descrita no Capítulo 2, esclarece as dimensões complexas dessa dinâmica de conversão para um desses indivíduos, na colônia de Serra Leoa.

Em geral, porém, havia uma diferença fundamental nos benefícios potenciais que a conversão religiosa podia trazer para os negros e os judeus. Para um judeu individualmente considerado, antes do triunfo do antissemitismo racial, a conversão religiosa podia, de fato, acarretar a integração e a aceitação pessoais no campo dos dominadores; podia praticamente conseguir a anulação de seu vínculo perceptível com um passado estigmatizado. Naturalmente, a aceitação dos judeus convertidos não costumava ser imediata. Peter Gay afirmou e demonstrou que muitas vezes "era preciso mais de uma geração, vários casamentos mistos e, talvez, uma mudança de sobrenome e de residência, para que o passado do cristão-novo se desvanecesse na invisibilidade".[16] Para os negros e pardos, entretanto, a conversão religiosa por si só — mesmo quando acompanhada por outros indícios de assimilação cultural — *nunca* poderia erradicar a diferença que os distinguia dos brancos. A cor, traço físico *geneticamente* determinado, era sua "característica primordial", para usar a expressão de Talcott Parsons: era fator fundamental de sua diferenciação social.[17] Ao contrário da religião, era um fator visível e externamente perceptível — um fator mais difícil de alterar ou de ignorar.

Assim, como resposta à sua "situação somática" específica, muitos não brancos descobriram que era preciso adotar uma estratégia diferente. Perceberam, por um lado, que certamente precisavam enfatizar o rigor minucioso de sua conformidade *cultural* com o grupo dominante. Necessitavam destacar suas realizações acadêmicas, sua conduta e suas maneiras, sua obediência às normas dominantes sobre o vestuário e a aparência externa, e sua conquista dos objetos e símbolos materiais associados à sociedade burguesa europeia. Por outro lado, como sua exclusão do mundo dominante estava especificamente ligada à sua "diferença" racial visível, também se deram conta de que precisavam superar e livrar-se do confinamento de sua cor por intermédio de um processo de transformação física: por meio do processo que passou a ser conhecido, sobretudo nas Américas, como "embranquecimento".

Para os Rebouças, no Brasil, assim como para inúmeros outros negros e pardos de sociedades multirraciais e ex-escravagistas do Atlântico Sul, o "embranquecimento" físico implicava uma forma de planejamento eugênico a longo prazo.[18] Ao escolherem parceiros "mais claros" do que eles próprios, apostavam no futuro; esperavam — se não para si mesmas pelo menos para seus descendentes — promover uma fuga da "prisão" somática em que sua cor e o racismo os haviam confinado. A longo prazo, essa estratégia transformadora também se fez presente, vez por outra, como reação extrema nas sociedades coloniais africanas. Em Serra Leoa, por exemplo, Joseph Renner-Maxwell, contemporâneo de Cornelius May e negro como ele, defendeu a solução do que denominou "dificuldades da questão do negro" por meio da miscigenação e da eliminação gradativa das feições e da cor da pele negroides. "Quando um homem constata que sua situação racial é desvantajosa para seus interesses", afirmou Renner-Maxwell na década de 1890, "aviltante para o desenvolvimento de seu espírito e de sua virilidade e desprezível aos olhos de seus vizinhos, ele pode ao menos melhorar a situação de sua prole".[19]

Todavia, para alguns negros e pardos que buscavam resultados mais rápidos e imediatos, o "embranquecimento" também implicava, por vezes, passabilidade. Esse era um subterfúgio mediante o qual as pessoas de origens raciais mistas procuravam, de modo consciente, *disfarçar* sua ascendência, "fundindo-se" fisicamente com a sociedade branca dominante. Uma vez que a ocultação era crucial para o sucesso dessa estratégia, é difícil saber com que frequência ela foi utilizada e em que medida sua prática foi difundida. No Brasil e nas sociedades das Índias Ocidentais, onde as características somáticas e outros traços físicos definidores das categorias raciais eram concebidos de maneira menos rigorosa, passar de "pardo claro" a "branco" certamente era uma tentativa feita por muitas pessoas, em geral com sucesso, desde que as pessoas em questão também atendessem às expectativas culturais e econômicas do grupo branco dominante. Assim, uma anedota brasileira do século XIX que perguntava "O capitão-mor é mulato?" podia receber a resposta divertida, mas que pretendia ser levada a sério: "Ele era, mas não é mais... Como pode um *capitão-mor* ser mulato?".[20]

Nos Estados Unidos, por outro lado, onde as leis jurídicas e sociais classificavam as pessoas de origem racial mista como "negras", o acesso ao mundo branco por meio da passabilidade era mais difícil. Dada a hostilidade potencial contra as pessoas que "transgrediam" a linha demarcatória da cor, esse era também um ato muito mais perigoso. Até nos Estados Unidos, entretanto, a passabilidade permitiu que uma pequena minoria de "negros claros" ganhasse acesso a privilégios dos brancos — um fato e uma preocupação que diversos escritores da Renascença do Harlem* abordaram, de forma ficcional ou autobiográfica, na década de 1920.[21] "Naquela época, tal como hoje", assinalou o crítico Hoyt Fuller numa discussão sobre esses autores, "é provável que a maioria das pessoas negras conhecesse pelo menos um indivíduo ou uma família que, por razões estratégicas ou econômicas, trabalhava ou passava parte do tempo usando uma falsa identidade branca."[22]

Todavia, tal como o "embranquecimento" e outras respostas "escapistas", como a conversão religiosa ou o suicídio,

---

* Assim ficou conhecido o grupo formado por um grande número de poetas, ensaístas e romancistas negros de reconhecido talento, nos Estados Unidos, cujos trabalhos começaram a ser publicados e a se popularizar nos anos que se seguiram à Primeira Guerra Mundial. (N. T.)

passar-se por branco era, acima de tudo, uma solução pessoal para a discriminação e a exclusão. Era um ato que, quando praticado com sucesso, em geral separava seus praticantes individuais de outras pessoas do grupo subalterno, e que em nada questionava a ideologia do racismo ou o sistema em que ela se enraizava. De fato, como os indivíduos que reagiam à marginalização por meio da conversão, do embranquecimento e da falsa identidade podiam ser vistos como cúmplices conscientes ou inconscientes de sua própria vitimação — como pessoas que consentiam na manutenção contínua das desigualdades e das ideologias excludentes em vigor —, é compreensível, por certo, que muitas vezes despertassem críticas sarcásticas de seus contemporâneos.

De modo similar, os indivíduos que emigravam, e que com isso realizavam o que talvez fosse a forma mais comumente praticada de mudança situacional, costumavam afastar-se da situação que prevalecia em seus lugares de origem. As razões para a emigração variavam muito, é claro, e em muitos casos não se relacionavam com as práticas discriminatórias e excludentes associadas à marginalização. A mobilidade, a impermanência e a mudança — da vida rural para a urbana, a internacional e a intercontinental — foram marcos característicos das novas oportunidades surgidas com a emancipação.

No Império dos Habsburgo, como indicou o padrão das famílias Zweig e Brettauer, um grande número de judeus afluiu para Viena, vindo das aldeias e cidades da Morávia, Boêmia, Hungria e Galícia.[23] No Brasil, homens e mulheres alforriados abandonaram as áreas de lavoura e mineração em busca de uma moradia na cidade. Por toda parte, nos séculos XIX e XX, milhares e milhares de pessoas emigraram de seus lugares de origem na esperança de melhorar suas possibilidades de vida em meios diferentes. A discriminação e a perseguição diretamente vivenciadas, ou indiretamente testemunhadas, forneceram grande incentivo adicional para a partida permanente e a reinstalação de centenas de milhares de pessoas em outros lugares. Só da Alemanha e da Áustria, quase meio milhão de judeus fugiram dos nazistas entre 1933 e 1941, e inúmeros outros, que talvez também desejassem emigrar, tiveram menos sorte em conseguir refúgio em outros lugares.[24]

Quer induzidas por um "empurrão" ou geradas por um "puxão", as emigrações eram, com frequência, experiências traumáticas, quando não devastadoras, para seus participantes desarraigados, e exigiam readaptações fundamentais em termos dos valores, visões de mundo e estilos de vida. Foram também um estímulo crucial para a transferência de conhecimentos, talento e experiência.[25] Não obstante, era da própria natureza das emigrações afastar os indivíduos do engajamento direto nas situações que deixavam para trás. Nesse sentido, as emigrações eram paradoxais. Ofereciam a esperança de um futuro melhor num novo contexto. Em situações de perseguição extrema, propiciavam uma oportunidade, às vezes a única, de sobrevivência e renovação. Contudo, ao afastar os emigrantes de sua terra natal, também eliminavam os contestadores potenciais do statu quo. As práticas discriminatórias e excludentes que haviam gerado a marginalização continuavam em vigor.

A contestação direta da situação de marginalidade, entretanto, esteve presente numa gama de respostas de pessoas que deslocaram o foco das soluções individuais para os esforços de grupo — do *eu* para a *coletividade* — e que tentaram transformar seu vínculo somático ou cultural com a massa subalterna em arma dinâmica de mudança. Caracteristicamente, essas reações foram desencadeadas em pessoas que tinham passado a ver as barreiras da exclusão com que se haviam deparado como impermeáveis e intransponíveis. Percebendo-se permanentemente barrados, esses indivíduos reexaminaram a ideologia assimilacionista que os havia induzido a se identificar segundo as divisões de classe: a se identificar com "realizadores" como eles mesmos, e com pessoas que compartilhavam suas origens educacionais, sociais e econômicas. Tendo sido definidos "de fora para dentro" como "os outros", internalizaram essa identidade que lhes fora imposta à força, mas passaram a rejeitar a orientação que não conseguira granjear-lhes aceitação e reconhecimento no mundo dos dominadores.

Como alternativa à assimilação e à identificação baseada na classe, procuraram então identificar-se e associar-se a pessoas e grupos com os quais compartilhassem os pontos de referência extrínsecos usados para discriminá-los. Procuraram estabelecer essa ligação com seus "parentes" subalternos, apesar da distância social e cultural que, em muitos casos, tinha se desenvolvido entre eles. Vez por outra, essas pessoas utilizavam a consciência de sua própria marginalização e exploravam a vantagem do contato duplo que sua experiência e seus antecedentes haviam proporcionado para se tomarem líderes do grupo subalterno. Ao lado do grupo em que tinham sido definidas *e com o qual passaram então a se identificar*, criaram movimentos de ação coletiva em prol da mudança.

Em linhas gerais, as reações mediante as quais os "marginalizados" procuraram se religar às massas subalternas e se identificar de novo com elas podem ser divididas em duas categorias. Embora decerto não sejam mutuamente excludentes, essas categorias enfatizam abordagens diferentes da criação de uma nova identidade coletiva e da resolução dos problemas da marginalização. Na primeira delas, os esforços de religação mantiveram-se acima de tudo como constructos *intelectuais* — buscas afirmativas mas subjetivas no campo das ideias, das emoções e da representação simbólica. Literários, polêmicos ou ideológicos, esses esforços podem ser distinguidos da segunda categoria — a das reações que tiveram sobretudo uma expressão e uma finalidade *políticas*, buscando soluções para a subalternidade e a exclusão por intermédio da mobilização política coletiva e da ação política.

O denominador comum das respostas intelectuais — exemplificadas, entre os não brancos, por esforços como os de E. W. Blyden e seus admiradores crioulos no sentido de definir a "personalidade negra", na Serra Leoa do século xix, e pela articulação de diversas ideias de *negritude* na África francófona e nas Américas, no século xx — foi o apelo a uma libertação psicológica das estruturas de dominação e exclusão.[26] Desencadeado pela rejeição, humilhação e desbaratamento de um futuro imaginado, esse apelo a uma nova consciência associou-se, predominantemente, aos produtos mais destacados do assimilacionismo: às pessoas que se haviam identificado mais de perto com os valores e a visão da burguesia dominante, e cuja alienação de suas próprias raízes culturais era considerável. Portanto, as respostas intelectuais caracterizaram-se, invariavelmente, por uma dupla busca: a da autoconsciência e a dos componentes de uma identidade coletiva perdida — caracterizaram-se, em outras palavras, pelo que Abiola Irele retratou como a "tentativa de recriar um laço [...] emocional por baixo das contingências de uma experiência histórica particularmente difícil".[27] Essas reações também se caracterizaram pela busca pessoal de uma renovação da dignidade e pelo resgate resoluto do orgulho ferido.

Em seus esforços intelectuais de se libertar do "modelo europeu" e em suas reações conscientes à prioridade excludente e universal que era concedida aos valores europeus na ideologia da assimilação, os não brancos da África e das Américas empregaram diversas estratégias. Os indivíduos associados às ideias da "personalidade negra" e da negritude confrontaram o fracasso da assimilação, de modo geral, por intermédio da expressão literária e polemista. Questionando os pressupostos básicos da superioridade cultural europeia, abordaram as promessas não cumpridas, as aspirações barradas, o preconceito sistemático e o racismo por meio de uma tentativa de virar de cabeça para baixo os estereótipos discriminatórios e as premissas excludentes.

Em *Cahier d'un retour au pays natal*, sua clássica afirmação poética da negritude, o poeta Aimé Césaire, da Martinica, escreveu:

> *Écoutez le monde blanc*
> *horriblement las de son effort immense*
> *ses articulations rebelles craquer sous les étoiles dures*
> *ses raideurs d'acier bleu transperçant la chair mystique*
> *écoute ses victoires proditoires trompeter ses défaites*
> *écoute aux alibis grandioses son piètre trébuchement*
>
> *Pitié pour nos vainqueurs omniscients et naïfs!*

> *Eia pour ceux qui n'ont jamais rien inventé*
> *pour ceux qui n'ont jamais rien exploré*
> *pour ceux qui n'ont jamais rien dompté*
>
> [...]
> *mais ils s'abandonnent, saisis, à l'essence de toute chose*
> *ignorant des surfaces mais saisis par le mouvement de toute chose*
> *insoucieux de dompter, mais jouant le jeu du monde.*[28*]

Num esforço de resgatar o amor-próprio para si e para sua raça, os autores das correntes da negritude e da "personalidade africana" apoderaram-se dos próprios atributos empregados pelos racistas brancos para estereotipar e menosprezar os negros — seu ritmo, sensualidade, sexualidade, simplicidade, cor, oralidade, falta de industrialização e de produção científica — e os inverteram em características positivas, em vez de negativas. Essa inversão se reflete no contraste traçado por Aimé Césaire entre a "rigidez de aço azul" da fria racionalidade científica europeia, já derrotada, e o sensualismo vivo e pulsante dos negros, estreitamente ligado à terra. Ela

---

* Em tradução livre: "Escutem o mundo branco/ terrivelmente cansado de seu esforço imenso/ as articulações rebeldes a estalar sob as estrelas impassíveis/ a rigidez de aço azul a trespassar a carne mística/ Escutem suas vitórias enganosas a trombetear suas derrotas./ Escutem, nos álibis grandiosos, seu lamentável tropeço// Piedade para nossos vencedores oniscientes e ingênuos!// Eia aos que nunca inventaram nada/ aos que nunca exploraram nada/ aos que nunca domaram nada// [...] mas que se entregam, comovidos, à essência de todas as coisas/ desconhecedores das superfícies, mas tomados pelo movimento de todas as coisas/ despreocupados de dominar, mas jogando o jogo do mundo". (N. T.)

também aparece na representação que Césaire fez, articulando-a por meio de sua própria pessoa, da simbiose solidária da raça negra com a natureza:

> Ma négritude n'est pas une taie d'eau morte sur l'oeil mort de la terre
> ma négritude n'est ni une tour ni une cathédrale
>
> elle plonge dans la chair rouge du sol
> elle plonge dans la chair ardente du ciel
> elle troue l'accablement opaque de sa droite patience.[29]*

Essa inversão se expressa na desafiadora declaração poética — "o negro é belo" — de Léon Damas, da Guiana Francesa:

> Jamais le blanc ne sera nègre
> car la beauté est nègre
> et nègre la sagesse
> car l'endurance est nègre
> et nègre le courage
> car la patience est nègre
> et nègre l'ironie
> car le charme est nègre
> et nègre la magie
> […]
> car la joie est nègre

---

* Em tradução livre: "Minha negritude não é uma gota de água parada no olho morto da terra,/ minha negritude não é uma torre nem uma catedral// ela penetra na carne rubra da terra/ penetra na carne lívida do céu/ escava sob a dejeção opaca de sua virtuosa paciência". (N. T.)

A via de saída 291

> *car la paix est nègre*
> *car la vie est nègre.*³⁰*

Essa inversão é representada também na identificação que faz Léopold Sédar Senghor entre a dança e o ritmo como essência da negritude, em sua rejeição à "aridez pálida" da visão racionalista europeia, e em sua validação da subjetividade intrinsecamente "negra africana", baseada num contato rítmico e sensorial com a natureza.³¹ Afirma Senghor:

> *Mais il faut choisir à l'heure de l'épreuve*
> *J'ai choisi le verset des fleuves, des vents et des forêts*
>   *L'assonance des plaines et des rivières, choisi le rythme de sang de*
>   *[mon corps dépouillé*
>   *Choisi la trémulsion des balafons et l'accord des cordes et des cuivres*
>   *[qui semble faux,*
> *choisi le*
> *Swing le swing oui le swing!*
> *[...]*
> *J'ai choisi mon peuple noir peinant, mon peuple paysan,*
> *Toute la race paysanne par le monde.*³²**

---

* Em tradução livre: "O branco nunca será negro/ pois a beleza é negra/ e negra é a sabedoria/ a resistência é negra/ e negra é a coragem/ a paciência é negra/ e negra é a ironia/ o encanto é negro/ e negra é a magia/ [...] pois a alegria é negra/ a paz é negra/ a vida é negra". (N. T.)
** Em tradução livre: "Mas, há que escolher na hora da provação,/ Escolhi o verseto dos regatos, dos ventos e florestas,/ A assonância das planícies e dos rios, escolhi o ritmo do sangue em meu corpo nu/ Escolhi a vibração dos balafons e a harmonia das cordas e metais que parecem chocar-se,/ escolhi o/ Balanço o balanço sim o balanço!/ [...] Escolhi meu povo negro labutador, meu povo de camponeses,/ toda a raça camponesa mundo afora". (N. T.)

Em vez de celebrar aquilo que discerniam como características essenciais da raça negra, conforme haviam feito os escritores da corrente da negritude, outros africanos e afro-americanos se voltaram para a história à procura de realizações. Na esperança de rebater o descrédito racista lançado sobre eles e sobre as realizações passadas de sua raça, tentaram recolocar sua herança em lugar de honra. Para fazê-lo — para convencer seus detratores do valor dela e também para restabelecer seus próprios vínculos com as culturas ancestrais das quais a escravidão, o colonialismo e a experiência assimilacionista os haviam afastado —, vasculharam épocas passadas, empregando as ferramentas da reconstrução histórica e da etnologia. Através de filtros ditados por suas necessidades e expectativas, trataram de colher provas de grandes feitos e antigas glórias.[33]

É possível citar muitos exemplos desse uso reconstrutivista da história. Já na década de 1860, na África Ocidental, o médico negro nascido em Serra Leoa James Africanus Beale Horton afirmou, em seu *West African Countries and Peoples* — livro que traz o revelador subtítulo de "A Vindication of the African Race" [Uma defesa da raça africana] —, que a África fora o berço da ciência e da literatura da Grécia e da Roma clássicas, e que "bispos africanos morenos, de renome apostólico", muito haviam contribuído para o desenvolvimento do cristianismo em seus primórdios.[34] Edward Wilmot Blyden descreveu o esplendor da Antiguidade africana negra em seu ensaio "The Negro in Ancient History" e, em seu relato de viagens intitulado *From West Africa to Palestine* [Da África Ocidental à Palestina], considerou "os empreendedores filhos de Ham", progenitores de seus "africanos negros" contemporâneos, como as pessoas que tinham levado a civilização para a Grécia e sido mestres dos renomados poetas, historiadores e matemáticos da Europa clássica.[35] Os textos de Blyden, assim como os de J. E. Casely-Hayford, da Costa do Ouro, anteciparam os objetivos, preocupações e métodos posteriormente empregados em livros como *Nations nègres et culture*, de Cheikh Anta Diop, do Senegal, e *African Glory: The Story of Vanished Civilizations*, de Charles de Graft-Johnson, de Gana.[36]

Todavia, uma vez que as pessoas que procuraram fazer esse tipo de revisão histórica também estavam entre as mais expostas à europeização — eram produtos de um sistema educacional eurocêntrico, que lhes dera poucos conhecimentos sobre os feitos históricos dos povos dos quais descendiam —, sua investigação do passado foi problemática. Na falta de conhecimentos minuciosos e de instrumentos linguísticos para reconstruir a história de seus antepassados e torná-la aceitável em seus próprios termos, esses autores utilizaram a educação europeia que haviam recebido para demonstrar, em termos europeus, a grandeza de seu passado cultural coletivo e sua influência fecunda na civilização acalentada por seus detratores brancos. Ao fazê-lo, no entanto, continuaram confinados num quadro de referência ideológico e epistemológico que haviam recebido da cultura dominante. Depois de haverem acreditado que o progresso e as realizações técnicas lhes abririam o reino da aceitação e da modernidade, descobriram-se impossibilitados de oferecer revisões históricas que modificassem as premissas inerentes às únicas chaves que tinham aprendido a usar.

Nesse sentido, é claro, as respostas dos historiadores desviaram-se das inversões afirmativas características de seus equivalentes literários da corrente da negritude. Mas os textos sobre a negritude também se basearam em constructos essencialistas. A coletividade que invocavam — quer se tratasse da "África", do "negro", do "negro africano", do "povo negro", ou do "passado africano" — era uma criação intelectual que, em geral, tinha pouca ligação específica com qualquer grupo de pessoas existente ou histórico. Assim, as expressões históricas e literárias demonstram em que medida o processo assimilacionista cortou o vínculo entre os indivíduos altamente assimilados que as elaboraram e o mundo cultural e histórico de seus pais e avós. Essas expressões demonstram as dificuldades e dilemas inerentes a qualquer esforço intelectual de superar a miséria da marginalização — os conflitos e contradições de qualquer tentativa de ligar-se a uma coletividade e recriar um vínculo perdido com o passado.

O poeta haitiano Léon Laleau transmitiu algumas das dificuldades desse esforço de recriação e de seu custo afetivo em termos poéticos particularmente tocantes:

Ce cœur obsédant, qui ne correspond
Pas avec mon langage et mes coutumes,
Et sur lequel mordent, comme un crampon,
Des sentiments d'emprunt et des coutumes
D'Europe, sentez-vous cette souffrance
Et ce désespoir à nul autre égal
D'apprivoiser, avec des mots de France,
Ce cœur qui m'est venu du Sénégal.[37]*

---

* Em tradução livre: "Este coração atormentado, que não corresponde/ À minha língua e à minha indumentária,/ E no qual cravei, como um grampo,/ Os sentimentos emprestados e os costumes/ da Europa, sinta esse sofrimento/ E esse desespero a nenhum outro igual/ De domesticar, com as frias palavras da França,/ Esse coração que me vem do Senegal". (N. T.)

Normalmente, além disso, as afirmações da história e da cultura africanas, assim como das qualidades "negras" intrínsecas, foram enunciadas por intelectuais negros na língua das potências colonizadoras. Publicados em livros e jornais que não eram de fácil acesso para o público em geral, menos instruído ou menos abastado, sua retórica e seus objetivos muitas vezes deixaram de ser captados pelas próprias massas com quem os membros "marginais" da elite tinham a esperança de se identificar. Foi isso que se deu, em particular, com grande parte da literatura "clássica" sobre a negritude produzida na década de 1930 por intelectuais negros de língua francesa, que teve seu maior impulso criativo em Paris, nas páginas do jornal cultural francês *Présence Africaine*. Embora os vários esforços de afirmação tenham assim desempenhado importantes funções psicológicas e compensatórias positivas para a minoria do grupo subalterno que fora educada na Europa, induzindo entre seus membros uma consciência de sua "identidade racial" com pessoas menos assimiladas, com base em suas "deficiências raciais" comuns, eles não atingiram as massas da mesma maneira. Sob esse aspecto, as respostas intelectuais do tipo citado acabaram tendo menos sucesso do que seus equivalentes políticos na mobilização dos grupos subalternos para movimentos efetivos em prol da mudança.[38]

O sionismo moderno — uma resposta à exclusão com vigorosas manifestações intelectuais e políticas, que começou a ganhar impulso entre os judeus da Europa Ocidental e Oriental nas décadas de 1880 e 1890 — foi um pouco mais bem-sucedido do que as respostas no estilo das pautadas na ideia da negritude no que concerne a promover uma diminuição do abismo entre a elite e as massas.[39] Em parte, é claro, essa ligação foi catalisada pelos pogroms russos de 1881 e pelo caso Dreyfus, em 1895 — dois choques antissemitas específicos ocorridos nessas décadas, os quais, direta ou indiretamente, afetaram a vida e alteraram a consciência de um grande número de judeus de diversas origens sociais por toda a Europa. Nas palavras de Arthur Hertzberg, esses acontecimentos ajudaram "a transformar o sionismo, fazendo-o passar de uma filosofia de gabinete para um movimento de massas e um gerador da história".[40] A ligação também foi possibilitada pelo compromisso estabelecido, dentro do sionismo, entre seus setores secular e religioso — entre os sionistas "políticos" e os "culturais" — com base na aceitação da versatilidade da experiência judaica e no reconhecimento da "união característica do espírito judaico".[41]

O sionismo, de fato, tal como elaborado por dois de seus principais teóricos, Theodor Herzl e Ahad Ha'am (Asher Zvi Ginsberg), na Europa Ocidental e na Europa Oriental, respectivamente, emergiu como resposta à percepção do fracasso da emancipação: "sua impossibilidade de ocorrer na Europa Oriental e sua incapacidade de promover uma integração plena, ou de eliminar o antissemitismo no Ocidente".[42] "Tentamos sinceramente, por toda parte, nos fundir às comunidades nacionais em que vivemos, procurando apenas preservar o credo de nossos pais", escreveu Herzl — membro altamente assimilado da alta burguesia de Viena, na geração dos pais de Stefan Zweig — em *Der Judenstaat* (1896), um ano depois de assistir ao julgamento de Dreyfus em Paris:

> Isso não nos é permitido. Em vão somos patriotas leais, às vezes superlativamente leais; em vão fazemos os mesmos sacrifícios da

vida e da propriedade que nossos concidadãos; em vão lutamos para aumentar a fama de nossas terras natais nas artes e nas ciências, ou para ampliar sua riqueza por meio do intercâmbio e do comércio. Em nossas terras natais, nas quais vivemos há séculos, continuamos a ser aviltados como estrangeiros, muitas vezes por homens cujos antepassados ainda não haviam chegado ali quando já fazia muito tempo que os lamentos judaicos eram ouvidos no país. A maioria decide quem é o "estrangeiro"; isso, como tudo o mais nas relações entre os povos, é uma questão de poder.[43]

Para Herzl e outros fundadores do sionismo moderno, a "questão judaica" — o eterno problema dos judeus da Diáspora, "o grande problema não resolvido do mundo ocidental" — enraizava-se na persistência do antissemitismo. "Ressoa no mundo o clamor contra os judeus", observou Herzl:

> A questão judaica ainda existe. Seria uma tolice negá-lo. É um traço de medievalismo no lugar errado, do qual as nações civilizadas ainda nem parecem capazes de se livrar, por mais que tentem. Elas demonstraram ter esse desejo magnânimo quando nos emanciparam. Mas a questão judaica persiste, onde quer que haja um número apreciável de judeus. Em todos os locais onde não existe, ela é introduzida juntamente com os imigrantes judeus. Sentimo-nos decerto atraídos pelos lugares onde não somos perseguidos, mas nosso aparecimento neles dá origem às perseguições. Isso acontece, e acontecerá inevitavelmente por toda parte, mesmo nos países muito civilizados [...], enquanto a questão judaica não for solucionada no nível político.[44]

Uma vez que a emancipação e a assimilação não conseguiam dar uma solução para a "vida judaica num ambiente cristão antagônico", os sionistas propuseram uma solução *política* para a situação aflitiva dos judeus: defenderam a criação de uma pátria nacional judaica, um Estado em que os judeus pudessem "determinar seu futuro com dignidade, como iguais na comunidade das nações".[45] "Somos um povo — um *único* povo", afirmou Herzl. "Nossos inimigos nos transformaram num só, queiramos ou não. [...] A aflição nos aproxima e, assim unidos, de repente descobrimos nossa força. Sim, somos fortes o bastante para criar um Estado, aliás um Estado modelar. Dispomos de todos os recursos humanos e materiais necessários".[46]

Para seus teóricos na Europa Ocidental e Oriental, portanto, o sionismo pretendeu ser uma fuga das perseguições e uma resposta reabilitadora, com consequências positivas potencialmente vastas. Convencidos da impossibilidade da vida judaica na Diáspora, eles contemplaram o retorno coletivo do povo judeu a uma soberania e uma pátria perdidas como um passo fundamental em sua transformação de minoria perseguida em parceiros iguais entre as nações do mundo. Esse retorno a uma vida nacional, num "Estado nacional como todas as outras nações", ajudaria a encerrar o longo e sombrio episódio do "exílio" judaico em terras gentias, e retificaria a anormalidade política e social que havia caracterizado a experiência judaica ao longo dos séculos. Restabeleceria a "normalidade".[47] Herzl, em particular, como indicou Amnon Rubinstein, via a "criação de um Estado nacional judaico e [a] emigração [dos judeus] da Europa" como "compatível com os interesses da família das nações esclarecidas". Na realização do sonho sionista, "o mundo ocidental se livraria de um problema doloroso" e ganharia outra "ramificação civilizada", que incorporaria seus valores mais elevados.[48]

A via de saída

Além de sua função na reabilitação política e social coletiva, entretanto, a criação de um Estado judaico, com o "Retorno [dos judeus] ao Sião", também foi vista por seus teóricos como um agente necessário — a rigor, imperativo — da transformação individual. Pretendia-se que ela promovesse, justamente, aquela metamorfose das pessoas judias que não pudera ser conseguida por intermédio da assimilação na Europa; ela libertaria os judeus dos "defeitos" adquiridos na Diáspora — de suas ocupações "parasitárias" e sua "submissão doentia à força bruta e à opressão" — e os transformaria de *yids* "negativos", insultados pelos antissemitas, em *hebreus* positivos, encarregados de seu próprio desenvolvimento e seu destino.[49] "O que vemos ao nosso redor entre os judeus é apenas o resultado dos atos arbitrários perpetrados por terceiros", observou Vladimir Jabotinsky em 1905, a propósito do caráter e da vida dos judeus na Diáspora: "Só depois de lhe retirarmos a poeira acumulada em dois mil anos de exílio, de *galut*, é que o verdadeiro e autêntico caráter hebraico revelará sua face gloriosa. Só então poderemos dizer: Este é um hebreu típico, em todos os sentidos da palavra".[50] O apelo feito pelo sionismo reivindicava a emergência do que se poderia denominar de "hebritude" — análogo judaico da negritude.[51]

Todavia, embora existisse consenso entre os pensadores sionistas europeus quanto à necessidade de os judeus solucionarem sua subordinação coletiva por intermédio da restauração nacional e política, e quanto à transformação subsequente, que criaria "novos homens e mulheres", havia divergências quanto ao sentido e ao caráter dessa metamorfose pessoal e social. Tal como acontecia com tantas outras pessoas no mundo inteiro, que haviam passado pela experiência assimilacionista e internalizado os valores, ideais e promessas da emancipação, era difícil para Herzl e outros judeus de língua alemã, altamente assimilados, imaginar alternativas que divergissem de modo radical do mundo a que haviam aspirado, mas do qual se viram barrados.

Na visão de Herzl, as pessoas que habitariam o Estado judaico não seriam "diferentes dos europeus cultos": indivíduos racionais, seculares, liberais e progressistas como ele mesmo, produtos da assimilação judaica na sociedade europeia ocidental.[52] Transporiam os valores mais avançados da moderna cultura europeia para sua pátria nacional. O Estado judaico, como indicou Herzl em *Der Judenstaat*, "será inteiramente estruturado dentro do quadro de referência da civilização" — com o que claramente pretendia referir-se à "civilização ocidental". Nesse Estado, argumentou Herzl,

> não retornaremos a um estágio inferior, mas ascenderemos a outro, mais elevado. Não viveremos em cabanas de barro, mas construiremos casas novas, mais belas e mais modernas, e delas seremos donos em segurança. Não desperdiçaremos os bens que adquirimos, mas os poremos em uso. Abriremos mão de nossos direitos merecidamente conquistados em troca de outros melhores. Não renunciaremos a nenhum de nossos costumes valorizados, mas haveremos de reencontrá-los.[53]

E, evidenciando sua visão burguesa, assinalou:

> Só partirão [da Europa] os [judeus] que estiverem certos de assim melhorar sua sorte; os que hoje estão desesperados serão os primeiros a ir; depois deles irão os pobres, em seguida os

que estão em boa situação e, por último, os ricos. Os que forem primeiro ascenderão a um grau mais elevado, no nível daqueles cujos representantes seguirão logo depois. *O êxodo, portanto, será, ao mesmo tempo, uma ascensão de classe.*[54]

Entretanto, em oposição à ideia predominantemente secular de Herzl sobre um Estado judaico, bem como à sua visão de um "novo judeu", alicerçado nos ideais progressistas da cultura e da sociedade modernas da Europa Ocidental, outros pensadores sionistas ofereceram um modelo societário e pessoal alternativo. Como foi apontado por Rubinstein, essa dissidência refletiu "a ampla divergência entre os judeus ocidentais emancipados que entraram no sionismo pelo corredor da assimilação frustrada e as massas judaicas do Leste Europeu, que vivem sob o jugo autoritário dos regimes antissemitas".[55] Esta última visão, enunciada de modo convincente nos textos de Ahad Ha'am,[56] nascido na Rússia, defendeu a necessidade de manter e promover a totalidade da tradição judaica, inclusive a experiência histórica e a religião, no indivíduo e no Estado. "Haverão os filhos de Israel", perguntou Ahad Ha'am,

> de viver em seu Estado de acordo com seu espírito singular, e de revivificar e desenvolver os valores nacionais que foram legados a seu passado, ou irá seu Estado ser apenas mais uma colônia europeia na Ásia, uma colônia com os olhos voltados para a metrópole e procurando imitá-la de todas as maneiras?[57]

No fim, foi na tensão dinâmica entre essas concepções e no modus vivendi que se estabeleceu entre elas que foi possível erguer uma ponte entre os judeus que tinham a origem assimilacionista e a orientação de classe de Herzl e a maioria judia menos assimilada, que se mantivera mais próxima da cultura do *shtetl* judaico, com suas ricas tradições religiosas, populares e históricas. A ideia moderna do sionismo sobreviveu — e o sionismo tornou-se um movimento nacionalista de bases muito amplas — exatamente por ter conseguido atrair para si grupos e elementos diversificados, dentro da experiência judaica da Diáspora. O sionismo infundiu neles a crença na libertação nacional e a confiança na transformação futura.

Mesmo lançando uma ponte entre esses grupos, entretanto, nenhum ideal sionista era capaz de *desfazer*, em última análise, as tensões fundamentais entre as ideias rivais sobre o caráter do Estado judaico. Estas reemergiriam na Palestina e viriam a desafiar a própria integridade do sonho de um ressurgimento nacional unificado em Israel. Tampouco podiam as ideias sionistas, ao serem postas em prática, conciliar a contradição intrínseca que veio à tona quando o Estado de Israel foi afinal fundado na Palestina, na esteira do Holocausto. A "solução" política e nacionalista do "problema judaico" europeu não levou em conta a ascensão de forças nacionalistas rivais não ocidentais, com as quais o sionismo iria inevitavelmente entrar em conflito em seu meio, no Oriente Médio.

De fato, tal como o sionismo moderno, os movimentos "nacionalistas não ocidentais" ou "nacionalistas coloniais", que surgiram em áreas do mundo sob a dominação imperialista europeia no século xx, também servem para ilustrar a categoria das respostas à subordinação "religadoras", politicamente orientadas e "do eu para a coletividade". Também estas se caracterizaram por esforços feitos por indivíduos "marginais" de formação ocidental, dentro dos territórios coloniais, para estabelecer ligações políticas com pessoas "menos aculturadas" — para mobilizá-las em termos políticos e agir coletivamente com elas, a fim de superar o que então passou a ser percebido como uma subjugação mútua. Entretanto, enquanto o sionismo moderno empregou, especificamente, a origem judaica comum e a evidente impossibilidade de escapar do antissemitismo para estabelecer a ligação entre o indivíduo e as massas, o nacionalismo colonial usou as fronteiras territoriais dos Estados coloniais para definir os integrantes e os limites do esforço de ligação.

Considerando-se o caráter da divisão imperialista europeia da África e de outras áreas do mundo não europeu, no fim do século XIX e início do século XX, essa era uma decisão necessária. Na "Partilha da África" iniciada em meados da década de 1880, por exemplo, as potências europeias haviam dividido o continente entre si e traçado, para suas "possessões" coloniais, linhas territoriais que prestavam relativamente pouca atenção às fronteiras políticas e étnicas existentes na África. Por princípio, isso significou que as novas colônias podiam abrigar diversos grupos étnicos e políticos pré-coloniais diferentes em seus limites territoriais; significou também que muitos grupos étnicos e políticos pré-coloniais foram divididos e ficaram sob o controle administrativo de diferentes governantes europeus.

De modo geral, portanto, uma das tarefas do nacionalismo colonial na África passou a ser a de moldar uma *nova* identidade grupal *nacional* a partir das várias etnias e grupos existentes dentro das fronteiras territoriais dos Estados coloniais. Embora muitos grupos pré-coloniais atendessem aos critérios que costumavam ser aplicados à nacionalidade — a posse de uma cultura comum, um território comum, uma língua comum, uma tradição histórica comum e instituições estatais para articular esses elementos —, a estrutura colonial criada pelos europeus continha *mais de uma* dessas antigas "nações", ou veio a destruí-las por meio da divisão territorial e política.[58]

Desse modo, ao contrário da luta oitocentista pela autodeterminação nacional na Europa Central e no Leste Europeu, na qual a definição da nacionalidade em geral coincidiu com a identidade étnica, e ao contrário do sionismo, no qual um povo que um dia fora uma nação estava à procura de um Estado em que pudesse recuperar sua nacionalidade, o nacionalismo colonial africano deu início a um processo dinâmico em que era preciso criar uma "nova nação" dentro das fronteiras do Estado colonial. Assim, os líderes nacionalistas coloniais conclamaram a uma lealdade a Gana, por exemplo, e não aos axântis ou à Confederação dos fantis; a Uganda, e não a Buganda, Bunyoro e Ankole; à Nigéria, e não a Benin, ou Oió, ou ao império de Sokoto; e a Serra Leoa, e não às entidades políticas Krio, Temne ou Mende. Tal como caracterizada por Philip Curtin, a reivindicação dos líderes nacionalistas africanos era: "Aqui está um povo que vive, dentro das fronteiras de um território colonial, sob um governo dominado por estrangeiros. Esse povo tem direito a uma vida política independente, *para que* possa transformar-se em nação".[59]

Sem dúvida, embora a estrutura do Estado colonial normalmente estabelecesse os limites territoriais nos quais deveria ser forjada uma nova identidade nacional, o tecido conectivo que ligava os indivíduos da "elite" à coletividade — bem como os diferentes grupos da coletividade entre si — era a raça. O fato de colonizadores e colonizados se distinguirem pela raça dentro de cada colônia — de o racismo ser usado pelo grupo dominante contra as massas africanas em geral, e como bloqueio às aspirações dos indivíduos da "elite" que tinham sido mais fortemente influenciados pelas instituições e promessas liberais europeias — significou que as pessoas colonizadas podiam tentar usar suas "deficiências" raciais comuns para sufocar, se não para transcender, as diferenças étnicas e de classe. Gerado em membros isolados da "burguesia colonial" por sua experiência do infortúnio da marginalização, esse sentimento despertado de identidade racial tornou-se, portanto, um catalisador proveitoso da mobilização social e política coletiva entre os colonizados.[60] Junto com outras deficiências e iniquidades comuns, percebidas nos campos econômico, social e político, ele forneceu uma base para a solidariedade multiétnica e entre as classes, em todos os grupos subalternos de uma dada entidade colonial, e contribuiu para promover entre a elite e as massas as alianças necessárias a uma ação política nacionalista e anticolonialista eficaz.

Em seu sentido funcional, é claro, os constructos *intelectuais* do tipo da negritude ou da "personalidade africana", baseados na raça, assemelhavam-se a esses esforços *políticos nacionalistas* de criar um sentimento de identidade racial entre os colonizados. Nas realidades de sua aplicação prática, as fronteiras diferenciadoras entre as representações tipológicas dessas respostas comumente esmaeciam. Mas, embora houvesse laços afetivos e filosóficos entre esses tipos "intelectuais" e "políticos", a ideia de identidade racial representada em cada categoria abrangia grupos um tanto diferentes. Para os escritores ligados ao constructo da negritude e da "personalidade africana", essa era uma ideia ampla, que costumava transcender as fronteiras nacionais e incluía todas as pessoas de cor, tanto na África quanto na diáspora africana. Para eles, era uma ideia verdadeiramente pan-africana. Em contraste, os nacionalistas coloniais em geral enfocavam a raça como fator de vinculação *dentro* das estruturas estatais existentes. Concebiam a identidade racial coletiva como meio para atingir um fim político específico.

Uma vez que as metas primordiais do nacionalismo colonial eram a independência política e o fim da dominação europeia, a consecução desses objetivos forneceu uma resolução potencial do tipo de dilema da marginalização que por muito tempo havia atormentado os membros africanos da elite colonial. Dentro dos novos Estados, as barreiras à aceitação e à mobilidade, que haviam se fundamentado na diferença racial entre os europeus dominadores e seus súditos coloniais, foram basicamente eliminadas. De modo paradoxal, porém, surgiram novas oportunidades de diferenciação social e de status em muitos desses novos Estados independentes: oportunidades que puseram em xeque a própria base da união nacionalista entre a elite e as massas sobre a qual se havia conquistado a independência. Nos lugares onde isso aconteceu, o padrão foi semelhante. Certas diferenças étnicas e de classe, que tinham sido ao menos em parte abafadas no decorrer do esforço de eliminar a dominação colonial europeia, tornaram a vir à tona. O "tribalismo", refletindo "antigos" sentimentos de lealdade a grupos étnicos ou linguísticos dentro da nova nação, voltou a emergir, competindo com o nacionalismo moderno.[61] O poder do Estado passou das autoridades coloniais para as mãos de uma elite nativa: para indivíduos e grupos que, com demasiada frequência, realinharam suas metas políticas e econômicas de maneira a promover os interesses de sua classe ou grupo étnico e a consolidar seu poder.[62] Nesses lugares, é claro, as "situações de marginalidade" — caracterizadas por amplas diferenças hierárquicas em termos de privilégios, riqueza e poder, e por obstáculos à redução das desigualdades de status e de oportunidades — continuaram a existir. E onde elas existiam *e eram percebidas*, também continuaram a existir os esforços dos indivíduos subordinados para solucionar a discrepância entre suas aspirações e sua realidade situacional — para resolver sua situação de marginalidade.

Havia, é claro, outro tipo de resposta dentro da categoria "política", que, pelo menos potencialmente, oferecia uma reestruturação muito mais radical das relações societárias e dos arranjos hierárquicos existentes. Na Europa do século xx, o exemplo clássico dessa resposta foi a Revolução Russa de 1917, que derrubou o autoritarismo tsarista, rejeitou o parlamentarismo burguês e as estruturas opressivas do passado e tentou criar uma sociedade sem classes, na qual as desigualdades e preconceitos sociais deixassem de existir.[63] As promessas inerentes a essa revolução atraíram muitos grupos marginalizados do império russo: trabalhadores, camponeses, intelectuais, mulheres, minorias étnicas e grande número de judeus que preferiam as transformações econômicas e sociais radicais dentro de sua pátria à emigração sionista. Essas promessas também influenciaram inúmeros outros povos subordinados pelo mundo afora.

A resposta revolucionária social, nas situações coloniais, refletiu-se nos esforços de descolonização do tipo que Frantz Fanon chamou de "independência adquirida". Em contraste com movimentos "nacionalistas coloniais" como os da África Ocidental britânica, nos quais a independência foi "concedida" aos povos coloniais por intermédio de processos evolutivos constitucionais, as revoluções argelina, vietnamita e moçambicana, por exemplo, envolveram lutas violentas pela "libertação nacional". Também foram caracterizadas por um compromisso ideológico bem elaborado com transformações estruturais, sociais e econômicas julgadas fundamentais na sociedade pós-colonial.[64]

Na teoria de Fanon, aliás, a *verdadeira libertação* da dominação colonial *só* poderia vir por meio da luta revolucionária coletiva, caracterizada por sua ideia de "violência sagrada". "Só a violência", escreveu ele em *Os condenados da Terra*,

> exercida pelo povo, violência organizada e aclarada pela direção, permite que as massas decifrem a realidade social, lhes dá a chave para essa decifração. Sem essa luta, sem esse conhecimento na práxis, há apenas carnaval e estribilhos; um mínimo de readaptação, algumas reformas na cúpula, uma bandeira e, na base, a massa indivisa, sempre "medieval", que continua seu movimento perpétuo.[65]

Quando a independência é "tomada" à força pelas massas, afirma Fanon, esse ato libertário de violência gera "o grande impacto que funda um novo mundo"; promove mudanças pessoais e sociais radicais e estabelece as bases de uma nova realidade. Por conseguinte, observa ele, no plano do indivíduo a luta violenta exerce uma função terapêutica: funciona como "força de limpeza" desintoxicante, que liberta as pessoas "colonizadas" da "neurose colonial" — liberta-as de seu "complexo de inferioridade" e de seu "desespero e inação". Ao restituir--lhes o respeito próprio, ela faz com que, de objetos alienados e subordinados, eles se transformem em sujeitos conscientes e confiantes; *realmente* os emancipa e os transfigura em "Novos Homens" e "Novas Mulheres".⁶⁶ No plano coletivo, o caráter cada vez mais "abrangente e nacional" da "violência em ação" elimina as antigas divisões, baseadas no "tribalismo" e no "regionalismo", e une seus participantes numa nova comunidade. As relações entre pais e filhos, maridos e esposas, velhos e moços perdem seu tradicional caráter restritivo.⁶⁷ "Num verdadeiro êxtase coletivo", afirma Fanon, tal como imaginava a metamorfose que se seguiria ao fim do combate,

> famílias inimigas decidem apagar tudo, tudo esquecer. As reconciliações se multiplicam. [...] Uma efusão permanente reina nos vilarejos, uma generosidade espetacular, uma bondade tocante, uma vontade jamais desmentida de morrer pela "causa". [...] Tribos historicamente rivais fazem as pazes e, com alegria e lágrimas, prometem se socorrer e se ajudar. [...] O povo, nessa marcha contínua que empreendeu, legisla, se descobre e deseja ser soberano.⁶⁸

Não há dúvida de que a hipnotização de Fanon "pelo poder criador da revolução, pela chama purificadora da violência" foi de uma intensidade singular.⁶⁹ Em outros lugares — na China, em Cuba, no Vietnã, em Moçambique, em Angola e na África do Sul, por exemplo —, os teóricos da libertação nacional e da revolução social demonstraram menos confiança nos poderes transformadores e espontâneos da luta violenta. Enquanto Fanon concebeu a libertação violenta como o veículo *primordial* da emancipação e reconstrução pessoais e coletivas, eles perceberam a necessidade de canalizar e guiar a revolução para um processo racional e contínuo de mudança. Para realizar mudanças econômicas, sociais e políticas radicais, na sociedade pós-independência, eles queriam perpetuar os efeitos da ação revolucionária espontânea por meio da educação política e da institucionalização dos ideais revolucionários.[70] Nas palavras de Che Guevara:

> Do ponto de vista ideológico, nossa tarefa fundamental é descobrir a fórmula que possa perpetuar, na vida cotidiana, essas atitudes heroicas [de compromisso total com a causa revolucionária]. [...] Nesse período de construção do socialismo, podemos ver o nascimento do novo homem. Sua imagem ainda está inacabada; na verdade, nunca estará acabada, pois esse processo avança em paralelo com o desenvolvimento de novas formas econômicas. [...] Por isso é tão importante escolher corretamente o instrumento de mobilização das massas.[71]

Para *todos* os teóricos, todavia, tanto nas terras coloniais quanto nas metropolitanas, a resposta revolucionária pretendia realizar mais do que a demolição das estruturas políticas e econômicas de dominação — mais até do que a conquista da renovação pessoal e comunitária. Ao rasgar o tecido dos valores e pressupostos com base nos quais se erigira a dominação, essa resposta também pretendia destruir a hegemonia ideológica e cultural do grupo dominante. Por toda parte, aliás, a revolução tencionava ser a negação máxima do modelo burguês, a rejeição final de uma promessa emancipatória e assimilacionista frustrada. "Tomemos a decisão de não imitar a Europa", foi, portanto, a exortação de Fanon a seus companheiros revolucionários coloniais, não paguemos tributo à Europa criando Estados, instituições e sociedades que nela se inspirem. [...] A humanidade espera outra coisa de nós que não essa imitação caricatural e, no conjunto, obscena. [...] é preciso mudar completamente, desenvolver um pensamento novo, tentar criar um homem novo.[72]

Ao "mudar completamente", a resposta revolucionária não pretendia, é claro, ficar com os olhos voltados para trás. As cinzas das quais as novas sociedades deveriam surgir e desenvolver-se, à maneira da fênix, incluíam também os restos negativos dos legados culturais tradicionais. As iniquidades e desigualdades que residiam nesses legados também deveriam ser rejeitadas. Sob esse aspecto, a resposta revolucionária caracterizou-se por um duplo iconoclasmo: a derrubada das estruturas hierárquicas e a negação das ideologias excludentes, *tanto no passado quanto no presente*. Situada nessa junção crítica, ela prometeu uma solução definitiva para os dissabores da marginalidade.

Naturalmente, as múltiplas promessas da revolução social eram ambiciosas e difíceis de atingir e de realizar na prática. Existem grandes discordâncias quanto aos resultados obtidos pela resposta revolucionária, não apenas entre seus participantes e herdeiros, mas também entre seus avaliadores "externos". As avaliações da correspondência entre a teoria revolucionária social e a realidade pós-revolucionária têm se fundamentado numa multiplicidade de indicadores sociais — medidas do bem-estar coletivo em inúmeros setores, dentro da vasta extensão da arena econômica, política e social. O declínio da mortalidade infantil, a disponibilidade de alimentos e moradia, de atendimento médico e hospitalar, de bens e serviços, de emprego e acesso à educação e às decisões políticas, tudo isso costuma ser incluído entre as formas concretas de avaliação do "sucesso" revolucionário. Na área das relações sociais, os julgamentos sobre a situação das mulheres, as relações raciais, a tolerância com a dissidência e a proteção a uma vasta gama de direitos e liberdades individuais têm proporcionado outras avaliações.

Em geral, essas estimativas da transformação coletiva e da mudança social têm se baseado em indicadores "objetivos" e mensuráveis. As avaliações das mudanças na consciência individual, entretanto — na visão de mundo e na interpretação da experiência —, exigem análises da história de vida que são, por sua própria natureza, muito mais "subjetivas". Além disso, como demonstrou o exame de membros das famílias May, Rebouças e Zweig-Brettauer feito aqui, tais análises refletem as vozes e a visão da minoria articulada: dos indivíduos, dentro desse grupo, cuja "mente" pode ser abordada e investigada com a ajuda de registros concretos e material comprobatório. Embora proporcionem um discernimento sobre a consciência de alguns indivíduos, as investigações que utilizam essa abordagem fazem uma simples amostragem da totalidade das reações pessoais potenciais — não apenas à revolução, mas também a toda a gama de outras respostas à marginalização. Para além dessa amostragem, um vasto número de histórias individuais continua envolto em silenciosa obscuridade, à espera do narrador e do método que possam trazê-las à luz.

Agradecimentos

Este livro, que toca em inúmeros aspectos de um processo histórico do qual sou produto e ao qual ainda estou profundamente ligado, foi difícil de escrever. Mas deu-me a oportunidade de enveredar por uma viagem intelectual e multicultural imensamente gratificante e enriquecedora. No decorrer da década em que se deu sua criação, aprendi muito sobre minha própria herança cultural: sobre vidas que experimentaram os atrativos da assimilação, a dor da exclusão e as tribulações da marginalidade. Também aprendi a incorporar essa herança no tecido mais amplo da história mundial dos séculos xix e xx. Passei a entender a necessidade de estabelecer ligações, paralelos e diferenças entre a moderna experiência histórica judaica na Europa e as histórias de indivíduos e grupos que tentaram erguer-se da subordinação e questionar a dominação em outras regiões do mundo.

Ao me afastar de meu foco profissional anterior na história da África e passar a incluir o Brasil e a Europa Central, fui generosamente guiado e auxiliado por muitas pessoas, além de apoiado por muitas instituições e órgãos de concessão de verbas. Embora eu tenha a responsabilidade exclusiva por quaisquer erros ou inconsistências que o leitor possa encontrar neste livro, quero manifestar meu reconhecimento pela generosidade dessas pessoas e instituições e lhes agradecer por sua assistência e boa-fé.

Ninguém merece mais crédito por ter me inspirado a adotar uma abordagem histórica comparada do que Philip D. Curtin, estudioso criativo de áreas muito diversificadas e professor de imenso talento. Foi ele quem promoveu a realização do Summer Workshop in Comparative World History de 1974, do qual fui convidado a participar e no qual se desenvolveu a formulação inicial deste projeto. Michael Adas, Allen Isaacman, Joseph Miller e John Richards, os outros membros do seminário, assim como Steven Feierman, Barbara Isaacman e David Henige, ofereceram críticas importantes e bons conselhos e me formularam algumas das principais questões metodológicas que nortearam toda a minha pesquisa.

Minha abordagem da família May desenvolveu-se a partir de meu trabalho anterior em Serra Leoa e na Nigéria. Mas meu conhecimento da história dessa família beneficiou-se enormemente de visitas feitas a Serra Leoa e à Inglaterra, em 1976 e 1978, patrocinadas pela American Philosophical Society e pelo Dartmouth Research Committee. Em Freetown, recebi uma ajuda inestimável de Tungi Stuart e Isa Smith, netas de Cornelius May; de E. W. Blyden III, neto de Edward Wilmot Blyden; de Eldred Jones, diretor do Fourah Bay College; e de Gladys Sheriff, diretora do Arquivo Nacional de Serra Leoa. Minha pesquisa do material referente à família May também foi imensamente facilitada pelos bibliotecários do Methodist Missionary Archive e da Royal Commonwealth Society de Londres.

Meu interesse pela família Rebouças começou a se cristalizar durante minha primeira viagem de pesquisa ao Brasil, em 1972, que durou um ano e foi patrocinada por uma verba do Social Science Research Council e por uma bolsa de ensino da Universidade de Dartmouth. Esse interesse transformou-se numa preocupação primordial durante minhas visitas subsequentes, em 1974, 1980 e 1983 — viagens de pesquisa mais curtas, financiadas por prêmios recebidos da Fundação Ford, por um Estipêndio de Verão do National Endowment for the Humanities e por uma bolsa de professor sênior da Universidade de Dartmouth. Na condição de relativo recém-chegado ao campo dos estudos brasileiros, tive a sorte de receber a orientação, o incentivo e a ajuda de Thomas Skidmore, Richard Graham, Rebecca Baird Bergstresser, Anani Dzidzienyo, Carlos Souza Rebouças, Luiz Carlos Saroldi, Guido e Milena Araújo e dos falecidos Peter Reichard e Kalman H. Silvert. Sou extremamente grato, além disso, a Dulce e Nelson Ramalho, que me adotaram em sua numerosa família no Rio de Janeiro, apresentaram-me à sua rede de amigos e parentes e infundiram em mim um amor profundo pelo vigor da vida e da cultura afro-brasileiras, por meio de sua história, sua língua, sua música,

Agradecimentos

sua arte, sua religião e sua culinária soberba. Eles são, sem sombra de dúvida, meus mentores e melhores amigos brasileiros.

Outra bolsa, como professor sênior da Universidade de Dartmouth, além de um prêmio do Comitê de Pesquisas e de uma verba do American Council of Learned Societies, permitiram que eu realizasse pesquisas, em 1978 e 1980, na Áustria, Tchecoslováquia, Inglaterra e Estados Unidos sobre a história das famílias Zweig e Brettauer. Harry Zohn, que tem um vasto conhecimento sobre a vida e a obra de Stefan Zweig, e Donald Prater, biógrafo de Zweig, foram extremamente generosos pelo tempo que passaram comigo e pelas informações e material que puseram à minha disposição. Aprendi muito com esses dois homens. Beneficiei-me também de minhas conversas com Alberto Dines, no Rio de Janeiro, sobre os últimos anos de vida de Stefan Zweig; e dos esclarecimentos sobre Zweig que me foram oferecidos por Leon Botstein, Klara Carmely, Editha S. Neumann e Erdmute Wenzel White, no Simpósio Internacional sobre Stefan Zweig, do qual participei em 1981, na Universidade Estadual de Nova York-Fredonia. Sou também extremamente grato aos bibliotecários do Instituto Leo Baeck, em Nova York, da Biblioteca Wiener, em Londres, da Israelitische Kultusgemeinde, em Viena, e aos curadores da International Stefan Zweig Gesellschaft, em Viena, e da Coleção Stefan Zweig de Fredonia. Todos foram incansáveis na busca de muitos documentos obscuros, para esclarecer a história das comunidades judaicas de Hohenems e Prossnitz, assim como aspectos das biografias dos Zweig e dos Brettauer.

Ao longo desse processo, muitas pessoas leram trechos e rascunhos deste trabalho e me permitiram beneficiar-me de seus comentários, críticas e conhecimentos especializados. Alice Brown, Michael Carter, Jane Coppock, James Duffy, Charlotte Hirsch, Daniel Neumann, Deborah Pellow, Susanne Zantop e o saudoso Thomas Hodgkin foram particularmente generosos nesse aspecto. Allen Howard ajudou-me com sua leitura singularmente criteriosa e perspicaz dos trechos do livro referentes a Serra Leoa, e Jonathan Boyarin fez o mesmo nos trechos concernentes à história judaica moderna. Também me beneficiei das perguntas e comentários oferecidos pelos participantes do

Grupo de Estudos sobre os Judeus no Mundo Moderno e do Grupo de Estudos sobre Biografia, no Centro de Estudos Europeus da Universidade de Harvard.

Meus colegas do Departamento de História em Dartmouth deram extremo apoio a meus interesses ao longo dos anos. Sou imensamente grato a Marysa Navarro e Kathleen Higgins por sua leitura precisa dos trechos deste livro referentes ao Brasil, e a Charles Wood e Jere Daniell por suas sugestões editoriais e por permitirem que eu tirasse proveito da clareza de seu pensamento e da objetividade de seus escritos. Gail Vernazza, nossa assistente administrativa, foi mais do que prestimosa na facilitação do preparo deste trabalho em todas as fases de sua elaboração; foi também uma presença estimulante, essencial para sua criação. Tenho para com Douglas Haynes e Michael Ermarth uma dívida de gratidão especial, pelas inúmeras discussões que tivemos a respeito de questões teóricas pertinentes a este livro, e por sua generosidade ao tecerem ponderados e extensos comentários sobre os diversos capítulos da obra. A amizade e a boa vontade de pessoas como eles fizeram de nosso departamento um refúgio muito agradável e intelectualmente estimulante para mim.

Manon Spitzer Ruben ajudou-me a conceber este livro em seus estágios iniciais, prestou-me uma assistência editorial de valor inestimável e foi infalível em seu apoio para que o trabalho fosse concluído. Sou-lhe imensamente grato. Meu irmão Carl sempre se mostrou interessadíssimo nesse projeto e foi um amigo estimulante e animador durante sua evolução. Ele e meus filhos, Alex, Oliver e Gabriel, viveram tantos anos numa espécie de relação fraterna com "o livro do Leo" que por certo darão um suspiro de alívio ao vê-lo finalmente pronto. Sua paciência foi extraordinária e seu amor e bom humor foram essenciais.

Sem Marianne Hirsch, cuja história de vida e consciência de imigrante complementam as minhas de inúmeras maneiras, eu não teria conseguido concluir este livro. Parceira e melhor amiga, sua inteligência, criatividade e confiança tenaz neste projeto e em minha capacidade foram as qualidades revigorantes que me sustentaram, estimularam e animaram ao longo dos anos. Apesar das solicitações que lhe eram impostas por nossa vida doméstica e de sua apaixonada dedicação acadêmica — estando ela mesma no processo de lecionar e de escrever um livro —, leu, em diversas ocasiões, cada uma das páginas deste trabalho e teceu comentários construtivos e criativos sobre seu desenvolvimento. Um simples agradecimento seria um modo insuficiente de reconhecer o papel insubstituível que ela desempenha em todas as frentes de minha vida.

Rose Spitzer, minha mãe, leu um rascunho integral deste livro, mas faleceu antes que ele fosse publicado. Foi ela quem me apresentou aos textos de Stefan Zweig (numa tradução para o espanhol do perfil de Joseph Fouché, que li quando menino, na Bolívia), acompanhou-me em minha primeira viagem à Áustria e me apresentou à beleza e também ao lado obscuro de "sua Viena", onde nasceu e foi criada e de onde fugiu um ano depois do *Anschluss*. Indiretamente, este livro foi meu esforço de compreender algumas facetas de sua experiência, alguns aspectos de sua vida. Tinha esperança de poder entregá-lo a ela, para que comemorasse com satisfação. Em vez disso, ofereço-o como homenagem à sua memória e choro sua ausência.

Leo Spitzer
Norwich, Vermont, novembro de 1988

Notas

Introdução [pp. 13-33]

1. Erik Erikson, *Life History and the Historical Moment*.
2. Ver Philip D. Curtin, "'The White Man's Grave': Image and Reality, 1780-1850"; e P. D. Curtin, *The Image of Africa*, pp. 177-97.
3. Para uma discussão das reformas feitas pelo imperador José, ver Capítulo 1 e C. A. Macartney, *The Habsburg Empire, 1790-1918*, pp. 1-133; William M. Johnston, *The Austrian Mind*, pp. 15-21; Wenzel Lustkandl, *Die josephinischen Ideen und ihr Einfolg*; e ainda Max Grunwald, *History of Jews in Vienna*, pp. 145-67. Quanto à imigração judaica em Viena, ver Grunwald, pp. 206, 207, 422; e Marsha L. Rozenblit, *The Jews of Vienna, 1867-1914*, pp. 18-43.
4. Jacques Barzun, *Clio and the Doctors*, pp. 153-4.
5. Martin Duberman, *The Uncompleted Past*, p. 43.
6. William M. Runyan, *Life Histories and Psychobiography*, pp. 3-6, 123--6, 172. Ver também Daniel Bertaux (Org.), *Biography and Society*, passim.
7. Runyan, *Life Histories*, pp. 8, 191.
8. Esse pressuposto é discutido e criticado em Evelyn Fox Keller, *Reflections on Gender and Science*, pp. 95, 115-7.
9. Jean-Paul Sartre, *Search for a Method*, pp. xxi, 79; Runyan, *Life Histories*, pp. 6-9.
10. Elaine Showalter, "The Dark Lady".
11. Keller, *Reflections on Gender and Science*, p. 117.
12. Clifford Geertz, *Local Knowledge*, p. 69.
13. Id.
14. Dan Rottenberg, *Finding Our Fathers*, 1977.
15. Entre os muitos exemplos autobiográficos e biográficos que retratam o processo de assimilação e exclusão, ver Hannah Arendt, *Rahel Varnhagen*; Francisco de Assis Barbosa, *A vida de Lima Barreto*; George Clare, *Last Waltz in Vienna*; Frantz Fanon, *Black Skin,*

White Masks; Ludwig Lewisohn, *Up Stream*; R. Magalhães Junior, *A vida turbulenta de José do Patrocínio*; Sigmund Mayer, *Ein judischer Kaufmann, 1831-1911*; Richard Rodriguez, *Hunger of Memory*; Toni Oelsner, "Three Jewish Families in Modern Germany: A Study of the Process of Emancipation".

16. Runyan, *Life Histories*, pp. 582-4.
17. Paul Thompson, "Life Histories and the Analysis of Social Change", p. 292.

1. A jornada para cima, a jornada para o mundo externo: A assimilação no século da emancipação [pp. 37-70]

1. Ver Reinhard Rürup, "Jewish Emancipation and Bourgeois Society", p. 67; "Emancipation", pp. 747-8.
2. Karl Rosenkranz, "Emanzipation des Fleisches", citado em Karl Martin Grass e Reinhart Koselleck, "Emanzipation", p. 167, em Otto Brunner, Werner Conze e Reinhart Koselleck (Orgs.), *Geschichtliche Grundbegriffe: Historisches Lexikon zur politisch-sozialen Sprache in Deutschland* (doravante *Historisches Lexikon*).
3. Leland H. Jenks, "Emancipation", em *Encyclopedia of the Social Sciences* (doravante ESS), pp. 483-4; "Emanzipation", in *Religion in Geschichte und Gegenwart*, pp. 449-54; "Emanzipation", in *Historisches Wörterbuch der Philosophie*, pp. 448-9; "Emanzipation", in Krug, *Allgemeines Handwörterbuch*, p. 747; *Historisches Lexikon*, pp. 154-62.
4. *Historisches Lexikon*, pp. 154-7; ESS, "Emanzipation", pp. 483-4; Krug, *Allgemeines Handwörterbuch*, pp. 747-8; Ritter, *Historisches Wörterbuch der Philosophie*, p. 448.
5. E. J. Hobsbawm, *The Age of Capital, 1848-1875*, pp. 1-5
6. Ver a discussão de Eric Foner sobre as maneiras como esses fatores afetavam as sociedades escravocratas em *Nothing but Freedom*, pp. 8-38.
7. ESS, "Emancipation", p. 484.
8. Rürup, "Jewish Emancipation and Bourgeois Society", p. 73. Ver também ESS, "Jewish Emancipation", p. 396, e "Emancipation", p. 484; e Serge Daget, "A Model of the French Abolitionist Movement and its Variations", pp. 64-80.
9. Quanto às etapas da emancipação que levaram à abolição final da escravatura no Brasil, em 1888, ver Robert Brent Toplin, *The*

Abolition of Slavery in Brazil; Robert Conrad, *The Destruction of Brazilian Slavery, 1850-1888*; Luiz Luna, *O negro na luta contra a escravidão*; e Katia M. de Queirós Mattoso, *To Be a Slave in Brazil, 1550-1888*, pp. 153-76. Ver também Robert Brent Toplin, "Upheaval, Violence, and the Abolition of Slavery in Brazil: The Case of São Paulo", *Hispanic American Historical Review*; e Thomas Blair, "Mouvements afro-brésiliens de libération, de la période esclavagiste à nos jours", *Présence Africaine*.

10. Roger Bastide e Florestan Fernandes, *Brancos e negros em São Paulo*; Florestan Fernandes, *The Negro in Brazilian Society*, pp. 1-186; Octavio Ianni, *As metamorfoses do escravo*; Fernando Henrique Cardoso, *Capitalismo e escravidão no Brasil meridional*; Luna, *O negro na luta contra a escravidão*, pp. 184-93, 202-12; Mattoso, *To Be a Slave in Brazil*, pp. 177-93.
11. Fernandes, *Negro*, p. 48. [Citações deste livro conforme o original brasileiro.]
12. Id., p. 50.
13. William A. Green, *British Slave Emancipation*, pp. 126, 129-61.
14. Foner, *Nothing but Freedom*, pp. 14, 16, 17; Green, *British Slave Emancipation*, p. 126.
15. Ver David Roberts, *Paternalism in Early Victorian England*, passim.
16. Foner, *Nothing but Freedom*, pp. 16-25; C. Holt, "'An Empire over the Mind': Emancipation, Race, and Ideology in the British West Indies and the American South; Graham Knox, "British Colonial Policy and the Problems of Establishing a Free Society in Jamaica, 1838-1865"; Green, *British Slave Emancipation*, pp. 129-61.
17. Foner, *Nothing but Freedom*, p. 31; Douglas A. Lorimer, *Colour, Class, and the Victorians*; Christine Bolt, *Victorian Attitudes to Race*; Philip D. Curtin, *The Image of Africa*, pp. 384-5.
18. A expressão "unicidade essencial de toda a natureza humana" encontra-se em Jacob Katz, "The Term 'Jewish Emancipation': Its Origin and Historical Impact", p. 9. As ideias de John Toland sobre a emancipação e a integração judaicas são apresentadas num panfleto de sua autoria, anonimamente publicado: *Reasons for Naturalizing the Jews in Great Britain and Ireland, on the Same Foot with All Other Nations*. As ideias de Lessing sobre a igualdade judaica são expressas em sua peça *Der Jude* (1754), e, especialmente, em *Nathan der Weise* (1779).

19. Christian Wilhelm von Dohm, *Über die bürgerliche Verbesserung der Juden*, Berlim, p. 130.
20. Rürup, "Jewish Emancipation and Bourgeois Society", pp. 12-3, 71.
21. Dohm, *Verbesserung* (trad. como *On the Civil Improvement of the Jews*). Alguns trechos importantes desse trabalho, traduzidos para o inglês, encontram-se em Ellis Rivkin (Org.), *Readings in Modern Jewish History*, pp. 5-7, 9-22, 50-71; Katz, "The Term 'Jewish Emancipation'", p. 3; e Katz, *Out of the Ghetto*, pp. 57-65.
22. Dohm, *Verbesserung*, p. 28; Katz, "The Term 'Jewish Emancipation'", p. 13.
23. Id., p. 34; Rürup, "Jewish Emancipation and Bourgeois Society", pp. 71-2.
24. Id., p. 110; Rürup, "Jewish Emancipation and Bourgeois Society", pp. 60, 72; Katz, *Out of the Ghetto*, pp. 64, 124.
25. Katz, *Out of the Ghetto*, pp. 64-8.
26. Para uma visão geral dessa legislação, ver Rürup, "Jewish Emancipation and Bourgeois Society", pp. 75-80; Kurt Stillschweig, "Jewish Assimilation as an Object of Legislation", pp. 1-18; e Katz, *Out of the Ghetto*, pp. 66, 127-9. Na Áustria, o Edito de Tolerância obrigou os judeus, nos domínios do imperador, a construírem suas próprias escolas ou mandarem seus filhos para instituições cristãs. O edito foi publicado em Alfred Pribam, *Urkunden und Akten zur Geschichte der Juden in Wien*, pp. 494-500. v. 1. É possível encontrar uma tradução em Raphael Mahler (Org.), *Jewish Emancipation*, pp. 18-20. Também se encontram traduções de trechos do edito em Paul R. Mendes-Flohr e Jehuda Reinharz (Orgs.), *The Jew in the Modern World*, pp. 34-6.
27. Katz, *Out of the Ghetto*, p. 128.
28. Id., p. 84. Na verdade, o apelo a uma "reforma da indumentária" foi um componente fundamental da ideologia catequética durante o "século da emancipação". Ver os capítulos 2, 3, 4 e 6 do presente volume para algumas ilustrações específicas desse fenômeno, em Serra Leoa, no Brasil e na Áustria.
29. Ver Katz, *Out of the Ghetto*, p. 65 e n. 26, p. 233. Ver também Pribam, *Urkunden und Akten*, p. 498. v. 1.
30. Dohm, *Verbesserung*, p. 110; Rürup, "Jewish Emancipation and Bourgeois Society", p. 72. Ver também David S. Landes, "The Jewish Merchant: Typology and Stereotypology in Germany", pp. 11-30.

31. Landes, "Merchant", pp. 12-14; Monika Richarz, "Jewish Social Mobility in Germany during the Time of Emancipation (1790-1871)", pp. 71-2; Rürup, "Jewish Emancipation and Bourgeois Society", p. 81.
32. Vale notar, entretanto, como indica Reinhard Rürup, que esse acesso raramente era conseguido sem exceções, "e frequentemente [o era] em condições que depois reduziam o valor prático dessas concessões". Rürup, "Jewish Emancipation and Bourgeois Society", p. 81.
33. Richarz, "Jewish Social Mobility in Germany during the Time of Emancipation", p. 71; Landes, "Merchant", p. 13.
34. Três livros do século xx, escritos por sociólogos influentes, e que se referem à assimilação no sentido de conformidade e fusão completas, são um indício da persistência dessa definição do termo: Robert E. Park e E. W. Burgess, *Introduction to the Science of Sociology*, p. 735; J. Gould e W. L. Kolb (Orgs.), *A Dictionary of the Social Sciences*, p. 38; e G. A. Theodorson e A. G. Theodorson, *A Modern Dictionary of Sociology*, p. 17.
35. Milton M. Gordon, *Assimilation in American Life: The Role of Race Religion, and National Origin*, pp. 60-83.
36. Id., p. 79.
37. Ver Capítulos 2 e 6.
38. Ver Pribam, *Urkunden und Akten*, pp. 494-500. v. I; Katz, *Out of the Ghetto*, p. 164. Ver o Capítulo 3 do presente volume.
39. Para uma discussão adicional desse ponto, ver o Capítulo 3. Ver também Sigmund Mayer, *Ein judischer Kaufmann, 1831 bis 1911*, pp. 175-214; Carl Cohen, "The Road to Conversion", pp. 259-79. Peter Gay, *Freud, Jews and Other Germans*, passim; e Jacob Katz, *From Prejudice to Destruction*, pp. 223-9, 281-91.
40. Gordon, Assimilation, pp. 77-8; Jurgen Ruesch, Annemarie Jacobson e Martin B. Loeb, "Acculturation and Illness", pp. 1-2, 10-5.
41. Para uma discussão geral dessa orientação pedagógica, tal como foi desenvolvida por Andrew Bell e Joseph Lancaster nas escolas monitoradas por alunos, na Inglaterra, e logo aplicada na maior parte da Europa Ocidental e Central, assim como na América do Norte e em áreas de dominação colonial britânica, ver Mary Jo Maynes, *Schooling in Western Europe: A Social History*, pp. 55, 76-7. Ver também C. Kaestle (Org.), *Joseph Lancaster and the Monitorial School Movement*, e Lawrence Stone (Org.), *Schooling and Society*, pp. 3-19,

177-91. Para a discussão de uma aplicação específica dessa filosofia educacional em Serra Leoa, ver o Capítulo 2 deste livro.
42. Ruesch, Jacobson e Loeb, "Acculturation and Illness", p. 22; David Milner, Children and Race, Londres, pp. 35-60.
43. Ruesch, Jacobson e Loeb, "Acculturation and Illness", p. 22.
44. Id., ibid., p. 24.
45. Id., ibid., p. 23.
46. Katz, Out of the Ghetto, p. 84.
47. Ver o Capítulo 3.
48. Ver, por exemplo, Julius Furst, Henriette Herz, ihr Leben und ihre Erinnerungen, e Hannah Arendt, Rahel Varnhagen.
49. Egon Schwarz, "Melting Pot or Witch's Cauldron? Jews and Anti-Semites in Vienna at the Turn of the Century", pp. 271-2.
50. O desenvolvimento de estereótipos dos papéis sexuais, na Europa dos primórdios da industrialização, é discutido em Karin Hausen, "Family and Role-Division: The Polarisation of Sexual Stereotypes in the Nineteenth Century — An Aspect of the Dissociation of Work and Family Life". Ver também Martha Vicinus, Suffer and Be Still; e Maynes, Schooling in Western Europe, pp. 46, 63.
51. Hobsbawm, The Age of Capital, pp. 237-41; Joan Kelly, Women, History, and Theory, pp. 53, 57, 128-34; Michael Mitteraruer e Reinhard Sieder, The European Family, pp. 129-32; Dieter Claessens e Ferdinand W. Menne, "Zur Dynamik der bürgerlichen Familie und ihrer möglichen Alternativen", pp. 169 ss.
52. Kelly, Women, History, and Theory, pp. 126-34; Barbara Corrado Pope, "Angels in the Devil's Workshop: Leisured and Charitable Women in Nineteenth Century England and France", pp. 296-324.
53. Ver Capítulo 2.
54. J. Pinto de Campos, Carta ao Excelentíssimo Senhor Ministro dos Negócios Eclesiásticos, p. 20. Ver também o capítulo "A mulher e o homem" de Sobrados e mucambos, de Gilberto Freyre.
55. Para uma discussão instigante sobre a relação entre a educação e os estereótipos dos papéis sexuais na Europa Ocidental, ver Linda L. Clark, Schooling the Daughters of Marianne. Ver também F. Mayeur, L'Éducation des filles en France au XIXe siècle, e L. Strumingher, What Were Little Girls and Boys Made of?.
56. Ver o Capítulo 4. Ver também Herbert S. Klein, "The Colored Freedmen in Brazilian Slave Society", pp. 30-52; A. J. R. Russell-

-Wood, "Colonial Brazil", pp. 98-108; Herbert S. Klein, "Nineteenth--Century Brazil", pp. 309-34; e Donald Pierson, "Ascensão social do mulato brasileiro", pp. 107-19.
57. Ver o Capítulo 4 para uma discussão mais completa do "embranquecimento". Ver também Thomas E. Skidmore, *Black into White*; e Carl N. Degler, *Neither Black nor White States*, pp. 153-204.
58. O conceito da orientação do "grupo primário" e do "grupo secundário" foi sugerido pela primeira vez pelo sociólogo norte-americano Charles Horton Cooley. Ver sua *Social Organization*, Capítulo 3. Ver também Gordon, *Assimilation*, pp. 31-32, para uma discussão desse conceito.
59. Marsha L. Rozenblit, *The Jews of Vienna, 1867-1914*, pp. 1-12.
60. Erik H. Erikson utiliza a expressão "entremeadas com a história" em sua discussão sobre a identidade psicossocial em *Life History and the Historical Moment*, p. 20.

2. Erguendo-se da escravidão: A história dos May [pp. 71-125]

1. Os escravos "recapturados" pelas esquadras navais britânicas na costa da África Ocidental, e libertados em Freetown nas primeiras décadas do século XIX, eram comumente conhecidos como "novos cativos" ou "africanos libertos".
2. Methodist Missionary Archives (Londres), Sierra Leone Boxes (doravante MMA-SL), carta de Joseph May, 18 dez. 1846. Ver também MMA-SL, carta de Joseph May, 23 dez. 1868.
3. Para uma discussão relacionada com esse aspecto — a crença "em que dominar a língua do senhor era a *única* via para a civilização e para a liberdade intelectual e a igualdade social de uma pessoa negra", ver Henry Louis Gates, Jr., "Authority (White) Power and the (Black) Critic: It's All Greek to Me", pp. 19-46. Ver também seu livro *Figures in Black*, pp. 3-28, e seu artigo "Editor's Introduction: Writing 'Race' and the Difference it Makes", pp. 7-15.
4. Essa definição se encontra em Dulcie R. Nicolls, "The Effects of Western Education on the Social Attitudes of the Creoles in Sierra Leone", p. 7.
5. MMA-SL, carta de Joseph May, 8 maio 1843.
6. MMA-SL, carta de Joseph May, 18 dez. 1846.

7. Ver, por exemplo, MMA-SL, carta de Joseph May, 18 dez. 1846. Nessa carta, ele faz um relato fascinante de um encontro com outro falante da língua ioruba, que era um adorador de "ídolos": "Um deles [...] aproximou-se de mim, enfurecido, e se postou numa atitude ameaçadora [e] disse: 'adore o seu Deus, que eu adoro o meu'; apontou para as pessoas de outras tribos que estavam ali por perto e disse: 'pois a esses que não têm uma língua inteligível, é preciso dar um desconto por sua ignorância, mas, quanto a você [...], que renegou os deuses de seus pais, que o trouxeram ao mundo, e tem a pretensão de saber mais do que eles, adorando os deuses do homem branco, não sei o que dizer a seu respeito'; [e] continuou a xingar e praguejar e ameaçar, dizendo: 'nunca mais, nunca mais volte aqui para me perturbar e me tapear com suas asneiras e sua insolência; se você está fora do seu juízo, é melhor não chegar perto'. Poucos dias depois, provocou-me surpresa ver essa mesma pessoa trazer-me dois filhos para a escola, dizendo: 'paizinho [isto é, padre], leve meus filhos para sua escola; embora eu cultue os deuses que me fizeram, de acordo com os costumes de meu pai que me trouxe ao mundo, não vou deixar que estes aqui adorem deuses rurais, como eu, e portanto lhe peço que lhes ensine bem, que lhes ensine direito por mim'".
8. Eric J. Hobsbawm, *The Age of Capital, 1848-1875*, p. 274.
9. Embora May não tenha sido explícito a respeito dessa ligação nesse momento de sua vida, escreveu sobre ela ao reverendo W. Boyce em 1868. Ver MMA-SL, carta de Joseph May, 23 dez. 1868.
10. Hobsbawm, *Age of Capital*, p. 235.
11. MMA-SL, Joseph May, declaração autobiográfica de conversão, out. 1838 (doravante MMA-SL/J. May, 1838). Ver também J. Claudius May, *A Brief Sketch of the Life of the Rev. Joseph May, Native of the Yoruba Country...* (doravante J. Claudius May, *Life of [...] Joseph May*), p. 18.
12. J. Claudius May, *Life of [...] Joseph May*, pp. 18-9; MMA-SL, cartas de Joseph May de 18 dez. 1846, 19 out. 1857 e 8 nov. 1873, nas quais ele enfatiza a vantagem de usar a língua vernácula para lecionar e converter os africanos libertos que falavam ioruba. O desenvolvimento do ioruba como língua escrita ganhou impulso na década de 1840. Esse movimento foi estimulado pelo interesse governamental, missionário e comercial dos britânicos no Níger e por um pequeno grupo de africanos libertos de língua ioruba, em Serra Leoa, que

desejavam estudar essa língua e nela produzir uma literatura. Ver P. E. H. Hair, *The Early Study of Nigerian Languages*, pp. 4-5.

13. J. Claudius May, *Life* [...] *of Joseph May*, p. 18.

14. "Crioulo" [*Creole*] foi um termo que passou a descrever os descendentes "nascidos na colônia" de todos os grupos negros que se estabeleceram em Serra Leoa sob a proteção dos ingleses (indigentes, nova-escoceses, quilombolas e africanos libertos) depois de 1787. Esse termo, semelhante a *"criollo"* nas regiões hispânicas do Novo Mundo, era largamente utilizado nas Índias Ocidentais britânicas, onde também concernia à diferença entre os "nativos da colônia" e os "nativos da metrópole". Nos últimos anos, J. G. Akintola Wyse e outros historiadores de Serra Leoa optaram por utilizar "Krio", em vez de "crioulo", como termo identificador dos membros da comunidade surgidos durante os séculos XIX e XX. Com isso, pretendem destacar a identidade histórica contínua desse grupo no tecido multiétnico de Serra Leoa. Ver Wyse, "Searchlight on the Krios of Sierra Leone" (artigo não publicado, Freetown, Serra Leoa) e seu *The Krio of Sierra Leone*. Ver também Murray Last e Paul Richards (Orgs.), *Sierra Leone, 1787-1987*, passim. Considero anacrônica essa utilização e optei por empregar "crioulo", termo que os membros desse grupo aplicavam a si mesmos durante a maior parte do período a que se refere este livro. Quanto a Betsy Ricket e William Wilberforce, ver "Family Record of Births & C. of the Rev. Joseph May and Mrs. A. May" e "Genealogical Chart of the May, Stuart, Faulkner families", originais manuscritos apresentados ao autor pela sra. I. Stuart e pela sra. Garnet Smith em 26 jan. 1976.

15. J. Claudius May, *Life* [...] *of Joseph May*, p. 19.

16. MMA-SL, carta de Joseph May de 25 mar.1861. Ver também sua carta de 18 nov. 1858, que expõe sua postura quanto à relação adequada das mulheres com seus maridos e pais. Naturalmente, como demonstrou E. Frances White, muitas mulheres nascidas na colônia de Serra Leoa escaparam às restrições econômicas da esfera doméstica e passaram a ter uma participação predominante nas atividades mercadológicas e de comércio. Ver E. Frances White, "Creole Women Traders in Sierra Leone: An Economic and Social History, 1792-1945", pp. 56-68, 78-92. Ver também seu livro *Sierra Leone's Settler Women Traders*.

17. Ann Wilberforce May é mencionada em MMA-SL, cartas de 18 dez. 1846, 16 maio 1854 e 19 jul. 1866; em J. Claudius May, *Life* [...] *of Joseph*

May, pp. 18-9; em "Family Record of Births & C. of the Rev. Joseph May and Mrs. A. May"; e na "Genealogical Chart of the May, Stuart, Faulkner families".

18. MMA-SL/J. May, 1838.
19. "Iwarreh" era a grafia dada por May ao nome da cidade. Ver também Samuel Johnson, *The History of the Yorubas, from the Earliest Times to the Beginning of the British Protectorate*, p. 234; e J. Claudius May, *Life* [...] *of Joseph May*, p. 7.
20. Ifacaié = Ifákayé. O nome significa "Ifá abarca o mundo". Sou grato à professora Karin Barber pelas traduções e pela ajuda com a ortografia ioruba. Para uma discussão geral dos nomes iorubas, ver Modupe Oduyoye, *Yoruba Names*; Johnson, *The History of the Yorubas*, pp. 79-89; e J. Claudius May, *Life* [...] *of Joseph May*, p. 7.
21. J. Claudius May, *Life* [...] *of Joseph May*, p. 7.
22. MMA-SL/J. May, 1838; J. Claudius May, *Life* [...] *of Joseph May*, pp. 7-8; Hugh Clapperton, *Journal of a Second Expedition into the Interior of Africa, from the Bight of Benin to Soccatoo. To which is added, the Journal of Richard Lander from Kano to the Sea-coast, partly by a more eastern route*, pp. 28, 61-5.
23. Robin Law, *The Oyo Empire, c. 1600-c. 1836*, p. 90. Law calcula que Oyo tivesse uma área de aproximadamente 31 quilômetros quadrados.
24. Oió-Ilê era conhecida como Katunga pelos nupes, pelos hauçás e pelos primeiros visitantes europeus. Ver Clapperton, *Journal of a Second Expedition into the Interior of Africa*, pp. 33, 56-8; Peter Morton-Williams, "The Oyo Yoruba and the Atlantic Trade, 1670-1830", pp. 25-45; J. F. A. Ajayi, "The Aftermath of the Fall of Old Oyo", p. 136. v. 2; e Law, *The Oyo Empire*, pp. 228-33.
25. Law, *The Oyo Empire*, p. 7; Ajayi, "The Aftermath of the Fall of Old Oyo", p. 130.
26. Ver J. F. Ade Ajayi e Robert Smith, *Yoruba Warfare in the Nineteenth Century*, pp. 9-33; e Ajayi, "The Aftermath of the Fall of Old Oyo", p. 141.
27. Quanto aos antecedentes do movimento revolucionário islâmico dos hauçás e peúles e seu impacto sobre as regiões vizinhas, ver S. J. Hogben e A. H. M. Kirk-Greene, *The Emirates of Northern Nigeria*; H. A. S. Johnston, *The Fulani Empire of Sokoto*; e Mervyn Hiskett, *The Sword of Truth: The Life and Times of the Shehu Usuman Dan Fodio*.

28. *"Laiye Abiodun I'afi igba won 'wo/ Laiye Awole l'adi adikale."* Ver Robert S. Smith, *Kingdoms of the Yoruba*, p. 140.
29. J. Claudius May, *Life* [...] *of Joseph May*, p. 7. Ikotto é, provavelmente, a moderna Koto, perto de Ijaye, no distrito de Epo. Ver Johnson, *The History of the Yorubas*, p. 234.
30. Para uma excelente descrição das cidades e aldeias iorubanas no Antigo Império Oyo, ver Johnson, *The History of the Yorubas*, pp. 90--4; e Ajayi e Smith, *Yoruba Warfare*, pp. 23-8. Para uma discussão do urbanismo dos iorubas em épocas recentes e da disposição e morfologia das cidades iorubanas, ver A. Ojo, *Yoruba Culture*, pp. 104-57.
31. Johnson, *The History of the Yorubas*, p. 234.
32. Id., ibid., pp. 234, 386.
33. Id., ibid.; Law, *The Oyo Empire*, p. 194, n. 92, 260, n. 80, 280, 286, 290; Philip D. Curtin (Org.), *Africa Remembered*, pp. 299-300, n. 20, para uma discussão da utilização da renda obtida com a venda de escravos na aquisição de cavalos para a cavalaria.
34. O relato de MMA-SL/J. May, 1838, difere do que se encontra em J. Claudius May, *Life* [...] *of Joseph May*. Este último indica que apenas uma das irmãs foi capturada.
35. J. Claudius May, *Life* [...] *of Joseph May*, p. 8.
36. "Essas pessoas que provocaram esta guerra não são uma outra nação", escreveu Joseph Wright num relato sobre sua escravização. "Somos todos uma só nação, falando uma só língua." "The Life of Joseph Wright — A Native of Akoo", em MSS-SL, 1835-1840. Ver também Curtin (Org.), *Africa Remembered*, pp. 317-33.
37. "Letter of Mr. Samuel Crowther to the Rev. William Jowett, in 1837, then Secretary of the Church Missionary Society, Detailing the Circumstances Connected with His Being Sold as a Slave", em Curtin (Org.), *Africa Remembered*, p. 301.
38. MMA-SL/J. May, 1838; J. Claudius May, *Life* [...] *of Joseph May*, pp. 8, 20. A história da irmã de Ifacaié forneceria uma comparação interessante com a dele. Infelizmente, são poucas as informações disponíveis sobre ela. Resgatada pelo pai na época do cativeiro de Ifacaié, não se sabe ao certo quando voltou a ser escravizada, onde e como foi emancipada e de que modo acabou chegando a Gâmbia. Sabemos, pelo relato de J. Claudius May (p. 20), que ela se casou com "um certo sr. Joseph Wright" em Bathurst, e que o casal "teve três ou quatro filhos". A melhor análise das diferenças na escravização

e nas experiências das mulheres durante a época do tráfico de escravos encontra-se no estudo de Claire Robertson e Martin Klein (Orgs.), *Women and Slavery in Africa*.

39. MMA-SL/J. May, 1838; J. Claudius May, *Life* [...] *of Joseph May*, p. 8.
40. Quanto à natureza da escravidão doméstica dos iorubas, ver E. A. Oroge, "The Institution of Slavery in Yorubaland with Particular Reference to the Nineteenth Century"; e Law, *The Oyo Empire*, p. 206. Para a melhor história da escravidão no interior da África e para uma análise da relação entre a escravidão doméstica e o comércio transatlântico de escravos, ver Paul Lovejoy, *Transformations in Slavery*.
41. J. Claudius May, *Life* [...] *of Joseph May*, p. 8.
42. MMA-SL/J. May, 1838.
43. J. Claudius May, *Life* [...] *of Joseph May*, p. 7; Johnson, *The History of the Yorubas*, p. 81.
44. J. Claudius May, *Life* [...] *of Joseph May*, p. 9.
45. Badagry pagava tributos a Oió na década de 1820, o que sugere que a marcha de Ifacaié para o sul deve ter seguido a principal rota de comércio de Oió até esse entreposto costeiro. Normalmente essa rota comercial passava pelo território de Egbado. Ver Law, *The Oyo Empire*, p. 180; Morton-Williams, "The Oyo Yoruba and the Atlantic Trade, 1670-1830", p. 40; e Crowther, em Curtin (Org.), *Africa Remembered*, p. 297. O acampamento era uma área cercada ou fortificada na qual eram confinados os escravos que estavam à espera de embarque ou revenda.
46. Adalay é descrito em J. Claudius May, *Life* [...] *of Joseph May*, como o "principal guerreiro do rei [...], parente de Akitoye ou Kosoko". É provável, no entanto, que Adalay fosse Adele, o líder exilado de Lagos que dominou Badagry a partir de *c.* 1821. Ver R. Lander e J. Lander, *Journal of an Expedition to Explore the Course and Termination of the Niger*, pp. 47-48. v. 1; Law, *The Oyo Empire*.
47. MMA-SL/J. May, 1838; J. Claudius May, *Life* [...] *of Joseph May*, p. 9. Ver os relatos de Joseph Wright e Samuel Crowther em Curtin (Org.), *Africa Remembered*, pp. 313, 331, para a expressão de temores similares.
48. J. Claudius May, *Life* [...] *of Joseph May*, p. 9.
49. Samuel Ajayi Crowther, *Journal of an Expedition up the Niger and Tshadda Rivers*, pp. 380-1.

50. "Family Record of Births & C. of the Rev. Joseph May and Mrs. A. May" aponta o dia 31 dez. 1826 como a data do embarque. *Liberated African Register*, nos Arquivos de Sena Leoa do Fourah Bay College, Freetown, Serra Leoa (doravante SL/LAR), Documento nº 238.
51. J. Claudius May, *Life* [...] *of Joseph May*, p. 9.
52. MMA-SL/J. May, 1838.
53. Ver SL/LAR, pp. 97, 113, 196. Quanto à função e aos deveres do Esquadrão Antiescravagista, em sua tarefa de pôr em prática a decisão britânica de abolir o comércio de escravos, ver Christopher Lloyd, *The Navy and the Slave Trade*.
54. Em 1848, quando o *Dois Amigos* voltou a ser capturado, 384 pessoas foram libertadas. SL/LAR, p. 495.
55. J. Claudius May, *Life* [...] *of Joseph May*, p. 10.
56. A melhor descrição contemporânea do processo de libertação e da vida no King's Yard encontra-se em [Elizabeth Melville] *A Residence at Sierra Leone, described from a journal kept on the spot, and from letters written to friends at home by Elizabeth Helen Melville*, pp. 208-15. Ver também William Hamilton, "Sierra Leone and the Liberated Africans", *The Colonial Magazine and Commercial Maritime Journal*, pp. 327-34, 463-9; e John Peterson, *Province of Freedom*, pp. 181-6.
57. Johnson U. J. Asiegbu, *Slavery and the Politics of Liberation, 1787-1861*, p. 25.
58. [Melville], *A Residence at Sierra Leone*, p. 201.
59. A citação original pode ser encontrada nos arquivos da Sociedade Missionária Eclesiástica, Londres, CMS:CA1/079/2, de Samuel Crowther para o reverendo William Jowett, Fourah Bay, 22 fev. 1837, pp. 9-10. Ver também Crowther, *Journal*, p. 382, para maiores detalhes.
60. Ver A. Fajana, "Some Aspects of Yoruba Traditional Education", pp. 16-28; Ojo, *Yoruba Culture*, pp. 193-235, para uma discussão do teor da filosofia iorubana; Catherine M. U. MacLean, "Yoruba Mothers: A Study of Changing Methods of Child-Rearing in Rural and Urban Nigeria", pp. 253-63; e Karin Barber, "How Man Makes God in West Africa: Yoruba Attitudes Towards the *Orisa*", pp. 724-45.
61. Ver Wande Abimbola, "The Literature of the Ifa Cult", em S. O. Biobaku (Org.), *Sources of Yoruba History*, pp. 41-6; Wande Abimbola, *Ifa Divination Poetry*, pp. 1-15; William Bascom, *The Yoruba of Southwestern Nigeria*, pp. 70-1; Daryll Forde, *The Yoruba-Speaking*

Peoples of South-Western Nigeria, pp. 29-30; E. McClelland, *The Cult of Ifá among the Yoruba*; e Johnson, *The History of the Yorubas*, pp. 32-4.

62. A literatura sobre a religião ioruba é vasta. Uma introdução ao assunto pode ser lida em Johnson, *The History of the Yorubas*, pp. 26-39; J. O. Awolabu, *Yoruba Beliefs and Sacrificial Rites*; William Bascom, *The Yoruba of Southwestern Nigeria*; E. B. Idowu, *Olódumarè: God in Yoruba Belief*; e E. McClelland, *The Cult of Ifá among the Yoruba*. Ver também Karin Barber, "How Man Makes God in West Africa: Yoruba Attitudes Towards the *Orisa*", pp. 724-44.

63. Johnson, *The History of the Yorubas*, pp. 26-39, 125-6; Bascom, *Yoruba of Southwestern Nigeria*, pp. 20, 65.

64. Há uma cópia das "Instructions to the Sierra Leone Company Directors" na Sierra Leone Collection, Biblioteca do Fourah Bay College, Freetown.

65. Ver Philip D. Curtin, *The Image of Africa*, pp. 238-40, 414-5; Leo Spitzer, *The Creoles of Sierra Leone*, p. 45; Edward H. Berman (Org.), *African Reactions to Missionary Education*, pp. 5-6; e [Melville], *A Residence at Sierra Leone*, pp. 252-3. "Percebemos", escreveu a sra. Melville em 1846, "que aquilo que o negro deseja não é tanto o *intelecto*, porém um campo maior de exemplos e incentivos de terceiros, que lhe ensinem a exercer o juízo que seu Criador lhe deu."

66. A carta encontra-se no *Liberated African Department Letterbook, 1831--1834*, Arquivos do Governo de Serra Leoa, Freetown.

67. J. Claudius May, *Life [...] of Joseph May*, p. 10.

68. Ele e seus companheiros do *Dois Amigos* foram oficialmente emancipados em 9 abr. 1827, dois meses depois de sua chegada à colônia de Serra Leoa. Ver SL/LAR, p. 238.

69. Peterson, *Province of Freedom*, p. 93.

70. O projeto de MacCarthy foi publicado em Christopher Fyfe (Org.), *Sierra Leone Inheritance*, pp. 131-4. Ver também Raymond T. Smith, "Religion in the Formation of West Indian Society: Guyana and Jamaica", pp. 312-41, para uma avaliação similar do papel do ensino religioso nas Índias Ocidentais britânicas.

71. Manon Spitzer, *The Settlement of Liberated Africans in the Mountain Villages of the Sierra Leone Colony, 1808-1841*, pp. 103-4.

72. Id., ibid., pp. 45-6; M. L. Charlesworth, *Africa's Mountain Valley, or the Church in Regent's Town, West Africa*, p. 37.

73. Charlesworth, *Africa's Mountain Valley*, pp. 40-1; Peterson, *Province of Freedom*, p. 111; Manon Spitzer, "The Settlement of Liberated Africans", pp. 50-1.
74. Peterson, *Province of Freedom*, p. 112; Charlesworth, *Africa's Mountain Valley*, p. 43.
75. Ver P. D. Curtin, "'The White Man's Grave': Image and Reality, 1780-1850", pp. 94-5; Peterson, *Province of Freedom*, pp. 139-48; *Church Missionary Society Atlas*, p. 14; e Manon Spitzer, "The Settlement of Liberated Africans", pp. 59-60.
76. Ver Peterson, *Province of Freedom*, p. 161. Regent tinha uma população de 1300 habitantes em 1827, além de trinta africanos libertos que valiam mais de quatrocentos dólares (p. 274).
77. Peterson, *Province of Freedom*, p. 64.
78. Embora a descrição de Johnson se refira apenas a meninos, as meninas também recebiam aulas por esse método nas escolas. Ver Charlesworth, *Africa's Mountain Valley*, pp. 43-4. Ver também D. L. Sumner, *Education in Sierra Leone*, p. 21; Peterson, *Province of Freedom*, p. 64; Curtin, *Image of Africa*, p. 262; e Manon Spitzer, "The Settlement of Liberated Africans", p. 44. Para uma discussão geral da filosofia de ensino elaborada por Andrew Bell e Joseph Lancaster nas escolas monitoradas por alunos na Inglaterra, ver Mary Jo Maynes, *Schooling in Western Europe*, pp. 55, 76-7. Ver também C. Kaestle (Org.), *Joseph Lancaster and the Monitorial School Movement*.
79. Berman (Org.), *African Reactions to Missionary Education*, pp. 7-9; Peterson, *Province of Freedom*, pp. 117, 153.
80. Ver *Liberated African Department Letterbook, 1820-1826*, de J. Reffel, superintendente-chefe, para os superintendentes das aldeias, em 15 ago. 1822; e Manon Spitzer, "The Settlement of Liberated Africans", p. 39; e Peterson, *Province of Freedom*, pp. 153-5.
81. Citado em Manon Spitzer, "The Settlement of Liberated Africans", p. 22. Descrevendo as aulas que dava a uma dessas crianças "protegidas", a sra. Melville escreveu: "... Dou-lhe uma aula diária numa linguagem mais inteligível, apontando cada peça do mobiliário etc., e enunciando seu nome com clareza, até ela pronunciar lentamente, depois de mim: 'cadeira, mesa, janela ou porta'. [...] Ela parece ter uns nove anos e, embora, no que concerne a sua capacidade de leitura, não conheça mais do que seu alfabeto, consegue repetir de cor o livro de catecismo e um ou dois hinos — ignorando completa-

mente, o tempo todo, o significado de uma só palavra!". *A Residence at Sierra Leone*, p. 74.

82. Peterson, *Province of Freedom*, pp. 101-2.
83. J. Claudius May, *Life* [...] *of Joseph May*, p. 11.
84. Id., ibid., p. 11.
85. Id., ibid., p. 12.
86. Id., ibid., p. 12.
87. Para um outro exemplo, ver o relato da sra. Melville sobre seu relacionamento com suas crianças africanas libertas "protegidas". *A Residence at Sierra Leone*, pp. 58-9, 73-4, 251-5.
88. Para um relato da história dos primórdios do Fourah Bay College, ver Sumner, *Education in Sierra Leone*, pp. 38, 56-67; e Christopher Fyfe, *A History of Sierra Leone*, pp. 236-7, 405 passim.
89. J. Claudius May, *Life* [...] *of Joseph May*, p. 12.
90. Aproximadamente dez anos mais velho do que Joseph May, Crowther acabou se tornando um dos africanos mais conhecidos entre os britânicos e norte-americanos cristãos. Atuou como um dos principais agentes do processo "civilizador" e se alçou à posição de bispo anglicano, tendo sido o primeiro africano a usar esse título. Para informações biográficas sobre Crowther, ver Jesse Page, *The Black Bishop*; J. F. Ade Ajayi, *Christian Missions in Nigeria*; e J. F. Ade Ajayi, "Samuel Ajayi Crowther of Oyo", em Curtin (Org.), *Africa Remembered*, pp. 289-98.
91. J. Claudius May, *Life* [...] *of Joseph May*, pp. 12-14; MMA-SL/J. May, 1838.
92. J. Claudius May, *Life* [...] *of Joseph May*, p. 13; MMA-SL/J. May, 1838.
93. Ver Arthur Porter, "Religious Affiliation in Freetown, Sierra Leone", , pp. 3-14; e Peterson, *Province of Freedom*, p. 231.
94. MMA-SL, carta de Joseph May de 25 mar. 1861. É possível que o juízo negativo de Ifacaié sobre o islamismo tenha decorrido de sua associação dessa religião com os acontecimentos, na aldeia iorubana, que levaram a seu cativeiro inicial.
95. Naturalmente, a crítica desdenhosa de Baxter não tinha fundamento, pois, nessa época, tanto os anglicanos quanto os grupos dissidentes cristãos incluíam pregadores negros.
96. MMA-SL/J. May, 1838.
97. J. Claudius May, *Life* [...] *of Joseph May*, pp. 13-4; MMA-SL/J. May, 1838; James W. St. G. Walker, *The Black Loyalists*, pp. 345-6, traz uma

Notas

excelente descrição de um culto metodista nos primeiros tempos da colônia de Serra Leoa.

98. MMA-SL/J. May, 1838.
99. J. Claudius May, *Life* [...] *of Joseph May*, p. 15.
100. Id.; MMA-SL/J. May, 1838.
101. J. Claudius May, *Life* [...] *of Joseph May*, p. 15; MMA-SL/J. May, 1838.
102. MMA-SL/J. May, 1838. Embora essa descrição remetida à sede da Sociedade Missionária Metodista, em Londres, siga um estilo formal, destinado a obter apoio público para a atividade missionária, parece claro que sua intensidade comovida não era falsa.
103. J. Claudius May, *Life* [...] *of Joseph May*, p. 15.
104. "Family Record of Births & C. of the Rev. Joseph May and Mrs. A. May" registra sua data de batismo como 3 abr. 1836, quase nove anos depois de sua "emancipação" oficial em Serra Leoa. O reverendo John May morreu em 4 out. de 1828. Ver Charles Marke, *Origin of Wesleyan Methodism in Sierra Leone and History of its Missions*, p. 31.
105. Peterson, *Province of Freedom*, p. 128, discute essa exigência por parte dos missionários da SME. A expressão "sentir uma pontada no coração" é citada no livro dele.
106. J. Claudius May, *Life* [...] *of Joseph May*, pp. 15-6; MMA-SL/J. May, 1838.
107. Is, 61; J. Claudius May, *Life* [...] *of Joseph May*, pp. 15-6; MMA-SL/J. May, 1838.
108. MMA-SL/J. May, 1838.
109. J. Claudius May, *Life* [...] *of Joseph May*, pp. 16-7.
110. Id., p. 17.
111. MMA-SL, carta de Joseph May de 18 dez. 1846.
112. Id.; outras cartas da década de 1840, passim.
113. Ele morreu em 8 mar. 1891.
114. Ver Spitzer, *Creoles*, pp. 45-69.
115. Quanto às dificuldades posteriores de May com o sistema missionário, fosse com seus ministros brancos ou com os negros, ver MMA-SL, cartas de Joseph May de 24 nov. 1873, 27 mar. 1874, 20 jul. 1875, 23 jul. 1875, 11 ago. 1875, 14 ago. 1875, 10 abr. 1876, 30 jan. 1877, 2 maio 1877, 15 maio 1877, 14 out. 1877, 16 jan. 1878, 2 set. 1878, 19 abr. 1882 e 29 abr. 1882.
116. MMA-SL, carta de Joseph May ao reverendo John Kilner, 29 de abril de 1882.
117. Peter Gay, *The Bourgeois Experience: Victoria to Freud*. v. 1: *Education of the Senses*, p. 12.

3. A entrada na burguesia: A história dos Zweig e dos Brettauer [pp. 126-65]

1. Prostějov (Prossnitz) fica atualmente na República Tcheca. Em 1713, um total de 319 famílias judias, ou 1393 indivíduos, foram autorizadas a residir em Prossnitz; em 1793, esse número teve um ligeiro aumento, chegando a 328 famílias ou 1459 pessoas. Na Morávia, somente Nikolsburg tinha uma comunidade judaica maior que a de Prossnitz. Hugo Gold (Org.), *Gedenkbuch der Untergangenen Judengemeinden Mährens*, p. 104; C. Macartney, *The Habsburg Empire, 1790-1918*, p. 77.
2. Gold (Org.), *Gedenkbuch... Mährens*, pp. 95, 103; Berthold Oppenheim, "Geschichte der Juden in Olmutz", em Hugo Gold (Org.), *Die Juden und Judengemeinden Mährens in Vergangenheit und Gegenwart*, pp. 451--2; H. H. Ben-Sasson (Org.), *A History of the Jewish People*, pp. 565, 579-80.
3. Gold (Org.), *Gedenkbuch... Mährens*, p. 104.
4. A população cristã, que vivia em 347 casas, somava 1975 pessoas. Ver A Tänzer, *Die Geschichte der Juden in Hohenems und im ubrigen Vorarlberg*, p. 109. Com respeito à história dos primeiros povoamentos judaicos em Hohenems, ver Tänzer, Capítulos 2 e 3.
5. *Die Nachkommen von Moses (Josef) Zweig und Elka (Katti) Chaja Sarah Spitzer: Eine Nachfahrenliste bearbeitet von Julius Röder, Archivar*, Olmutz, 1932 (doravante *Nachfahrenliste*), pp. 4-10.
6. Para uma comparação, ver Toni Oelsner, "Three Jewish Families in Modern Germany", p. 57.
7. Para uma discussão geral dos poderes e dos deveres dos líderes comunitários judeus, ver Jacob Katz, *Out of the Ghetto*, pp. 19-21.
8. Ele comprou a divisão 4 da casa n. 39: duas salas, cozinha, dois quartos [*Kammern*], um jardinzinho e uma horta. Na escritura, também obteve permissão de construir um *sukkah* (uma casa temporária, com telhado de ramos e palha) no piso superior da casa, durante o festival judaico de Sukkoth. Ver *Nachfahrenliste*, pp. 4, 10.
9. As fontes genealógicas, tipicamente negligentes no que concerne aos detalhes sobre as mulheres, não revelam o nome da esposa de Josef Petrowitz, que foi a mãe de Moses Josef Zweig.
10. Como a família tinha o status judaico ritualístico e hereditário dos levitas, é muito provável que a origem do nome Löwinau esteja relacionada a esse fato.

11. *Nachfahrenliste*, pp. 4, 10, 12. O pai de Elka Katti era Gabriel Spitzer, de quem Josef Petrowitz comprou uma divisão da casa n. 38 da *Judengasse*. Não há nenhum registro da profissão que ele exercia, nem do nome da mãe de Elka Katti.
12. Herz Lämle Brettauer nasceu em Bretten, uma cidade do Estado alemão de Baden. Não há dúvida de que o sobrenome Brettauer teve origem nesse fato. Para informações biográficas sobre Maier Jonathan Uffenheimer e Jonathan Uffenheimer, seu pai, ver Tänzer, *Juden in Hohenems*, pp. 314-5, 417, 779.
13. Embora dificilmente se possa fazer uma comparação exata entre a fortuna dos dois, podemos formar um juízo relativo a partir do fato de que a residência de Herz Lämle Brettauer em Hohenems (no n. 37 da *Judengasse*) foi avaliada para fins tributários, em 1806-7, em 3 mil florins, enquanto a parte que Moses Josef Zweig possuía de uma casa no *Judenstadt* de Prossnitz valia menos da metade dessa soma, aproximadamente na mesma época. Ver Tänzer, *Juden in Hohenems*, p. 167; *Nachfahrenliste*, pp. 10-1.
14. Em Hohenems, os *Schutzbriefe* dos judeus foram revogados durante algum tempo em 1676. Para os antecedentes desse episódio, ver Tänzer, *Juden in Hohenems*, Capítulo 2.
15. Ver Katz, *Out of the Ghetto*, pp. 10, 194.
16. Essa restrição não refletia, necessariamente, um antagonismo particular contra os judeus. Era típica da ordem econômica corporativa, que não permitia que membro algum de uma classe profissional se transferisse para outra, ou invadisse a atividade especial de terceiros. Para uma discussão sobre esse aspecto, ver Oelsner, "Three Jewish Families", p. 244.
17. O *Schutzbriefe* outorgado pela imperatriz Maria Teresa em 1768--9, não muito depois que Hohenems ficou sob o domínio dos Habsburgo, é reproduzido em Tänzer, *Juden in Hohenems*, pp. 111--26. Ele fornece um excelente exemplo dos direitos e restrições dos judeus nos anos que precederam imediatamente a promulgação do Edito de Tolerância.
18. *Nachfahrenliste*; Tänzer, *Juden in Hohenems*, passim.
19. O edito foi promulgado na Baixa Áustria, abrangendo Viena, Boêmia, Morávia, Silésia e Hungria, entre out. 1781 e mar. 1782. Só foi formalmente promulgado em Vorarlberg em 1784. Ver Katz, *Out of the Ghetto*, p. 162; Macartney, *Habsburg*, p. 121; e Tänzer, *Juden in Hohenems*, pp. 135-6.

20. Katz, *Out of the Ghetto*, pp. 162-6; Macartney, *Habsburg*, p. 121; William M. Johnston, *The Austrian Mind*, pp. 16-7; Ben-Sasson, *History*, pp. 755-6.
21. "Os registros da tradição, ou seja, a Bíblia e o Talmude, sempre foram ensinados na antiga língua nacional, isto é, o hebraico, ou em seu cognato, o aramaico, que fora primitivamente adotado na Antiguidade. Alguns elementos dessa língua, inclusive os conceitos, as representações mentais e o estilo de pensamento induzidos por ela, penetraram, em particular pelo estudo em todas as faixas etárias, nas respectivas línguas vernáculas dos judeus e, em consequência, a comunidade judaica desenvolveu um tipo característico de dialeto que tendia a acentuar linguisticamente sua segregação." O *Judendeutsch* era um desses dialetos. Jacob Katz, *Emancipation and Assimilation*, p. 1.
22. Tänzer, *Juden in Hohenems*, pp. 649, 654, 656; Lothar Rothschild, *Der jüdischeFriedhof in Hohenems*; Katz, *Out of the Ghetto*, pp. 205-6; Leopold Goldschmied, "Geschichte der Juden in Prossnitz", in Gold (Org.), *Gedenkbuch... Mährens*, pp. 492, 496.
23. Tänzer, *Juden in Hohenems*, pp. 507, 667; Paula Hyman, "The Other Half: Women in the Jewish Tradition", pp. 67-75; Charlotte Baum, Paula Hyman e Sonya Michel, *The Jewish Woman in America*, pp. 4-15. Para relatos da vida nas comunidades judaicas alemãs, ver Hugo Mandelbaum, *Jewish Life in the Village Communities of Southern Germany*; e Herman Pollack, *Jewish Folkways in Germanic Lands (1648-1806)*.
24. A oração pedia, explicitamente, "*für das Wohl des Kaisers und das Gelingen seiner Unternehmungen*" [pela saúde do imperador e pelo êxito de suas empreitadas]. Ver Goldschmied, "Juden in Prossnitz", pp. 492-3.
25. No Tratado de Pressburg (1805), que se seguiu à derrota imposta por Napoleão à combinação dos exércitos austríaco e russo, Vorarlberg foi cedida à Baviera. A província permaneceu sob o controle bávaro até 1813, e foi reanexada à Áustria nos termos das cláusulas da Lei do Congresso de Viena em 1815. Para um relato mais completo das contribuições judaicas para o esforço de guerra austríaco durante esse período, ver Tänzer, *Juden in Hohenems*, pp. 138-59; e Goldschmied, "Juden in Prossnitz", p. 493.
26. Goldschmied, "Juden in Prossnitz", p. 492.

27. Tänzer, *Juden in Hohenems*, pp. 419, 467, 479.
28. Somente a primeira esposa de Raphael Brettauer, Jeanette Landauer, parece não ter sido filha de pais engajados em empreendimentos comerciais. Ver Tänzer, *Juden in Hohenems*, pp. 327, 429, 430, 468-70, 472-3, 688.
29. Tänzer, *Juden in Hohenems*, pp. 472-3.
30. A. Klima, "Industrial Development in Bohemia, 1648-1781", p. 91; Monika Richarz, "Jewish Social Mobility in Germany during the Time of Emancipation (1790-1871)", pp. 73-4; Ruth Kestenberg-Gladstein, *Neuere Geschichte der Juden in den hämischen Ländern*, pp. 96-108.
31. Tänzer, *Juden in Hohenems*, pp. 479, 657; Stefan Zweig, *The World of Yesterday*, pp. 9-10; Donald Prater, *European of Yesterday*, p. 2; Nachum Gross (Org.), *Economic History of the Jews*, pp. 163, 168.
32. Tänzer, *Juden in Hohenems*, pp. 460-1, 480.
33. Ver Katz, *Out of the Ghetto*, Capítulo 11.
34. Tänzer, *Juden in Hohenems*, pp. 460-1. Naturalmente, a administração de tabernas e hospedarias foi um dos esteios da economia judaica no império russo.
35. Tänzer, *Juden in Hohenems*, p. 463. Uma organização com objetivo semelhante, a Verein zur Unterstützung jüdischer Knaben, foi fundada em Prossnitz em 1840. Ver Goldschmied, "Juden in Prossnitz", p. 501.
36. Ver *Nachfahrenliste*, "Haupttafel" e pp. 13, 20, 24, 28, 32.
37. *Nachfahrenliste*, passim; Kestenberg-Gladstein, *Neuere Geschichte*, p. 106; B. Heilig, "Aufstieg und Verfall des Hauses Ehrenstamm", pp. 101-22.
38. *Nachfahrenliste*, passim. Não há qualquer informação sobre a atividade profissional dos outros três varões.
39. *Nachfahrenliste*, passim.
40. Macartney, *Habsburg*, pp. 39-42; Klima, "Industrial Development", pp. 93-4; Jaroslav Purs, "The Industrial Revolution in the Czech Lands", pp. 183-272.
41. Em 1842, cerca de 135 judeus de Prossnitz estavam implicados em alguma faceta da produção ou venda de produtos têxteis. Ver Gold (Org.), *Gedenkbuch... Mährens*, p. 105.
42. Ruth Kestenberg-Gladstein, "The Jews between Czechs and Germans in the Historic Lands, 1848-1918", p. 22. Na Morávia e na Boêmia, uma minoria de judeus também falava e escrevia o tcheco.

43. O conceito de "visitante temporário", que constitui um aperfeiçoamento do "estranho" de Georg Simmel, é discutido em Paul C. P. Siu, "The Sojourner", pp. 34-44. Ver também Georg Simmel, "The Stranger", em seu *On Individuality and Social Forms*.
44. Gold (org.), *Gedenkbuch... Mährens*, p. 105; Goldschmied, "Juden in Prossnitz", p. 501.
45. Tänzer, *Juden in Hohenems*, pp. 341-2, 344, 358, 378, 393-4, 654, 657.
46. Ben-Sasson (Org.), *History*, p. 811; Reinhard Rürup, "Jewish Emancipation and Bourgeois Society", p. 84; Katz, *Out of the Ghetto*, p. 198; Max Grunwald, *History of the Jews in Vienna*, pp. 406-7.
47. Para uma discussão paralela da mudança de sobrenomes de uma geração para outra entre os judeus alemães, ver Steven M. Lowenstein, "The Pace of Modernisation of German Jewry in the Nineteenth Century", p. 46.
48. 1845 foi o ano de nascimento de Moritz Zweig, pai de Stefan Zweig.
49. *Nachfahrenliste*, passim; Tänzer, *Juden in Hohenems*, pp. 244, 356, 378, 479-81, 542, 699; "Joseph Brettauer", in *Oesterreichisches Biographisches Lexicon, 1815-1950* (Graz, 1957), p. 113.
50. Para uma discussão dessa tendência, ver Katz, *Out of the Ghetto*, pp. 176-90.
51. E. J. Hobsbawm, *The Age of Capital: 1848-1875*, p. 29.
52. Ver Kestenberg-Gladstein, "The Jews between Czechs and Germans", pp. 27-31.
53. *Nachfahrenliste*, passim.
54. Tänzer, *Juden in Hohenems*, pp. 479-81, 697-700.
55. Na geração seguinte, o casamento de Stefan Zweig com Friderike Maria von Winternitz e o casamento de seu irmão Alfred com Stefanie Duschak constituíram exemplos de casamentos mistos.
56. Albert Memmi, *The Liberation of the Jew*, pp. 71-2.
57. Zweig, *World*, p. 6; Judische Kultusgemeinde Archives (Viena): registros de 1878, 1879, 1881; Israelitische Allianz zu Wien: *XLI Jahresbericht erstättet an die XLI ordentliche Generalversammlung am 20 April 1914*.
58. Zweig, *World*, pp. 10-1; Prater, *European*, pp. 2-4.
59. Zweig, *World*, pp. 5-6, 11-2.
60. Id., pp. 8, 9-10.
61. Arthur Schnitzler, *Jugend in Wien*, pp. 151-5.
62. Jacob Katz, *From Prejudice to Destruction*, pp. 281-4.

63. Ibid., pp. 5-6, 281-4.
64. Ibid., pp. 5-6, 223-9.
65. Ibid., pp. 265-6. Foram significativos os paralelos, em termos do momento da emergência e do conteúdo, entre esse antissemitismo racista e o racismo europeu com respaldo "científico" dirigido contra as "pessoas de cor" da África e das Américas. Ver Hannah Arendt, *The Origins of Totalitarianism*, partes I e II; Curtin, *Image of Africa*, esp. Capítulo 15; Spitzer, *Creoles of Sierra Leone*, pp. 45-69; e V. G. Kiernan, *The Lords of Human Kind*, passim.

4. A entrada no mundo branco: A história dos Rebouças
[pp. 166-204]

1. Rita Brasília dos Santos nasceu em Salvador, Brasil. *Registro de Casamentos*, Arquivo da Cúria, Salvador, Bahia, livros de 1740-1760 e 1760-1780, passim; *Registro de Batizados, Freguesia de Maragogipe, 1788--1803*, Arquivo da Cúria, Salvador, Bahia. Ver também "Apontamentos Biographicos do Conselheiro Antônio Pereira Rebouças" e "Nota Biographica do Conselheiro Antônio Pereira Rebouças", Coleção A. P. Rebouças, Biblioteca Nacional, Rio de Janeiro, 1-3, 24, 60, 1-3, 24, 63; e 1-3, 24, 61.
2. Carl Degler, *Neither Black nor White*, pp. 107-109, 219-232.
3. Id., passim; A. J. R. Russell-Wood, "Colonial Brazil", pp. 98-108.
4. Thomas E. Skidmore, *Black into White*, pp. 64-78.
5. *Registro de Casamentos*, Arquivo da Cúria, Salvador, Bahia, livros do século XVIII, passim. Os registros de casamento e de batismo incluíam a identificação racial dos que não eram brancos. Ver também Russell-Wood, em Cohen e Greene (Orgs.), *Neither Slave nor Free*, p. 84: "o termo *mulato* costumava ter uma conotação pejorativa e era substituído, nos documentos contemporâneos, pelo termo *pardo*, que era mais comum".
6. Embora não tenha havido qualquer recenseamento nacional no Brasil até 1872, o desequilíbrio entre o número de homens e mulheres brancos durante o período colonial é comumente mencionado na bibliografia contemporânea e moderna. Segundo A. J. R. Russell--Wood: "Desde o começo, a Coroa teve aguda consciência dos problemas sociais e demográficos causados pela escassez de mulheres brancas em idade de contrair matrimônio no Brasil. Além disso, a

Coroa era sensível aos prejuízos morais e às repercussões adversas que poderiam advir, na sociedade colonial, da solução escolhida pelos colonizadores, a saber, o concubinato com mulheres ameríndias ou negras e a aparente preferência por elas, mesmo quando havia brancas disponíveis". Ver Russell-Wood, "Female and Family in the Economy and Society of Colonial Brazil", p. 62. Ver também Dauril Alden, "The Population of Brazil in the Late Eighteenth Century: A Preliminary Study"; Herbert S. Klein, "The Colored Freedmen in Brazilian Slave Society"; e Joaquim Norberto de Souza e Silva, *Investigações sobre os recenseamentos da população geral do império*; essa é a reprodução de um texto originalmente publicado em 1871.

7. Ver A. J. R. Russell-Wood, "Class, Creed, and Colour in Colonial Bahia: A Study in Prejudice", e seu "Colonial Brazil". Ver também R. Boxer, *Race Relations in the Portuguese Colonial Empire (1414-1825)*, *The Portuguese Seaborne Empire* e "The Colour Question in the Portuguese Empire, 1415-1825"; Roger Bastide e Florestan Fernandes, *Brancos e negros em São Paulo*; Emilia Viotti da Costa, *Da senzala à colônia*; Florestan Fernandes, *A integração do negro na sociedade de classes* e *O negro no mundo dos brancos*; e Octavio Ianni, *As metamorfoses do escravo*.

8. Alden, "The Population of Brazil in the Late Eighteenth Century"; Russell-Wood, "Colonial Brazil", pp. 85, 97-8; Emilia Viotti da Costa, *The Brazilian Empire*, pp. 90, 173, 199. De acordo com Russell-Wood, "o recenseamento feito em Salvador em 1775 revelou que a população urbana, com 35 253 habitantes, era composta por 12 720 brancos, 4207 mulatos alforriados, 3630 negros alforriados e 14 696 escravos. Em 1807, a população total havia subido para 51 mil habitantes" — havendo na percentagem das pessoas de cor uma elevação de 64% para 72% (20% de mulatos e 52% de negros).

9. Boxer, *Race Relations*, p. 116; Russell-Wood, "Colonial Brazil", pp. 110-2, 117.

10. Russell-Wood, "Colonial Brazil", pp. 113-7. Ver também seu Russell-Wood, "Class, Creed, and Colour in Colonial Bahia: A Study in Prejudice", pp. 151-5; e Klein, "The Colored Freedmen in Brazilian Slave Society", pp. 42-51.

11. Russell-Wood, "Colonial Brazil", passim; Viotti da Costa, *The Brazilian Empire*, p. 186.

12. Skidmore, *Black into White*, pp. 64-9 ss.; Degler, *Neither Black nor White*, pp. 191-5.
13. Para uma discussão sobre a "imagem somática normativa e o casamento nas sociedades multirraciais", ver Harmannus Hoetink, *Slavery and Race Relations in the Americas*, esp. pp. 192-210. Ver também Sidney W. Mintz, "Groups, Group Boundaries, and the Perception of 'Race'", pp. 442 ss.
14. Skidmore, *Black into White*, p. 77; Viotti da Costa, *The Brazilian Empire*, p. 239.
15. Na última parte do século XIX, a política brasileira de imigração, que favorecia os europeus e discriminava os africanos e, em menor grau, os asiáticos, estava claramente ligada a essa ideologia do "embranquecimento". Convém assinalar que o "embranquecimento" era defendido em outros lugares além do Brasil. Em Serra Leoa, por exemplo, Joseph Renner-Maxwell, um crioulo de instrução britânica que se casou com uma inglesa, escreveu um livro no qual exortava seus conterrâneos africanos negros a pensarem no casamento misto e no "clareamento" de sua linhagem familiar como uma solução para o preconceito racial. Ver, de sua autoria, *The Negro Question, or Hints for the Physical Improvement of the Negro Race, with Special Reference to West Africa*. Ver também Leo Spitzer, *The Creoles of Sierra Leone*, pp. 133-5.
16. Ver Stuart B. Schwartz, *Sugar Plantations in the Formation of Brazilian Society*, pp. 331-2; Schwartz, "The Manumission of Slaves in Colonial Brazil, Bahia, 1648-1745", pp. 603-35. Degler, *Neither Black nor White*, pp. 40-2; Russell-Wood, "Colonial Brazil", pp. 85-98; e Klein, "The Colored Freedmen in Brazilian Slave Society", pp. 36--42. Por outro lado, Kathleen J. Higgins afirma que a alforria em Minas Gerais (onde vivia a maioria dos escravos brasileiros no século XVIII) *não* se acelerou significativamente nesse período. Ver, da autoria de Higgins, *The Slave Society in Eighteenth-Century Sabará: A Community Study in Colonial Brazil*.
17. Calcula-se que a população total da Capitania Geral da Bahia de Todos os Santos, em 1780, fosse de 289 mil habitantes, e, de acordo com um recenseamento feito na cidade de Salvador em 1775, a população desse centro urbano ultrapassava 35 mil pessoas. Ver Alden, "The Population of Brazil in the Late Eighteenth Century", pp. 186, 191; Russell-Wood, "Colonial Brazil", p. 97; e Klein, "The Colored Freedmen in Brazilian Slave Society", p. 313.

18. Russell-Wood, "Colonial Brazil", pp. 86-91.
19. Ver Higgins, *The Slave Society in Eighteenth-Century Sabará*, passim; entrevista com o dr. Carlos Souza Rebouças no Rio de Janeiro, dez. 1974.
20. Citado em Pedro Calmon, *História do Brasil na poesia do povo*, p. 76.
21. Boxer, *Race Relations*, pp. 114-5; *Trovador: Collecção de Modinhas, Recitativos, Árias, Lundus etc.*, p. 148. Ver também Gilberto Freyre, *The Mansions and the Shanties*, pp. 380-2. Na poesia popular, há muitas variantes alusivas à sexualidade "saborosa" das mulatas. Por exemplo: "Mulatinha bonitinha/ Não devia de nascer:/ É como a fruta madura/ Que todos querem comer".
22. Hoetink, *Slavery and Race Relations in the Americas*, p. 202, n. 14 ss.; A. J. R. Russell-Wood, "Female and Family in the Economy and Society of Colonial Brazil", pp. 68-70; Russell-Wood, "Women and Society in Colonial Brazil", pp. 3-11; Viotti da Costa, *The Brazilian Empire*, pp. 136, 180.
23. Ver "Reboussa, Rebouça, Rebossa, Reboça, Reborsa, Reborça, Rebouças", página genealógica mimeografada, traçada por Carlos da Silveira na coleção do dr. Carlos Souza Rebouças (doravante CSR), que esteve antes no Rio de Janeiro e hoje se encontra no Instituto Gilberto Freyre, em Recife. Ver também Carlos da Silveira, "Notas genealógicas sobre a família Rebouças da Palma, oriunda do vale do Paraíba do Sul, estado de São Paulo"; e Miguel Roque dos Reys Lemos, *Anais Municipais de Ponte de Lima*, passim.
24. André Rebouças, *Diário e notas autobiográficas*, p. 12; Antônio Pereira Rebouças, *Recordações da vida patriótica*, p. 31, n. 2; André Rebouças, "Apontamentos Biographicos do conselheiro Antônio Pereira Rebouças", 1-3, 24, 60, p. 1; 1-3, 24, 61. Quanto à "Conspiração Baiana dos Alfaiates [ou artesãos]", ver Kenneth R. Maxwell, *Conflicts and Conspiracies*, pp. 218-23.
25. *Registro de Casamentos*, Arquivo da Cúria, Salvador, Bahia, livro de 1820-1840; André Rebouças, *Diário e notas autobiográficas*, p. 12; A. P. Rebouças, *Recordações da vida patriótica*, p. 31, n. 2; conversa com o dr. Carlos Souza Rebouças no Rio de Janeiro, dez. 1974.
26. Fernando de Azevedo, *Brazilian Culture*, pp. 361-3, 365-81.
27. A abordagem pedagógica dos jesuítas sobreviveu à expulsão deles do Brasil, em 1759. Ver Azevedo, *Brazilian Culture*, p. 362.
28. Citado em Degler, *Neither Black nor White*, p. 234.

29. Viotti da Costa, *The Brazilian Empire*, pp. 185-6; Russell-Wood, "Female and Family in the Economy and Society of Colonial Brazil", p. 93. Ainda em 1832 não havia, em todo o Brasil, mais do que vinte escolas primárias que lecionassem para meninas. Ver Azevedo, *Brazilian Culture*, pp. 334-5, 374.
30. P. Rebouças, *Recordações da vida patriótica*, p. 31, n. 2.
31. Para um estudo sobre os efeitos devastadores dessa epidemia de cólera, ver Donald B. Cooper, "The New 'Black Death': Cholera in Brazil, 1855-1856", pp. 235-56. Segundo Cooper, "a epidemia de cólera de 1855-6, que invadiu treze províncias do Brasil, do norte até o sul, e matou mais de 200 mil pessoas, foi a pior crise médica isolada que o Brasil já enfrentou. [...] Foi um holocausto oitocentista sul-americano, uma nova 'peste negra' que figura como o maior e mais dramático desastre demográfico do Brasil" (p. 254).
32. Ver Lafayette de Toledo, "Os Rebouças", p. 104; A. P. Rebouças, *Recordações da vida patriótica*, p. 73, n. 3; Herbert S. Klein, "Nineteenth--Century Brazil", p. 328.
33. André Rebouças, *Diário e notas autobiográficas*, 15 dez. 1872, p. 218; A. P. Rebouças, *Recordações da vida patriótica*, pp. 31-2.
34. Não havia faculdades de direito no Brasil até 1827, quando se organizou uma em São Paulo e uma segunda em Olinda. Ver E. Bradford Burns, *History of Brazil*, p. 104.
35. Coleção A. P. Rebouças, Biblioteca Nacional, Rio de Janeiro, 1-3, 21, 61, 1, 3; "Apontamentos biographicos do conselheiro Antônio Pereira Rebouças", 1-3, 24, 60; "Nota biographica do conselheiro Antônio Pereira Rebouças", 1-3, 24, 63, pp. 1-2; Enéas Pereira Dourado, "O velho Rebouças".
36. Coleção A. P. Rebouças, Biblioteca Nacional, Rio de Janeiro, 1-3, 21, 61; "Apontamentos Biographicos do conselheiro Antônio Pereira Rebouças", 1-3, 24, 60; "Nota biographica do conselheiro Antônio Pereira Rebouças", 1-3, 24, 63; Enéas Pereira Dourado, "O velho Rebouças".
37. A bibliografia sobre a independência brasileira é volumosa. Emilia Viotti da Costa fornece uma excelente visão geral em seu texto "The Political Emancipation of Brazil", pp. 43-8. Os textos fundamentais em português são: Oliveira Lima, *O movimento da independência, 1821--1822*; F. Adolfo de Varnhagen, *História da independência do Brazil*; e Tobias Monteiro, *História do império*. Ver também os ensaios e o es-

tudo bibliográfico em Carlos Guilherme Mota (Org.), *1822: Dimensões*. Para levantamentos em inglês sobre os acontecimentos políticos que conduziram ao império, ver C. H. Haring, *Empire in Brazil*; e R. A. Humphreys, "Monarchy and Empire", pp. 301-19.
38. P. Rebouças, *Recordações da vida patriótica*, pp. 33-4. Quanto aos antecedentes e ao contexto geral do movimento pela independência na Bahia, ver Braz do Amaral, *História da independência na Bahia*. Ver também F. W. O. Morton, "The Conservative Revolution of Independence: Economy, Society, and Politics in Bahia, 1790-1840".
39. Coleção A. P. Rebouças, Biblioteca Nacional, Rio de Janeiro, 1-3, 24, 64; "O bem que fez e o mal que evitou", 1-3, 24, 59; A. P. Rebouças, *Recordações da vida patriótica*, pp. 53-6; "A Independência dia a dia: a aclamação em Cachoeira", p. 11.
40. A. P. Rebouças, *Recordações da vida patriótica*, p. 43.
41. "Nota biographica do conselheiro Antônio Pereira Rebouças", Coleção A. P. Rebouças, Biblioteca Nacional, Rio de Janeiro, 1-3, 24, 63; E. P. Dourado, "O velho Rebouças".
42. Viotti da Costa, *The Brazilian Empire*, pp. 75-7, 186, 190, 243.
43. Poucos anos depois, ele se tornou oficial dessa ordem. Ver "Nota biographica do conselheiro Antônio Pereira Rebouças", Coleção A. P. Rebouças, Biblioteca Nacional, Rio de Janeiro, 1-3, 24, 57; 1-3, 24, 60; 1-3, 24, 63.
44. *Deputado conselheiro a Assemblea Geral do Governo, e conselheiro geral da provincia*. Ver "Nota biographica do conselheiro Antônio Pereira Rebouças", Coleção A. P. Rebouças, Biblioteca Nacional, Rio de Janeiro, 1-3, 24, 63; 1-3, 24, 56; e Dourado, "O velho Rebouças".
45. Coleção A. P. Rebouças, Biblioteca Nacional, Rio de Janeiro, manuscritos 31, 13, 13; "Apontamentos Biographicos do conselheiro Antônio Pereira Rebouças", 1-3, 24, 60. Um relato desse episódio se encontra em Felisbelo Freire, *História de Sergipe*, pp. 256-71.
46. Ver João José Reis, "Restless Times: Slave Revolts and Free People's Movements up to 1835", pp. 57-123; "A elite baiana face aos movimentos sociais, Bahia: 1824-1840", pp. 341-84; Luiz Luna, *O negro na luta contra a escravidão*, pp. 129-49.
47. Para uma discussão desses temores da rebelião e da imposição de medidas que pudessem desestimulá-la, no fim da era colonial, ver Russell-Wood, "Colonial Brazil", p. 95; Norman Holub, "The Brazilian Sabinada (1837-38): Revolt of the Negro Masses", p. 278.

48. André Rebouças, "Registro de Correspondência", cartas ao visconde de Taunay de 8 maio 1892 e 10 ago. 1897, CSR; "Emigra a família Rebouças da Bahia", bilhete escrito por André Rebouças na Cidade do Cabo, África do Sul, 2 jan. 1893.
49. Daniel Goleman, *Vital Lies, Simple Truths*, pp. 21-5.
50. Ver Alfred Adler, no que concerne ao papel do "complexo de inferioridade" como força motriz positiva e também no que concerne ao "empenho como adaptação extrema". Heinz L. Ansbacher e Rowena R. Ansbacher (Orgs.), *The Individual Psychology of Alfred Adler*, pp. 101-19, 256-62. Ver também o Capítulo 5 deste volume, para uma discussão adicional desse aspecto.
51. Holub, "The Brazilian Sabinada (1837-38): Revolt of the Negro Masses", pp. 276-9; A. K. Manchester, *British Preeminence in Brazil*, passim.
52. Antônio Pereira Rebouças, *Recordações da vida parlamentar*, pp. 523-5; Holub, "The Brazilian Sabinada (1837-38): Revolt of the Negro Masses", p. 278, n. 14; André Rebouças, *Diário e notas autobiográficas*, pp. 12, 284, 286.
53. Ver "Apontamentos biographicos" e "Nota biographica do conselheiro Antônio Pereira Rebouças", Coleção A. P. Rebouças, Biblioteca Nacional, Rio de Janeiro, 1-3, 24, 60, 1-3, 24, 63; ver também 1-3, 24, 61 e *Recordações da vida patriótica*, pp. 101-5. Quanto à Sabinada, ver publicações do estado da Bahia, *A revolução de 7 de novembro de 1837 (Sabinada)*, 1937-45; José Wanderley de Araújo Pinho, "A Sabinada", pp. 635-793. v. 106; Luiz Vianna Filho, *A Sabinada: A república baiana de 1837*; Braz do Amaral, "A Sabinada: história da revolta da cidade da Bahia em 1837"; João José Reis, "A elite baiana face aos movimentos sociais, Bahia: 1824-1840", pp. 341-84; e Holub, "The Brazilian Sabinada (1837-38): Revolt of the Negro Masses".
54. Para mais informações sobre o papel de Rebouças na Sabinada, ver Coleção A. P. Rebouças, Biblioteca Nacional, Rio de Janeiro, 1-3, 23, 10, 1-3, 23, 68-75, 78-80. Ver também André Rebouças, *Diário e notas autobiográficas*, carta de 24 abr. 1894 ao visconde de Taunay, pp. 410-1.
55. Holub, "The Brazilian Sabinada (1837-38): Revolt of the Negro Masses", p. 279.
56. Entre os textos importantes escritos por esses cientistas sociais revisionistas incluem-se: Florestan Fernandes e Roger Bastide,

Brancos e negros em São Paulo; Fernandes, *A integração do negro na sociedade de classes*; *O negro no mundo dos brancos*; e Octavio Ianni, *As metamorfoses do escravo* e *Raças e classes sociais no Brasil*. Para uma discussão sobre essa "Escola de São Paulo", que era revisionista, ver Skidmore, *Black into White*, pp. 214-8.
57. Fernandes, *The Negro in Brazilian Society*, p. 137.
58. Id., ibid., pp. 187-233.
59. Viotti da Costa, *The Brazilian Empire*, p. 240, chega a uma conclusão semelhante com respeito às abordagens que postulam o caráter manipulador do mito da "democracia racial".
60. Louis Althusser, "Ideology and Ideological State Apparatuses", p. 155. Grifo meu.

5. Situação de marginalidade, psicologia individual e ideologia [pp. 207-20]

1. Ver H. F. Dickie-Clark, "The Marginal Situation: A Contribution to Marginality Theory", pp. 363-70; e esp., do mesmo autor, *The Marginal Situation*.
2. Dickie-Clark, *Marginal Situation*, pp. 27-48, 185-6.
3. Heinz L. Ansbacher e Rowena R. Ansbacher, introdução a *The Individual Psychology of Alfred Adler*, p. 1. Ver também Alfred Adler, "On the Origin of the Striving for Superiority and of Social Interest (1933)", pp. 29-40.
4. "Quando Adler combinou o conceito de ficção com o de meta, como em meta ficcional ou em meta ficcional derradeira, ou ainda em ficção norteadora, ele deixou implícito que sua ideia da causalidade era subjetivista, só era determinista num sentido restrito, e levava em conta os processos inconscientes. [...] O termo 'meta ficcional' também expressou a convicção adleriana de que a origem da meta, em última análise, não é redutível a determinantes objetivos. Embora os fatores objetivos hereditariedade e meio, inferioridades orgânicas e experiências passadas sejam utilizados pelo indivíduo no processo de estabelecer sua meta final, esta continua a ser uma ficção, uma fantasia, uma criação do próprio indivíduo. Essa causalidade corresponde a um determinismo 'brando', isto é, ao 'determinismo a partir da natureza intrínseca da vida', em contraste com o deter-

minismo 'pesado', 'proveniente apenas das pressões externas'." Ver Ansbacher e Ansbacher (Orgs.), *The Individual Psychology of Alfred Adler*, pp. 88-9, 90-5.

5. Quanto às diferenças, por exemplo, entre as formulações teóricas "objetivistas" de Freud e "subjetivistas" de Adler, no que concerne às pulsões humanas fundamentais, ver Ansbacher e Ansbacher (Orgs.), *The Individual Psychology of Alfred Adler*, pp. 3-10, 56-60, 159- -61, 285-6.

6. Ver Bertha Orgler, *Alfred Adler*, pp. 15-23. Embora o padrão de mobilidade social de sua própria história de vida e da de outros membros de sua família tenha se assemelhado muito ao dos Zweig, dos Brettauer e de inúmeros outros judeus da Europa Central, podemos nos perguntar até que ponto Adler terá tido consciência do papel desempenhado por suas origens assimilacionistas pessoais no sentido de influenciar o desenvolvimento e a evolução de suas teorias psicológicas.

7. "Freud criticou Adler por introduzir o termo 'ficção' em seus escritos [...] [porque] considerava que ficção era apenas um outro nome para a fantasia. [...] A diferença, nesse ponto, é que Freud havia definido a fantasia como uma 'forma de atividade do pensamento [...] livre do teste da realidade e [...] unicamente subordinada ao princípio do prazer' [*Collected Papers*, v. 4, Londres, 1924-1950, pp. 16-7], ao passo que, para Adler, longe de ser uma simples fantasia subjetiva, a ficção era um recurso indispensável para a solução de problemas na vida real." Ver Ansbacher e Ansbacher (Orgs.), *The Individual Psychology of Alfred Adler*, p. 97.

8. Para uma exposição teórica "clássica" do conceito de hegemonia cultural e da relação entre a cultura e o poder no regime capitalista, ver Antonio Gramsci, *Selections from the Prison Notebooks*. Alternativamente, para uma excelente seleta dos textos de Gramsci sobre esse assunto, ver David Forgacs (Org.), *A Gramsci Reader*, pp. 189-221. Ver também T. J. Jackson Lears, "The Problem of Cultural Hegemony: Problems and Possibilities", pp. 567-93.

9. Louis Althusser, "Ideology and Ideological State Apparatuses (Notes towards an Investigation)", p. 143. Ver também Catherine Belsey, "Constructing the Subject: Deconstructing the Text", p. 46; e P. Q. Hirst, "Althusser and the Theory of Ideology".

10. Para uma discussão da ideia de que "toda língua contém os elementos de uma concepção do mundo e de uma cultura", ver Gramsci, *Selections from the Prison Notebooks*, pp. 324-5. Ver também Lears, "The Problem of Cultural Hegemony: Problems and Possibilities", p. 569; e Tony Bennett et al. (Orgs.), *Culture, Ideology, and Social Process*, pp. 200-2.
11. Althusser, "Ideology and Ideological State Apparatuses", pp. 154-6; Belsey, "Constructing the Subject: Deconstructing the Text", p. 46. Althusser identificou os seguintes aparelhos ideológicos de estado (AIE): o AIE religioso (o sistema das diferentes Igrejas; o AIE pedagógico (o sistema das diferentes "escolas", públicas e particulares); o AIE familiar; o AIE jurídico; o AIE político (o sistema político, incluindo os diferentes partidos); o AIE sindical; o AIE da informação (imprensa, rádio e televisão etc.); o AIE cultural (literatura, artes, esportes etc.).
12. Belsey, "Constructing the Subject: Deconstructing the Text", p. 46.
13. Althusser, "Ideology and Ideological State Apparatuses", pp. 158-62.
14. Gramsci, *Selections from the Prison Notebooks*, p. 12. Gramsci define a hegemonia como "o consentimento 'espontâneo' dado pelas grandes massas da população à direção geral imposta à vida social pelo grupo dominante fundamental; esse consentimento é 'historicamente' causado pelo prestígio (e pela consequente confiança) de que desfruta o grupo dominante, em decorrência de sua posição e de sua função no mundo da produção".
15. Alguns exemplos podem ser vistos em Lears, "The Problem of Cultural Hegemony", p. 573.
16. Althusser, "Ideology and Ideological State Apparatuses", p. 171. O grifo é dele.
17. Ela o faz, como indica Althusser, dirigindo-se aos indivíduos como se eles fossem "uma subjetividade livre, um centro de iniciativas", como pessoas capazes de tomar a iniciativa de seus atos e responder por eles. Esse reconhecimento da autonomia incentiva os indivíduos a adotarem "voluntariamente" a posição de sujeito exigida por sua participação na formação social. "Ideology and Ideological State Apparatuses", p. 182.
18. Gramsci, *Selections from the Prison Notebooks*, p. 195; Lears, "The Problem of Cultural Hegemony", p. 574; Chantai Mouffe, "Hegemony and Ideology in Gramsci", pp. 228-9.

19. Para um estudo fascinante sobre a vida popular na Europa Central, ver Herman Pollack, *Jewish Folkways in Germanic Lands, 1648-1806*.
20. Leo Spitzer, *The Creoles of Sierra Leone*, pp. 26-36.
21. Ver Robert E. Park, "Human Migration and the Marginal Man", pp. 881-93; e Everett V. Stonequist, *The Marginal Man*, p. 8. Ver também Stonequist, "The Problem of the Marginal Man", pp. 1-12, e "The Marginal Character of the Jews". Existem muitos aperfeiçoamentos da teoria de Park e Stonequist sobre o "homem marginal". Para alguns exemplos, ver Milton M. Goldberg, "A Qualification of the Marginal Man Theory", pp. 52-8; S. Slotkin, "The Status of the Marginal Man", pp. 47-54; A. W. Green, "A Re-Examination of the Marginal Man Concept", pp. 167-171; Everett C. Hughes, "Social Change and Status Protest: An Essay on the Marginal Man", *Phylon*, pp. 58-65; D. I. Golovensky, "The Marginal Man Concept: An Analysis and Critique", pp. 333-9; A. C. Kerchoff, "An Investigation of Factors Operative in the Development of the Personality Characteristics of Marginality"; David Riesman, "Some Observations Concerning Marginality", pp. 153-78; A. C. Kerchoff e T. C. McCormick, "Marginal Status and Marginal Personality", pp. 48-55; A. Antonovsky, "Toward a Refinement of the 'Marginal Man' Concept", pp. 57-62; J. W: Mann, "Group Relations and the Marginal Personality", pp. 77-92; Allan Mazur, "The Accuracy of Classic Types of Ethnic Personalities", pp. 187-211; Ruth Johnston, "The Concept of the 'Marginal Man': A Refinement of the Term", pp. 145-7. Ver também Deborah Pellow, "Marginality and individual consciousness: women in modernizing Africa".
22. O termo "barreira" foi originalmente empregado nessa acepção por Kurt Lewin, em *Resolving Social Conflicts*, pp. 145-58. Ver a discussão sobre a "barreira" em Dickie-Clark, *Marginal Situation*, pp. 12, 31-4.
23. Dickie-Clark, *Marginal Situation*, p. 12, n. 1, 32-4; Lewin, *Resolving Social Conflicts*, pp. 145-7.
24. De acordo com Dickie-Clark, "a permeabilidade, que se distingue da transcendência, pode significar que as características culturais da camada dominante da hierarquia são filtradas pela barreira e adotadas pelas camadas subalternas. Até certo ponto, isso acontece em todas as hierarquias da 'vida real' que têm alguma complexidade. Até mesmo nas sociedades de escravos — nem que seja apenas entre

os escravos domésticos mais favorecidos — e no sistema indiano de castas ocorre esse tipo de filtragem cultural. Ela tem uma probabilidade ainda maior de acontecer nas situações hierárquicas de tipo restrito, dentro de uma única cultura comum. Nesse sentido, portanto, todas as situações hierárquicas têm barreiras permeáveis". Ver, desse autor, *Marginal Situation*, p. 33.

6. "Não pertenço a lugar algum, em toda parte sou estrangeiro": As tribulações de André Rebouças, Cornelius May e Stefan Zweig [pp. 221-73]

1. André Rebouças, *Diário e notas autobiográficas* (doravante *Diário*), pp. 15-7.
2. *Sierra Leone Weekly News* (doravante *Weekly News*), "Obituary for Cornelius May", 18 maio 1929; entrevista com a sra. Tungi Stuart e a sra. Isa Smith, netas de Cornelius May, em Freetown, jan. 1976.
3. Zweig, *The World of Yesterday*, pp. 95-6, 110, 125 [as citações dessa obra seguem a tradução brasileira *Autobiografia: O mundo de ontem* (Rio de Janeiro: Zahar, 2014)]. Quanto a Taine e Zweig, ver Robert Dumont, *Stefan Zweig et la France*, pp. 28-9.
4. Zweig, *World*, pp. 11-2; Donald A. Prater, *European of Yesterday: A Biography of Stefan Zweig*, p. 4. Uma versão revista do livro de Prater foi publicada em alemão: *Stefan Zweig, Das Leben eines Ungeduldigen* (Frankfurt am Main, 1984).
5. Zweig, *World*, p. 12.
6. Prater, *European*, p. VII; Harry Zohn, "Stefan Zweig als Mittler in der europäischen Literatur", pp. 47-52.
7. Ver Zweig, *World*, passim. Ver também "An Inventory: Stefan Zweig Archives", texto mimeografado do *Catalogue of the Stefan Zweig Collection*, passim; Friderike Zweig, *Greatness Revisited*, Boston, 1971, pp. 70-88; Helene Kastinger Riley, "The Quest for Reason: Stefan Zweig's and Romain Rolland's Struggle for Pan-European Unity", e Clair Hoch, "Friendship and Kinship between Georges Duhamel and Stefan Zweig", pp. 20-31, 40-63.
8. Rebouças, *Diário*, pp. 185, 190, 290. Gomes dedicou sua ópera *Salvador Rosa* a Rebouças, que, por sua vez, o presenteou com uma coleção

de romances de Walter Scott — para lhe servir de inspiração em futuras óperas.
9. Leo Spitzer, *The Creoles of Sierra Leone*, pp. 24-6.
10. Ver Joseph B. May, "The Social and Political Relations of Sierra Leone Natives to the English People" e "Life and Experiences of Joseph Boston May"; *Weekly News*, editorial e cartas ao editor (13 e 20 set. 1884), "My View of Things" (5 mar. 1887), "Superstition in Freetown" (23 nov. 1889) e "Passing Topics" (27 set. 1890).
11. Carta de Zweig ao rabino dr. Lemle (set. 1941), citada em Prater, *European*, p. 316. Ver também Alberto Dines, *Morte no paraíso*, p. 312.
12. Citado em Prater, *European*, p. 88.
13. Zweig, *World*, pp. 101-9.
14. Rebouças, *Diário*, pp. 138, 238, 284, 286.
15. Ver, por exemplo, id., p. 54.
16. Ver David Milner, *Children and Race*, pp. 35-60, para uma discussão do papel desempenhado pelo ensino direto e indireto na socialização das atitudes e na identidade.
17. Rebouças, *Diário*, p. 15 (2 dez. 1857), p. 17 (nov.-dez. 1862), p. 126 (27 jul. 1866), p. 130 (11 ago. 1866), p. 166 (7 maio 1868).
18. Id., p. 138.
19. André Rebouças, *Registro de Correspondência*, carta a Rangel da Costa (11 ago. 1895), na coleção do dr. Carlos Souza Rebouças (doravante RC/CSR), antes localizada no Rio de Janeiro, e que hoje se encontra no Instituto Gilberto Freyre, em Recife; *Diário*, pp. 91, 181, 196; Ignacio José Veríssimo, *André Rebouças através de sua autobiografia*, pp. 71-4.
20. Rebouças, *Diário*, pp. 198, 245-53; Veríssimo, *Rebouças... autobiografia*, pp. 87, 172-3. Rebouças identificou o local como tendo sido a "Grand Opera House", mas é provável que se tratasse do Teatro de Ópera da Academia de Música, predecessor da Metropolitan Opera, que tinha o maior palco do mundo e 4600 lugares para o público. Ver Stanley Sadie (Org.), *The New Grove Dictionary of American Music*, pp. 352-3.
21. Rebouças, *Diário*, pp. 190, 194; Veríssimo, *Rebouças... autobiografia*, pp. 73-4.
22. Rebouças, RC/CSR, carta a Taunay (27 jan. 1897); *Diário*, pp. 169, 195 (28 ago. 1871), 269 (8 nov. 1874), 289 (8 jul. 1880).

23. Rebouças, RC/CSR; miscelânea de arquivos: "Saudação a S.M. o Imperador Pedro II pelo seu 64º Aniversário". Esse texto, escrito a bordo do *Alagoas*, em viagem para o exílio na Europa, em 30 de dezembro de 1892, fornece um relato da história inicial desse relacionamento.
24. André Pinto Rebouças, *A questão do Brazil; cunho escravocrata do attentado contra a família imperial*, p. 27; RC/CSR cartas a Taunay (13 maio 1891 e 17 jan. 1893); *Diário*, 4 jan. e 2 abr. 1864, 11 e 12 set. 1865, 21 jul. 1866, 9 maio 1869.
25. A respeito do papel de Rebouças na campanha abolicionista, ver Joaquim Nabuco, *Minha formação*, pp. 234-40; Carolina Nabuco, *The Life of Joaquim Nabuco*, pp. 71-4, 102-5; e Rebecca Baird Bergstresser, "The Movement for the Abolition of Slavery in Rio de Janeiro, Brazil, 1880-1889", pp. 79-83, 106-7, 126-38, 150-5, 174-88. Quanto a suas percepções pessoais, ver seus diários desse período no Instituto Histórico e Geográfico Brasileiro (IHGB). Ver também RC/CSR, miscelânea de arquivos: "*Apotheose Abolicionista, Escripta no Album offerecido ao Imperador d. Pedro II em sua chegada no Rio de Janeiro em 22 de agosto de 1888*" e "*O Idylio Abolicionista*", escrito na Cidade do Cabo, 7 jan. 1893; "*D. Isabel I: Mensagem da British and Foreign Anti-Slavery Society*", escrito na Cidade do Cabo, 7 jan. 1893; *Confederação abolicionista: Abolição imediata e sem indemnição*, Rio de Janeiro, 1883.
26. Suas ideias abolicionistas e reformistas são parcialmente expostas em André Rebouças, *A democracia rural brasileira: propaganda abolicionista e democrática*. Ver também *Diário*, p. 313 (14 maio 1888).
27. Rebouças, *A questão*, p. 1.
28. Ibid., p. 7.
29. Ver Rebouças, diários de 1888 e 1889, IHGB, passim.
30. Rebouças, *A questão*, p. 4.
31. Ibid., p. 7.
32. Rebouças, diário de 1889, IHGB, 15 e 16 nov. 1889.
33. Rebouças foi registrado na lista de passageiros como "tutor da princesa" e, juntamente com outras pessoas da comitiva real, passou a residir no Hotel Bragança, em Lisboa. Ver *Diário*, pp. 351-4 (18 nov.-7 dez. 1889).
34. Rebouças, *A questão*, pp. 2, 8; R. Magalhães Júnior, *A vida turbulenta de José do Patrocínio*, passim.
35. Rebouças, RC/CSR, carta a Taunay, 31 out. 1891.

36. Rebouças, RC/CSR, cartas a Taunay, 13 out. 1891, e a José Américo dos Santos, 17 out. 1891; *Diário*, p. 357 (29 dez. 1889).
37. Rebouças, RC/CSR, carta ao dr. José Grey, 13 jul. 1895.
38. Ele pretendia trabalhar gratuitamente como engenheiro para Antônio Júlio Machado na construção da ferrovia Luanda-Ambaca, situada na atual Angola. Esse projeto foi abandonado quando Rebouças ainda estava em trânsito na costa oriental da África. Ao saber da notícia, ele interrompeu sua viagem em Lourenço Marques (na atual Maputo, em Moçambique). Ver Rebouças, RC/CSR, carta a Taunay, 3 jan. 1892, a Rangel da Costa, 5 jan. e 12 mar. 1892, e a Sassetti, 30 jan. 1892. Apesar de algumas pequenas incorreções quanto aos fatos, as lembranças de Taunay sobre Rebouças nesse período são interessantes. Ver seu texto "André Rebouças", pp. 115-24.
39. Rebouças, RC/CSR, cartas a Rangel da Costa, 5 jan. 1892, a Taunay, 11 jan. 1892, a Stanley Youle, 23 jan. 1892, e a Machado, 28 fev. 1892.
40. Rebouças, RC/CSR, carta a Taunay, 8 maio 1892.
41. Ibid. Ver também a carta a Taunay de 14 maio 1892, em que se observa sentimento semelhante.
42. Rebouças, RC/CSR, cartas a Taunay, 3 jan. 1892, a Haupt, 3 mar. 1892, e a Taunay, 3 mar. 1892.
43. Rebouças, RC/CSR, miscelânea de arquivos, "Nova Propaganda Abolicionista" (13 maio 1892).
44. Rebouças, RC/CSR, miscelânea de arquivos, "Escravidão n'África Oriental" (27 maio 1892); também livro de cartas de 1892 (Registro da Correspondência), como carta a Machado.
45. Rebouças, RC/CSR, miscelânea de arquivos, "Nova Propaganda Abolicionista: Vestir 300.000.000 de Negros Africanos". Esse texto foi escrito em Lourenço Marques, em 13 maio 1892 (quarto aniversário da abolição), e transcrito na Cidade do Cabo para um papel timbrado da Sociedade Brasileira contra a Escravidão, em 15 jan. 1893. Rebouças levara esse papel timbrado consigo para o exílio. Ver também RC/CSR, cartas a Taunay de 26 maio e 17 jun. 1892.
46. Rebouças, *Diário* de 1893, IHGB, 2, 8 14 e 15 de jan., 2 e 7 de fev. O texto dos *Ydillios Africanos VI* foi redigido em Barbeton em 30 maio 1892, e publicado por José do Patrocínio no jornal *Cidade do Rio* (4 fev. 1893).
47. Rebouças, RC/CSR, miscelânea de arquivos, "Escravidão n'África Oriental". Também RC/CSR, cartas a Rangel da Costa, 14 jun. 1892,

a Machado, 21 jun. 1892, e ao barão de Pacô-Vieira, 23 jul. 1894; *Diário*, p. 413.
48. Petrópolis, cidade serrana próxima do Rio de Janeiro, era o refúgio imperial do calor e da agitação da capital. Rebouças, RC/CSR, cartas a Rangel da Costa, 14 jun. 1892, e a Taunay, 26 maio 1892.
49. Rebouças, RC/CSR, carta a W. C. Gowie, Grahamstown, 8 jul. 1892; carta a Taunay de 14 jul. 1892, nos arquivos da família Taunay, São Paulo.
50. Rebouças, RC/CSR, cartas a Machado, 11 dez. 1892, e a Taunay e Nabuco, 12 e 21 dez. 1892.
51. A expressão "sobredeterminado de fora para dentro" é de Frantz Fanon. Ver seu livro *Black Skin, White Masks*, pp. 116-7. Ver também Rebouças, RC/CSR, carta a Taunay, 20 jun. 1893.
52. Rebouças, RC/CSR, carta a Taunay, 19 dez. 1895. Ver também a carta endereçada ao diretor do Banco Britânico da América do Sul em 27 fev. 1895, e as cartas a Taunay de 26 nov. 1894, as de 10 mar., 3 out., 16 de out., 23 nov., 10 dez. e 19 dez. 1897; e as de 24 mar., 10 abr. e 27 abr. 1898, nos arquivos da família Taunay em São Paulo.
53. Rebouças, *Diário*, pp. 451-2; Alfredo d'Escragnolle, visconde de Taunay, "André Rebouças", p. 124; entrevista com o dr. Carlos de Souza Rebouças no Rio de Janeiro, 1974.
54. Ver o Capítulo 2. Ver também Philip D. Curtin, *The Image of Africa*, pp. 238-40, 414-5, 425-6; Spitzer, *Creoles*, p. 45; Michael Banton, *The Idea of Race*, pp. 1-62; Christine Bolt, *Victorian Attitudes to Race*, passim; Douglas A. Lorimer, *Colour, Class, and the Victorians*, passim.
55. Ver, por exemplo, Richard F. Burton, *Wanderings in West Africa, from Liverpool to Fernando Po, By a F.R.G.S.*, v. 1; R. F. Burton e J. L. Cameron, *To the Gold Coast for Gold*; G. A. L. Banbury, *Sierra Leone, or The White Man's Grave*, Londres; e A. B. Ellis, *West African Sketches*.
56. Spitzer, *Creoles*, pp. 45-50.
57. *Weekly News*, 26 fev. 1887.
58. E. W. Blyden, *Christianity, Islam, and the Negro Race*, pp. 317-8, 398-9, 433-44; *Weekly News*, 11 abr. 1891.
59. Blyden era descendente dos ibos e nascera em St. Thomas, nas Ilhas Virgens, em 1832. Quando, em decorrência de sua raça, recusaram-lhe a admissão em faculdades dos Estados Unidos, ele aceitou uma oferta da New York Colonization Society para emigrar

para a Libéria e lá desenvolver seus estudos. Ali desembarcando em 1851, iniciou sua longa e ativa ligação com a África Ocidental. Passou os vinte anos seguintes de sua vida nesse país, praticamente sem interrupção. Durante esse período, tornou-se pastor presbiteriano ordenado e licenciado, editor do *Liberia Herald* e diretor do Alexander High School, em Monróvia, além de catedrático e, posteriormente, vice-diretor do Liberia College, secretário de Estado, ministro plenipotenciário da Corte de St. James e candidato, três vezes derrotado, à presidência da República. Em especial na condição de autodidata, afirmava haver dominado o latim, o grego, o hebraico, o árabe, o espanhol, o holandês, o francês e o alemão. No fim da década de 1870, depois de ganhar alguns inimigos políticos poderosos na Libéria, passou temporadas cada vez mais longas em Serra Leoa. Embora se ausentasse por extensas temporadas na Europa, na América e em outras partes da África, Freetown, e não Monróvia, acabou por servir-lhe de lar até sua morte, em 1912. Para maiores informações biográficas, ver Hollis R. Lynch, *Edward Wilmot Blyden, Pan-Negro Patriot, 1832-1912*; Edith Holden, *Blyden of Liberia, An Account of the Life and Labors of Edward Wilmot Blyden, LL.D., As Recorded in Letters and in Print*. Uma versão dessa discussão foi publicada em Spitzer, *Creoles*, pp. 111-5.

60. E. W. Blyden, *Christianity, Islam, and the Negro Race*, pp. 317-8.
61. E. W. Blyden, *Proceedings at the Banquet in Honour of Edward Wilmot Blyden, LL.D., on the Occasion of his Retirement From his Official Labours in the Colony of Sierra Leone, January 24th, 1907*, pp. 40-1; *Weekly News*, "Banquet in Honor of C. E. Wright", 28 nov. 1903.
62. Blyden usou a expressão "personalidade negra", conceito que Kwame Nkrumah, de Gana, posteriormente adotou e renomeou como "personalidade africana".
63. E. W. Blyden, *Africa and the Africans, Proceedings on the Occasion of a Banquet Given to E. W. Blyden by West Africans in London, August 15, 1903*, p. 44; Blyden, *African Life and Customs*, pp. 9-36; *Sierra Leone Guardian and Foreign Mail* (Freetown), "Obituary", 16 fev. 1912.
64. *Weekly News*, "Banquet in Honor of C. E. Wright", 28 nov. 1903. Ver também Grã-Bretanha, Public Records Office, co 267/324, Blyden a Earl Kimberley, 1873; Blyden, *Christianity, Islam, and the Negro Race*, pp. 76-7, 254, 317-8; e Blyden, *Aims and Methods of a Liberal*

Education for Africans, Inaugural Address delivered by E. W. Blyden, LL. D., President of Liberia College, January 5, 1881, pp. 6-11.
65. *Weekly News*, 20 jun. 1891.
66. *Methodist Herald* (Freetown), 21 dez. 1887.
67. *Weekly News*, "Obituary", 18 maio 1929; Grã-Bretanha, Public Records Office, CO 267/590, 8 fev. 1921; entrevista com a sra. Tungi Stuart e a sra. Isa Smith em Freetown, jan. 1976.
68. Grã-Bretanha, Public Records Office, CO 267/590, 8 fev. 1921. Quanto à participação de May no Congresso Nacional da África Ocidental Britânica, ver as fontes citadas em Spitzer, *Creoles*, pp. 171-8.
69. May, que ocupava o cargo de prefeito, bem como o secretário de Obras, o secretário da Câmara e o tesoureiro municipal foram condenados por "fraudar a Freetown Corporation, obtendo, por meio de falsas alegações (e, presumivelmente, em benefício próprio), ferro corrugado no valor de aproximadamente 25 libras". Com respeito aos escândalos no município de Freetown, ver Grã-Bretanha, Public Records Office, CO 267/616, arquivos 5148 e 6906 (Relatório da Comissão de Inquérito) (Relatório da Comissão O'Brien); e Colônia de Serra Leoa, Debates do Conselho Legislativo de 24 nov. 1925 e 28 de dez. 1926. Para informações prévias sobre o Conselho Municipal de Freetown, ver Conselho Legislativo de Serra Leoa, Apêndice ao Pronunciamento Anual do Governador, 24 nov. 1925. Ver também S. A. J. Pratt, "The Government of Freetown", pp. 154-65; Akintola J. G. Wyse, "The Dissolution of Freetown City Council in 1926: A Negative Example of Political Apprenticeship in Colonial Sierra Leone", pp. 422-38.
70. *West Africa*, 29 e 30 out. 1926, pp. 653, 1444; *Weekly News*, "Letter by Cornelius May", 22 out. 1927; *Weekly News*, "Obituary for Cornelius May", 18 maio 1929.
71. Zweig, *World*, p. 196.
72. Id., p. 194.
73. Prater, *European*, p. 348; Erwin Rieger, *Stefan Zweig, Der Mann und das Werk*, pp. 9-14; Walter Bauer, "Stefan Zweig der Europäer", pp. 130-45.
74. Zweig, *World*, pp. 7-9, 25, 63, 102-5. Ver também Jacob Katz, *From Prejudice to Destruction*, pp. 223-9, 281-91; Peter G. J. Pulzer, *Rise of Political Anti-Semitism in Germany and Austria*, pp. 293-333;

F. L. Carsten, *Fascist Movements in Austria*, pp. 9-29; William M. Johnston, *The Austrian Mind*, pp. 63-6; Anna Drabek, Wolfgang Häusler, Kurt Schubert, Karl Stuhlpfarrer e Nikolaus Vielmetli, *Das oesterreichische Judentum*, pp. 108-21; e Hannah Arendt, *The Origins of Totalitarianism*, pp. 3-120.

75. Zweig, *World*, pp. 316-23; Robert Dumont, *Stefan Zweig et la France*, passim; Zohn, "Stefan Zweig als Mittler in der europäischen Literatur", pp. 47-52. Para obter uma bibliografia mais completa das obras de e sobre Zweig, ver Randolph J. Klawiter, *Stefan Zweig: A Bibliography*.

76. Hannah Arendt, *The Jew as Pariah*, pp. 112-21; Zweig, *World*, p. 316.

77. Citado em David Ewen, "Stefan Zweig Calls Anti-Semitism a Moldering Evil", pp. 551, 572. Ver também Werner J. Cahnman, "Stefan Zweig in Salzburg", para o relato de uma entrevista feita com Zweig em 1931, que é muito reveladora quanto aos sentimentos que ele nutria, na época, pelo judaísmo e pelo antissemitismo.

78. Zweig, *World*, pp. 358-89; Prater, *European*, pp. 210-1, 233, 234; Drabek et al., *Oesterreichische Judentum*, pp. 141-64; Carsten, *Fascist Movements*, pp. 189-210.

79. Carta de Zweig a Ebermayer, 11 maio 1933, em Erich Ebermayer, *Buch der Freunde*, p. 53; carta a Friderike, jun. 1933, em Henry Alsberg, *Stefan and Friderike Zweig, Their Correspondence, 1912-1942*, p. 256.

80. Carta de Zweig a Franz Karl Ginzky, 4 maio 1934, na coleção manuscrita da Wiener Stadt-und Landesbibliothek (doravante w/sb), I.N. 157, 438.

81. Stefan Zweig, "Their Souls a Mass of Wounds — an address on the Jewish Children in Germany" [Com a alma como uma massa de feridas — discurso às crianças judias da Alemanha], proferido na casa da Sra. Anthony de Rothschild, Londres, 30 nov. 1933. Uma cópia desse discurso se encontra nos arquivos da Biblioteca Wiener, em Londres.

82. Ver Stefan Zweig, *Triumph und Tragik des Erasmus von Rotterdam*; carta a Richard Strauss, 17 maio 1934, em *A Confidential Matter*, pp. 43-4; cartas a Friderike, 21 set. e 8 out. 1935, em *Correspondence*, pp. 274, 279.

83. Zweig, *World*, pp. 408, 409, 412.

84. Uma discussão estimulante sobre esse ponto encontra-se em Josef Kastein, *Wege und Irrwege, Drei Essays zur Kultur der Gegenwart*, pp.

39-42; w/SB, carta de Zweig a Felix Braun, 29 mar. 1938 (I.N. 198.080); Prater, *European*, pp. 267, 280.
85. w/SB, carta de Zweig a Felix Braun, 16 out. 1939 (I.N. 198.102).
86. Zweig, *World*, pp. 427-8.
87. Uma controvertida discussão sobre o caráter da judeidade de Zweig encontra-se em Leon Botstein, "Stefan Zweig and the Illusion of the Jewish European". Ver também Mark H. Gelber, "Stefan Zweig's verspätete bekehrung zum Judentum? Ein uberblick zum Zentenarium in Beer Scheva und eine fortsetzung der debatte".
88. Stefan Zweig, *Jeremias*; carta de Zweig a Friderike, 28 maio 1936, *Correspondence*, p. 284.
89. w/SB, carta de Zweig a Felix Braun, 20 jun. 1939 (I.N. 198.094); Zweig, *World*, pp. 20-4.
90. Ver, por exemplo, w/SB, cartas de Zweig a Felix Braun, 7 abr. 1938 (I.N. 198.081) e 27 abr. 1939 (I.N. 198.094); a Gisella Selden-Goth, 22 abr. 1938, em "Stefan Zweig: Briefe aus der Emigration" (arquivos da Biblioteca Wiener, em Londres); a Friderike Zweig, 16 e 30 nov. 1940, *Correspondence*, pp. 320-1; Prater, *European*, pp. 274-5. Ver também "Diary of the Second War (1 Sept.-17 Dec. 1939)" (escrito em inglês) e "Notebook war 1940 (22 May-19 June 1940)", em Stefan Zweig, *Tagebucher*.
91. w/SB, carta de Zweig a Felix Braun, 16 out. 1939 (I.N. 19.102).
92. Para críticas à posição de Zweig em relação ao sionismo e a seu engajamento político pessoal, ver Kastein, *Wege und Irrwege*, passim; Alfred Werner, "Stefan Zweig's Tragedy", em *Jewish Affairs*, pp. 25; e Arendt, *Jew as Pariah*, pp. 112-21.
93. Carta de Zweig a Heinrich Eisemann, 22 jul. 1941 (arquivos do Instituto Leo Baeck, em Nova York); w/SB, cartas de Zweig a Felix Braun, 25 jul. 1938 (I.N. 198.085), 4 ago. 1938 (I.N. 198.086) e 20 jun. 1939 (I.N. 198.094).
94. Prater, *European*, p. 321; Zweig, *Tagebucher*, pp. 453-73.
95. Carta a Friderike Zweig, 26 ago. 1936, *Correspondence*, p. 290.
96. Segundo o depoimento de uma vizinha dos Zweig em Petrópolis, a poeta chilena Gabriela Mistral. Ver, dessa autora, "Croce, Valéry und Stefan Zweig", em *Frankfurter Allgemeine Zeitung*, 6 abr. 1954.
97. John Fowles, "Introduction", *The Royal Game and Other Stories*, p. XVII.

98. Carta de Zweig a Robert Faesi, 1939, citada em Prater, *European*, p. 320.
99. Carta a Friderike Zweig, sem data [nov. 1940], *Correspondence*, p. 319.
100. Zweig, *World*, "Preface", p. XVIII. Ver também w/SB, cartas de Zweig a Felix Braun, sem data, [verão de] 1941 (I.N. 198.120), a Heinrich Eisemann, 22 jul. 1941, e uma carta enviada do Brasil a Eisemann, sem data [início de 1942] (arquivos do Instituto Leo Baeck, Nova York).
101. Zweig, *World*, "Publisher's Postscript", p. 437.
102. Naturalmente, o próprio Zweig havia empregado a expressão "a mulher silenciosa". No início da década de 1930, ele escreveu o libreto da ópera *Die schweigsame Frau* [A mulher silenciosa], de Richard Strauss, baseado numa comédia de Ben Jonson — *Epicoene, or The Silent Woman*. Embora nessa época Strauss fosse presidente do Conselho Estatal de Música de Hitler, a ópera só foi apresentada em três ocasiões em Dresden, em jun. 1935, e depois, em virtude do aparecimento do nome de Zweig no programa, foi cancelada. A história da breve colaboração entre Zweig e Strauss é fascinante e se encontra descrita em *A Confidential Matter: The Letters of Richard Strauss and Stefan Zweig, 1931-1935*.

7. A via de saída: Do "Deus selvagem" à "violência sagrada"
[pp. 274-312]

1. Ver Henry Louis Gates, Jr., "Editor's Introduction: Writing 'Race' and the Difference it Makes", p. 13. Sou igualmente grato ao professor Keith Walker por me informar sobre esse incidente.
2. Joseph Roth, autor do *Radetzkymarsch* e um dos amigos mais próximos de Zweig, também poderia ser incluído nesse grupo. Zweig "estava convencido de que a bebida, em Roth, era uma forma de suicídio". Ver Donald A. Prater, *European of Yesterday*, p. 298; e David Bronsen, *Joseph Roth*, pp. 588-608. Ver também, em *Stefan and Friderike Zweig*, as cartas de Zweig a Friderike de 25 set. 1935 (p. 224), sem data, 1940 (p. 311), e 13 mar. 1941 (pp. 325-6); William M. Johnston, *The Austrian Mind*, pp. 174-80; e Wolfram Kurth, *Genie, Irsinn und Ruhm*, 1967.
3. De acordo com Lucy S. Dawidowicz: "Entre alguns judeus que haviam apostado sua vida inteira na identificação com a Alemanha, o

desespero levou ao suicídio. De 1932 a 1934, quase 350 judeus cometeram suicídio, num índice 50% superior ao do restante da população". Durante meses, depois da *Kristallnacht*, a Noite de Cristal, em 1938, "os suicídios responderam por mais da metade dos enterros dos judeus". Ver Dawidowicz, *The War Against the Jews, 1933-1945*, pp. 232, 264, 292. Ver também Hannah Arendt, *The Jew as Pariah*, pp. 58-9.
4. Bruno Frank, em *Aufbau*, citado em Prater, *European*, p. 344.
5. Thomas Mann, citado em Anthony Heilbut, *Exiled in Paradise*, p. 404.
6. Hannah Arendt, "We Refugees" (1944), em seu livro *The Jew as Pariah*, pp. 58-60. Ver também, da mesma autora, "Portrait of a Period" (1943), na mesma coleção, pp. 112-21; e Elizabeth Young--Bruehl, *Hannah Arendt*, p. 193.
7. Arendt, *The Jew as Pariah*, p. 59.
8. Alfred Alvarez, *The Savage God*, p. 272.
9. Jean Baechler, *Suicides*, pp. 42-55.
10. Alan Janik e Stephen Toulmin, *Wittgenstein's Vienna*, pp.172--3; Johnston, *Austrian Mind*, pp. 137-40, 158-61; Harry Zohn, "Karl Kraus: 'Judischer Selbsthasser' oder 'Erzjude'?", p. 1. Schönberg voltou ao judaísmo numa época posterior de sua vida. Para uma análise perspicaz do fenômeno do ódio judaico a si mesmo e para biografias sucintas de Weininger, Trebitsch e de alguns antissemitas judeus, como Paul Reé, Max Steiner, Walter Calé e Maximilian Harden, ver Theodor Lessing, *Der judische Selbsthass*. Ver também Abraham I. Golomb, "Jewish Self-Hatred", pp. 250-9; e "Hermann Levi: A Study in Service and Self-Hatred".
11. Marsha L. Rozenblit, *The Jews of Vienna, 1867-1914*, pp. 7, 132. Ver também George E. Berkley, *Vienna and its Jews*, pp. 53-5, 324-8. Para uma discussão da conversão dos judeus na Alemanha dos séculos XIX e XX, ver Carl Cohen, "The Road to Conversion", pp. 259-79; e Gay, *Freud, Jews*, pp. 97-8.
12. No original alemão, "Der Taufzettel ist das Entreebillet zur europäischen Kultur". Ver Heinrich Heine, "Gedanken und Einfelle", p. 407.
13. Rozenblit, *The Jews of Vienna*, p. 137. "[...] a maioria das judias que se converteram [em Viena, entre 1870 e 1910] provinha das classes baixas, e é provável que elas tenham aceitado o batismo para se

casar com colegas de trabalho cristãos. [...] Judias da classe média, entre aquelas que não registraram nenhuma profissão nos registros de conversão, também abraçaram o cristianismo, ou *Konfessionslosigkeit*, no fim do século XIX. E evidente que as mulheres que não tinham carreiras não se converteram para facilitar seu desenvolvimento profissional. Converteram-se, antes, por autênticas razões religiosas, ou para se casar com cristãos" (p. 139).

14. Alma Mahler Werfel, *Gustav Mahler*; reeditado em 1968, p. 101. Citado em Rozenblit, *The Jews of Vienna*, p. 134.
15. Albert Memmi, *The Liberation of the Jew*, pp. 70-1; Gay, *Freud, Jews*, p. 97.
16. Gay, *Freud, Jews*, p. 98.
17. Talcott Parsons, "The Problem of Polarization on the Axis of Color", p. 365. Ver também H. Hoetink, *Slavery and Race Relations in the Americas*, pp. 142-4.
18. Para uma discussão comparativa geral do "embranquecimento" como fator de mobilidade social entre as pessoas de cor nas Américas, ver Hoetink, *Slavery and Race Relations in the Americas*, pp. 89-106, 192-210. Para uma discussão do "embranquecimento" brasileiro, ver Thomas Skidmore, *Black into White*, passim.]
19. Quanto às ideias de Joseph Renner-Maxwell, ver, de sua autoria, *The Negro Question, or Hints for the Physical Improvement of the Negro Race, with Special Reference to West Africa*, pp. 65, 85-6; e Leo Spitzer, *The Creoles of Sierra Leone*, pp. 134-5.
20. Citado em Magnus Mörner, *Race Mixture in the History of Latin America*, p. 73.
21. Ver, por exemplo, Nella Larsen, *Quicksand* e *Passing*; Jessie Fauset, *Plum Bun*; e Walter White, *Flight*.
22. Hoyt Fuller, "Introduction", em Nella Larsen, *Passing*, p. 14. Ver também Mary Helen Washington, "The Mulatta Trap: Nella Larsen's Women of the 1920's", pp. 159-67.
23. Ver Rozenblit, *The Jews of Vienna*, pp. 23-4, 34-43.
24. Herbert A. Strauss, "The Movement of People in a Time of Crisis", pp. 49-51. Ver também Ronald Sanders, *Shores of Refuge*.
25. Ver Laura Fermi, *Illustrious Immigrants*; Donald Fleming e Bernard Baylin (Orgs.), *The Intellectual Migration*; e Jackman e Borden (Orgs.), *The Muses Flee Hitler*.

26. Quanto a Blyden e às respostas oitocentistas dos crioulos nativos de Serra Leoa, ver o Capítulo 6, especialmente a nota 59. Ver também meu livro *Creoles*, pp. 108-38. Para uma introdução geral à literatura sobre a negritude e às críticas a ela, ver Léopold Sédar Senghor, *Anthologie de la nouvelle poésie nègre et malagache*; Claude Wauthier, *The Literature and Thought of Modern Africa*; e Lilyan Kesteloot, *Black Writers in French*.
27. Abiola Irele, "Négritude — Literature and Ideology", p. 511.
28. Aimé Césaire, *Cahier d'un retour au pays natal*, pp. 117, 119-21.
29. Ibid., p. 117.
30. L. Damas, *Black Label*, p. 52. Traduzido para o inglês por Gerald Moore em *Seven African Writers*, p. xx.
31. Léopold Sédar Senghor, "The Spirit of Civilisation, or the Laws of African Negro Culture", pp. 51-64. Ver também Harold Scheub, "Soukeîna and Isabelle: Senghor and the West".
32. Senghor, "For Koras and Balafongs", pp. 13-4.
33. Ver Spitzer, *Creoles*, pp. 120-31, para uma discussão desses tipos de reações por parte dos crioulos de Serra Leoa.
34. James Africanus Beale Horton, *West African Countries and Peoples, British and Native*, p. 67. Ver também as obras dos crioulos serra-leoneses Charles Marke, *Africa and the Africans*, pp. 26-8, e A. B. C. Merriman-Labor, *An Epitome of a Series of Lectures on the Negro Race*. Seria interessante examinar esses esforços do fim do século XIX, destinados a afirmar as raízes africanas da Grécia antiga, à luz da fascinante investigação desse assunto por Martin Bernal, em seu *Black Athena*.
35. E. W. Blyden, *The Negro in Ancient History*, e *From West Africa to Palestine*, pp. 104-10.
36. J. E. Casely-Hayford, *Ethiopia Unbound*, 1911; Cheikh Anta Diop, *Nations nègres et culture*; Diop, "The Cultural Contributions and Prospects of Africa", pp. 349-54 (reproduzido em Hans Kohn e Wallace Sokolsky, *African Nationalism in the Twentieth Century*, pp. 140-8; Charles de Graft-Johnson, *African Glory: The Story of Vanished Civilizations*. Ver também meu livro *Creoles*, pp. 122-4. A conclusão da seção principal de Diop em *Nations nègres* afirma que: "[...] o homem negro, longe de ser incapaz de desenvolver uma civilização técnica, foi, na verdade, aquele que primeiro a desenvolveu, na pessoa do Negro, numa época em que todas as raças brancas,

chafurdando na barbárie, mal se prestavam à civilização. Ao dizer que foram os ancestrais dos negros que hoje habitam a África Negra, principalmente, os primeiros a inventar a matemática, a astronomia, o calendário, a ciência em geral, as artes, a religião, a organização social, a medicina, a escrita, a engenharia, a arquitetura [...], ao afirmar tudo isso, está-se dizendo, simplesmente, a modesta e rigorosa verdade que ninguém, no momento atual, é capaz de refutar com argumentos dignos desse nome" (p. 253).
37. Léon Laleau, "Trahison", p. 195.
38. Irele, "Négritude — Literature and Ideology", p. 499.
39. Sem dúvida, como indicou Stephen M. Poppel, "a esperança do retorno messiânico dos judeus ao Sião fora uma corrente predominante do pensamento judaico desde a época do Exílio, surgindo como um tema central na liturgia com que todos os judeus estavam familiarizados". Entretanto, somente no fim do século XIX é que o moderno movimento sionista de fato ganhou forma. Poppel, *Zionism in Germany, 1897-1933*, p. 17. Esse aspecto também é frisado em Arthur Hertzberg (Org.), *The Zionist Idea*; Bernard Avishai, *The Tragedy of Zionism*; e Amnon Rubinstein, *The Zionist Dream Revisited*.
40. Hertzberg (Org.), *The Zionist Idea*, p. 40.
41. Quanto às tensões entre o sionismo político/ cultural e religioso/ secular, ver Hertzberg (Org.), *The Zionist Idea*, pp. 51-72. Ver também Rubinstein, *The Zionist Dream Revisited*, pp. 3-49; e Avishai, *The Tragedy of Zionism*, pp. 22-66.
42. Poppel, *Zionism in Germany*, p. 18; Hertzberg (Org.), *The Zionist Idea*, p. 48.
43. Theodor Herzl, "The Jewish State (1896)", p. 209; Herzl, *Der Judenstaat*, reproduzido em Herzl, *Zionistische Schriften*.
44. Herzl, "The Jewish State", p. 209.
45. Rubinstein, *The Zionist Dream Revisited*, p. 9; Poppel, *Zionism in Germany*, p. 18.
46. Herzl, "The Jewish State", pp. 209, 220.
47. Rubinstein, *The Zionist Dream Revisited*, pp. 20-34; Hertzberg (Org.), *The Zionist Idea*, pp. 45-51.
48. Rubinstein, *The Zionist Dream Revisited*, p. 12; Hertzberg (Org.), *The Zionist Idea*, pp. 8-9.
49. Rubinstein, *The Zionist Dream Revisited*, pp. 4-5.
50. Citado em Rubinstein, *The Zionist Dream Revisited*, pp. 3-4.

51. Agradeço ao Dr. Jonathan Boyarin, do YIVO Center for Advanced Jewish Studies, de Nova York, por essa comparação perspicaz.
52. Herzl, "The Jewish State", p. 213. Ver também Theodor Herzl, *Old--New Land [Altneuland]*, pp. 80-1; Hertzberg (Org.), *The Zionist Idea*, pp. 49-50; Rubinstein, *The Zionist Dream Revisited*, p. 11; e Avishai, *The Tragedy of Zionism*, pp. 40-1.
53. Herzl, "The Jewish State", p. 213.
54. Ibid. Grifo meu.
55. Rubinstein, *The Zionist Dream Revisited*, p. 13.
56. "Ahad Ha'am" traduz-se do hebraico por 'Um do Povo' e ilustra uma tendência, muito disseminada entre os sionistas, a abandonar os nomes europeus, trocando-os por nomes hebraicos, reais ou inventados. A mudança de nomes, evidentemente, também foi central no esforço de "reforma dos nomes" entre os crioulos de Serra Leoa, na década de 1880, e entre os afro-americanos, na década de 1960.
57. Ahad Ha'am, *Kol Kitvei* [Obra completa], p. 325. Citado em Rubinstein, *The Zionist Dream Revisited*, p. 40.
58. Esses critérios derivam da definição que Rupert Emerson forneceu para a nação em seu livro *From Empire to Nation*, p. 104.
59. Otto Pflanze e Philip D. Curtin, "Varieties of Nationalism in Europe and Africa", pp. 143-4.
60. Como afirmou Leo Kuper, a mobilização e a ação coletiva nesses moldes, nos movimentos nacionalistas coloniais, constituíram um claro desvio da teoria marxista clássica, que postulava a *consciência de classe* e o conflito entre as classes como os determinantes das relações sociais e da mudança política. Ver, de Kuper, "Theories of Revolution and Race Relations", pp. 88-108; "Race, Class, and Power: Some Comments on Revolutionary Change", pp. 400-21; e "Race Structure in the Social Consciousness", pp. 88-102.
61. "O tribalismo pode ser definido como o sentimento de lealdade a um grupo étnico ou linguístico que procura promover seu interesse particular dentro do Estado. [...] Essa definição estrita do tribalismo é um instrumento útil para a análise dos nacionalismos rivais na África tropical. Antes que Gana se tornasse aspirante à condição de Estado nacional, o sentimento nacional dos axântis era um nacionalismo plenamente equivalente aos nacionalismos de outros lugares. Mas a superposição da lealdade a Gana alterou a natureza da lealdade a Axânti. Se os axântis se dispuserem a aceitar Gana e

desistir de Axânti, seu sentimento nacional estará simplesmente transitando para um nível mais amplo e mais abrangente. Se, por outro lado, eles insistirem em trabalhar em prol de Axânti, dentro do Estado Nacional de Gana, se tornarão uma força tribal no sentido original da expressão." Ver Philip D. Curtin, "Nationalism in Africa, 1945-1965", pp. 147-8.

62. A crítica mais aguda a esse modelo de descolonização ainda é a que se encontra em Frantz Fanon, *The Wretched of the Earth*, pp. 148-205.

63. Para uma exposição panorâmica das ideias e acontecimentos revolucionários da Europa moderna, ver James H. Billington, *Fire in the Minds of Men*.

64. Ver Fanon, *The Wretched of the Earth*, esp. o capítulo "Concerning Violence".

65. Fanon, *The Wretched of the Earth*, p. 147.

66. Ibid., p. 94. Baseando sua teoria na experiência da Revolução Argelina, Fanon previu que, para as mulheres, a participação na violência resultaria num desvelamento literal, que levaria à transformação das estruturas familiares patriarcais tradicionais. Ocasionada por suas atividades revolucionárias, a emancipação delas seria aceita, e ficaria assegurada a sua integração na nova sociedade em bases igualitárias. "Essa mulher", escreveu Fanon em *A Dying Colonialism*, "que, nas avenidas de Argel ou de Constantino, carregaria as granadas ou as submetralhadoras, essa mulher, que amanhã seria ultrajada, estuprada e torturada, não poderia recolocar-se em seu estado de espírito anterior e fazer reviver seu comportamento do passado; essa mulher, que estaria escrevendo as páginas heroicas da história argelina, estaria, ao fazê-lo, rompendo os grilhões do mundo estreito em que vivera sem nenhuma responsabilidade, e, ao mesmo tempo, participando da destruição do colonialismo e do nascimento de uma nova mulher." Ver Fanon, "Algeria Unveiled" e "The Algerian Family", em *A Dying Colonialism*, esp. pp. 107-6.

67. Fanon, "The Algerian Family", pp. 99-120; Aristide R. Zolberg, "Frantz Fanon: A Gospel for the Damned".

68. Fanon, *Wretched of the Earth*, pp. 132-3.

69. A descrição desse "fascínio" é de Zolberg. Ver, desse autor, "A Gospel for the Damned", p. 58. Para uma interpretação de Fanon

que é estimulante e um pouco diferente da minha, ver Edward Burke III, "Frantz Fanon's *The Wretched of the Earth*".
70. Ver Renate Zahar, *Frantz Fanon*, pp. 93-9.
71. Ernesto Che Guevara, "Socialism and Man in Cuba", pp. 156, 159-60.
72. Fanon, *Wretched of the Earth*, pp. 313, 315, 316.

Referências bibliográficas

ABIMBOLA, Wande. "The Literature of the Ifa Cult". In: BIOBAKU, S. O. (Org.), *Sources of Yoruba History*. Oxford, 1973.
_____. *Ifa Divination Poetry*. Nova York, 1977.
ADLER, Alfred. "On the Origin of the Striving for Superiority and of Social Interest (1933)". In: *Superiority and Social Interest: A Collection of Later Writings*. Org. de ANSBACHER, H. L.; ANSBACHER, R. R. Nova York, 1979.
AJAYI, J. F. A. "Samuel Ajayi Crowther of Oyo". In: CURTIN, Philip, D. (Org.). *Africa Remembered*.
_____. "The Aftermath of the Fall of Old Oyo". In: AJAYI, J. F. A.; CROWDER, Michael (Orgs.). *History of West Africa*. v. 2.
_____; SMITH, Robert. *Yoruba Warfare in the Nineteenth Century*. Londres, 1964.
_____. *Christian Missions in Nigeria: The Making of a New Elite, 1841--1891*. Londres, 1965.
ALDEN, Dauril. "The Population of Brazil in the Late Eighteenth Century: A Preliminary Study". *Hispanic American Historical Review*, v. 43, 1963.
ALSBERG, Henry (Org.). *Stefan and Friderike Zweig: Their Correspondence, 1912-1942*. Nova York, 1954.
ALTHUSSER, Louis "Ideology and Ideological State Apparatuses (Notes towards an Investigation)". In: *Lenin and Philosophy and Other Essays*. Nova York, 1971. [Ed. bras.: "Ideologia e aparelhos ideológicos de Estado (Notas para uma investigação)". In: ZIZEK, S. (Org.), *Um mapa da ideologia*. Rio de Janeiro: Contraponto, 1996. pp. 105-66.]
ALVAREZ, Alfred. *The Savage God: A Study of Suicid*. Nova York, 1972.
AMARAL, Braz do. "A Sabinada: História da revolta da cidade da Bahia em 1837". Salvador, *Revista do Instituto Geográfico e Histórico da Bahia*, número especial, 1909.
_____. *História da independência na Bahia*. 2. ed. Salvador, 1957.
ANSBACHER, Heinz L.; ANSBACHER, Rowena R. (Orgs.). *The Individual Psychology of Alfred Adler: A Systematic Presentation in Selections from His Writings*. Nova York, 1956.

ANTONOVSKY, Aaron. "Toward a Refinement of the 'Marginal Man' Concept". *Social Forces*, v. 35, n. 1, 1956.

ARENDT, Hannah. *The Origins of Totalitarianism*. Nova York, 1973. [Ed. bras.: *As origens do totalitarismo*. São Paulo: Companhia das Letras, 2013.]

_____. *Rahel Varnhagen: The Life of a Jewish Woman*. Nova York, 1974.

_____. *The Jew as Pariah*. Nova York, 1978.

ASIEGBU, Johnson. U. J. *Slavery and the Politics of Liberation, 1787-1861*. Londres, 1969.

AVISHAI, Bernard. *The Tragedy of Zionism: Revolution and Democracy in the Land of Israel*. Nova York, 1985.

AWOLABU, J. O. *Yoruba Beliefs and Sacrificial Rites*. Londres, 1979.

AZEVEDO, Fernando de. *Brazilian Culture: An Introduction to the Study of Culture in Brazil*. Nova York, 1950.

BAECHLER, Jean. *Suicides*. Trad. de Barry Cooper. Nova York, 1979.

BANBURY, G. A. L. *Sierra Leone, or The White Man's Grave*. Londres, 1881.

BANTON, Michael. *The Idea of Race*. Londres, 1974.

BARBER, Karin. "How Man Makes God in West Africa: Yoruba Attitudes Towards the *Orisa*". *Africa*, v. 51, n. 3, 1981.

BARBOSA, Francisco de Assis. *A vida de Lima Barreto*. Rio de Janeiro, 1981.

BARZUN, Jacques. *Clio and the Doctors: Psycho-History, Quanto-History and History*. Chicago, 1974.

BASCOM, William. *The Yoruba of Southwestern Nigeria*. Nova York, 1969.

BASTIDE, Roger; FERNANDES, Florestan. *Brancos e negros em São Paulo*. 2. ed. São Paulo, 1959.

BAUER, Walter. "Stefan Zweig der Europäer". In: ARENS, Hans (Org.). *Stefan Zweig, Sein Leben — Sein Werk*. Esslingen (Alemanha), 1949.

BAUM, Charlotte; HYMAN, Paula; MICHEL, Sonya. *The Jewish Woman in America*. Nova York, 1975.

BEALE, James (Africanus Horton). *West African Countries and Peoples, British and Native. With the requirements necessary for establishing that self government recommended by the Committee of the House of Commons*, 1865.

_____. *A Vindication of the African Race*. Londres, 1868.

BELSEY, Catherine. "Constructing the Subject: Deconstructing the Text". In: NEWTON, Judith; ROSENFELT, Deborah (Orgs.). *Feminist Criticism and Social Change: Sex, Class, and Race in Literature and Culture*. Nova York, 1985.

BENNETT, Tony et al. (Orgs.). *Culture, Ideology, and Social Process.* Londres, 1981.

BEN-SASSON, H. H. (Org.). *A History of the Jewish People.* Cambridge, Mass., 1976.

BERGSTRESSER, Rebecca Baird. *The Movement for the Abolition of Slavery in Rio de Janeiro, Brazil, 1880-1889.* Palo Alto: Stanford University, 1973. Tese (Doutorado).

BERKLEY, George E. *Vienna and its Jews: The Tragedy of Success.* Cambridge, Mass., 1988.

BERMAN, Edward H. (Org.). *African Reactions to Missionary Education.* Nova York, 1975.

BERNAL, Martin. *Black Athena: The Afroasiatic Roots of Classical Civilization.* v. 1: *The Fabrication of Ancient Greece, 1785-1985.* New Brunswick, N. J., 1987.

BERTAUX, Daniel (Org.). *Biography and Society: The Life History Approach in the Social Sciences.* Beverly Hills, Califórnia, 1981.

BILLINGTON, James H. *Fire in the Minds of Men: Origins of the Revolutionary Faith.* Nova York, 1980.

BLAIR, Thomas. "Mouvements afro-brésiliens de libération, de la période esclavagiste à nos jours". *Présence Africaine*, n. 53, 1965.

BLYDEN, Edward. *From West Africa to Palestine.* Freetown, 1873.

_____. *The Negro in Ancient History: Mohammedanism in Western Africa.* Londres, 1874.

_____. *Aims and Methods of a Liberal Education for Africans, Inaugural Address delivered by E. W. Blyden, LL. D., President of Liberia College, January 5, 1881.* Cambridge, Mass., 1882.

_____. *Christianity, Islam, and the Negro Race.* 2. ed. Londres, 1889.

_____. *Africa and the Africans, Proceedings on the Occasion of a Banquet Given to E. W. Blyden by West Africans in London, August 15, 1903.* Londres, 1903.

_____. *Proceedings at the Banquet in Honour of Edward Wilmot Blyden, LL.D., on the Occasion of his Retirement From his Official Labours in the Colony of Sierra Leone, January 24th, 1907.* Londres, 1907.

BOLT, Christine. *Victorian Attitudes to Race.* Londres, 1971.

BOTSTEIN, Leon. "Stefan Zweig and the Illusion of the Jewish European". In: SONNENFELD, Marion (Org.). *The World of Yesterday's Humanist Today: Proceedings of the Stefan Zweig Symposium.* Albany, 1983.

BOXER, Charles. "The Colour Question in the Portuguese Empire, 1415-1825". *Proceedings of the British Academy*, Londres, v. 47, 1961.

_____. *Race Relations in the Portuguese Colonial Empire, 1414-1825.* Oxford, 1963.

_____. *The Portuguese Seaborne Empire.* Oxford, 1963.

BRONSEN, David. *Joseph Roth: Eine Biographie.* Colônia, 1974.

BRUNNER, Otto; CONZE, Werner; KOSELLECK, Reinhart (Orgs.). *Geschichtliche Grundbegriffe: Historisches Lexikon zur politisch-sozialen Sprache in Deutschland.* Stuttgart, 1972. v. 2, E-G.

BURKE III, Edward. "Frantz Fanon's *The Wretched of the Earth*", *Daedalus,* inverno de 1976.

BURNS, E. Bradford. *History of Brazil.* Nova York, 1980.

BURTON, Richard F. *Wanderings in West Africa, from Liverpool to Fernando Po, By a F.R.G.S.* Londres, 1863, v. 1.

BURTON, Richard F.; CAMERON, J. L. *To the Gold Coast for Gold.* Londres, 1883.

CAHNMAN, Werner J. "Stefan Zweig in Salzburg". *The Menorah Journal,* v. 30, n. 2, jul.-set. 1942.

CALMON, Pedro. *História do Brasil na poesia do povo.* Rio de Janeiro, 1943.

CAMPOS, J. Pinto de. *Carta (que dirigiu) ao Excelentíssimo Senhor Ministro dos Negócios Eclesiásticos.* Rio de Janeiro, 1861.

CARDOSO, Fernando Henrique. *Capitalismo e escravidão no Brasil meridional.* São Paulo, 1962.

CARSTEN, Francis. *Fascist Movements in Austria.* Londres, 1977.

CASELY-HAYFORD, J. E. *Ethiopia Unbound,* Londres, 1911.

CÉSAIRE, Aimé. *Cahier d'un retour au pays natal.* Paris, 1956, 1971. [Ed. bras.: *Diário de um retorno ao país natal.* São Paulo: Edusp, 2021.]

CHARLESWORTH, Maria. *Africa's Mountain Valley, or the Church in Regent's Town, West Africa.* Londres, 1856.

CHURCH *Missionary Society Atlas.* Londres, 1873.

CLAESSENS, Dieter; MENNE, Ferdinand W. "Zur Dynamik der bürgerlichen Familie und ihrer möglichen Alternativen". In: LUSCHEN, Gunther; LUPRI, Eugen (Orgs.). *Soziologie der Familie. Kölner Zeitschrift fur Soziologie und Soziopsychologie,* v. 14, 1970.

CLAPPERTON, Hugh. *Journal of a Second Expedition into the Interior of Africa, from the Bight of Benin to Soccatoo. To which is added, the Journal of Richard Lander from Kano to the Sea-coast, partly by a more eastern route.* Londres, 1829.

CLARE, George. *Last Waltz in Vienna: The Rise and Destruction of a Family, 1842-1942*. Nova York, 1982.

COHEN, Carl. "The Road to Conversion". In: *Leo Baeck Institute, Year Book* VI, 1961.

COLEÇÃO A. P. Rebouças, Biblioteca Nacional, Rio de Janeiro.

CONRAD, Robert. *The Destruction of Brazilian Slavery, 1850-1888*. Berkeley, 1972.

COOLEY, Charles Horton. *Social Organization*. Nova York, 1909.

COOPER, Donald B. "The New 'Black Death': Cholera in Brazil, 1855--1856". In: KIPLE, Kenneth F. (Org.). *The African Exchange: Toward a Biological History of Black People*. Durham, N. C., 1987.

CORRADO, Pope Barbara. "Angels in the Devil's Workshop: Leisured and Charitable Women in Nineteenth Century England and France". In: BRIDENTHAL, Renate; KOONZ, Claudia (Orgs.). *Becoming Visible: Women in European History*. Boston, 1977.

CROWTHER, Samuel. *Journal of an Expedition up the Niger and Tshadda Rivers*. Londres, 1855, Apêndice III.

CURTIN, Philip D. "Nationalism in Africa, 1945-1965". In: PFLANTZE, Otto; CURTIN, Philip D. *Varieties of Nationalism in Europe and Africa*.

_____. "'The White Man's Grave': Image and Reality, 1780-1850". *The Journal of British Studies*, v. 1, n. 1, nov. 1961.

_____. *The Image of Africa: British Ideas and Action, 1780-1850*. Madison, 1964.

_____. (Org.). *Africa Remembered: Narratives by West Africans from the Era of the Slave Trade*. Madison, 1968, n. 20.

D'ESCRAGNOLLE, Alfredo, visconde de Taunay. "André Rebouças". *Revista do Instituto Histórico e Geográfico Brasileiro*, v. 67, segunda parte, 1914.

DA COSTA, Emilia Viotti. *Da senzala à colônia*. São Paulo, 1966.

_____. "The Political Emancipation of Brazil". In: RUSSELL-WOOD, A. J. R. (Org.). *From Colony to Nation: Essays on the Independence of Brazil*. Baltimore, 1975.

_____. *The Brazilian Empire*. Chicago, 1985.

DAGET, Serge. "A Model of the French Abolitionist Movement and its Variations". In: BOLT, Christine; DRESCHER, Seymour (Orgs.). *Anti-Slavery, Religion, and Reform: Essays in Memory of Roger Anstey*. Hamden, Connecticut, 1980.

DAMAS, L. *Black Label*. Paris, 1956. Trad. de Gerald Moore. In: *Seven African Writers*. Londres, 1962.

DAWIDOWICZ, Lucy S. *The War Against the Jews, 1933-1945*. Nova York, 1975.

DEGLER, Carl. *Neither Black nor White: Slavery and Race Relations in Brazil and the United States*. Nova York, 1971. [Ed. bras.: *Nem preto nem branco*. Rio de Janeiro: Labor do Brasil, 1971.]

DICKIE-CLARK, H. F. "The Marginal Situation: A Contribution to Marginality Theory". *Social Forces*, v. 44, n. 3, mar. 1966.

DINES, Alberto. *Morte no paraíso: A tragédia de Stefan Zweig*. Rio de Janeiro, 1981.

DIOP, Cheikh Anta. "The Cultural Contributions and Prospects of Africa", *The First International Conference of Negro Writers and Artists*, v. 18-19, *Presence Africaine*. Paris, 1956.

_____. *Nations nègres et culture: De l'antiquité nègre egyptiènne aux problèmes culturels de l'Afrique Noire d'aujourd'hui*. Paris, 1954.

DOURADO, Enéas Pereira. "O Velho Rebouças". *Diário de Notícias*, Rio de Janeiro, 26 ago. 1962.

DRABEK, Anna et al. *Das oesterreichische Judentum*. Viena, 1974.

DUBERMAN, Martin, *The Uncompleted Past*. Nova York, 1971.

DUMONT, Robert. *Stefan Zweig et la France*. Paris, 1967.

ELLIS, A. B. *West African Sketches*. Londres, 1881.

EMERSON, Rupert. *From Empire to Nation*. Cambridge, Mass., 1960.

ERIKSON, Erik. *Life History and the Historical Moment*. Nova York, 1975.

EWEN, David. "Stefan Zweig Calls Anti-Semitism a Moldering Evil". *The American Hebrew*, Nova York, v. 80, n. 22, 15 abr. 1932.

FAJANA, A. "Some Aspects of Yoruba Traditional Education". *Odu, Journal of Yoruba and Related Studies*, v. 3, n. 1, 1966.

FANON, Frantz. *A Dying Colonialism*. Nova York, 1965.

_____. *The Wretched of the Earth*. Nova York, 1964. pp. 148-205. [Ed. bras.: *Os condenados da terra*. Rio de Janeiro: Zahar, 2022.]

_____. *Black Skin, White Masks: The Experiences of a Black Man in a White World*. Nova York, 1967. [Ed. bras.: *Pele negra, máscaras brancas*. São Paulo: Ubu, 2020.]

FAUSET, Jessie. *Plum Bun*. Nova York, 1929.

FERMI, Laura. *Illustrious Immigrants: The Intellectual Migration from Europe, 1930-1941*. 2. ed. Chicago, 1971.

FERNANDES, Florestan. *The Negro in Brazilian Society*. Nova York, 1971. [*A integração do negro na sociedade de classes*. Rio de Janeiro: Globo, 2008. Passagens citadas na redação original do autor.]

_____. *O negro no mundo dos brancos*. São Paulo, 1972.

FILHO, Luiz Vianna. *A Sabinada: A república baiana de 1837*. Rio de Janeiro, 1938.

FLEMING, Donald; BAYLIN, Bernard (Orgs.). *The Intellectual Migration: Europe and America, 1930-1960*. Cambridge, Mass., 1969.

FONER, Eric. *Nothing but Freedom: Emancipation and its Legacy*. Baton Rouge, 1983.

FORDE, Daryll. *The Yoruba-Speaking Peoples of South-Western Nigeria*. Londres, 1951.

FORGACS, David (Org.). *A Gramsci Reader: Selected Writings 1916-1935*. Londres, 1988.

FOWLES, John. "Introduction". In: Zweig, Stefan. *The Royal Game and Other Stories*. Nova York, 1981.

FREIRE, Felisbelo. *História de Sergipe*. Petrópolis, 1977.

FREYRE, Gilberto. *The Mansions and the Shanties: The Making of Modern Brazil*. Berkeley, 1986. [Ed. bras.: *Sobrados e mucambos*. São Paulo: Global, 2013.]

FULLER, Hoyt. "Introduction". In: LARSEN, Nella. *Passing*. Nova York, 1971.

FURST, Julius. *Henriette Herz, ihr Leben und ihre Erinnerungen*. Berlim, 1858.

FYFE, Christopher. *A History of Sierra Leone*. Oxford, 1962.

_____ (Org.). *Sierra Leone Inheritance*. Londres, 1964.

GATES JR., Henry Louis. "Editor's Introduction: Writing 'Race' and the Difference it Makes". *Critical Inquiry*, v. 12, n. 1, out. 1985.

GAY, Peter. *Freud, Jews and Other Germans: Masters and Victims in Modernist Culture*. Nova York, 1978.

_____. *The Bourgeois Experience: Victoria to Freud*. Nova York, 1984. v. 1: *Education of the Senses*. [Ed. bras.: *A experiência burguesa: Da rainha Vitória a Freud*. São Paulo: Companhia das Letras, 1989. v. 1: *A educação dos sentidos*.]

GEERTZ, Clifford. *Local Knowledge: Further Essays in Interpretive Anthropology*. Nova York, 1983. [Ed. bras.: *Saber local: Novos ensaios sobre antropologia interpretativa*. Petrópolis: Vozes, 2014.]

GELBER, Mark H. "Stefan Zweig's verspätete bekehrung zum Judentum? Ein uberblick zum Zentenarium in Beer Scheva und eine fortsetzung der debatte". *Leo Baeck Institute Bulletin*, n. 63, 1982.

GOLD, Hugo Prossnitz (Org.). *Gedenkbuch der Untergangenen Judengemeinden Mährens*. Tel-Aviv, 1974.

GOLDBERG, Milton M. "A Qualification of the Marginal Man Theory". *American Sociological Review*, v. 6, n. 1, 1941.

GOLDSCHMIED, Leopold. "Geschichte der Juden in Prossnitz". In: GOLD, Hugo (Org.). *Gedenkbuch der Untergangenen Jüdengemeinden Mährens.*

GOLEMAN, Daniel. *Vital Lies, Simple Truths: The Psychology of Self-Deception.* Nova York, 1985. [Ed. bras.: *Mentiras essenciais, verdades simples: A psicologia da autoilusão.* Rio de Janeiro: Rocco, 1997.]

GOLOMB, Abraham I. "Jewish Self-Hatred". In: YIVO, *Annual of Jewish Social Science.* v. 1, Nova York, 1946.

_____. "Hermann Levi: A Study in Service and Self-Hatred". In: GAY, Peter. *Freud, Jews, and other Germans.* Nova York, 1978.

GOLOVENSKY, D. I. "The Marginal Man Concept: An Analysis and Critique". *Social Forces,* v. 30, n. 2, 1952.

GORDON, Milton M. *Assimilation in American Life: The Role of Race Religion, and National Origin.* Nova York, 1964.

GOULD, Jay; KOLB, William. L. (Orgs.). *A Dictionary of the Social Sciences.* Nova York, 1946.

GRAMSCI, Antonio. *Selections from the Prison Notebooks.* Org. e trad. de Quentin Hoare e Geoffrey Nowell Smith. Nova York, 1971.

GREEN, William A. "A Re-Examination of the Marginal Man Concept". *Social Forces,* v. 26, n. 2, 1947.

_____. *British Slave Emancipation: The Sugar Colonies and the Great Experiment, 1830-1865.* Oxford, 1976.

GROSS, Nachum (Org.). *Economic History of the Jews.* Nova York, 1975.

GRUNWALD, Max. *History of the Jews in Vienna.* Filadélfia, 1936.

GUEVARA, Ernesto Che. "Socialism and Man in Cuba". In: *Che: Selected Works of Ernesto Guevara.* Org. de Rolando E. Bonachea e Nelson P. Valdés. Cambridge, Mass., 1969.

HAIR, Paul Edward. *The Early Study of Nigerian Languages: Essays and Bibliographies.* Londres, 1967.

HAMILTON, William. "Sierra Leone and the Liberated Africans". *The Colonial Magazine and Commercial Maritime Journal,* 6 set. 1841.

HARING, C. H. *Empire in Brazil: A New World Experiment with Monarchy.* Cambridge, Mass., 1958.

HAUSEN, Karin. "Family and Role-Division: The Polarisation of Sexual Stereotypes in the Nineteenth Century — An Aspect of the Dissociation of Work and Family Life". In: EVANS, R. J.; LEE, W. R. (Orgs.). *The German Family,* Totowa, N. J., 1981.

HEILBUT, Anthony. *Exiled in Paradise: German Refugee Artists and Intellectuals in America, from the 1930s to the Present.* Nova York, 1983,

HEILIG, Bernhard. "Aufstieg und Verfall des Hauses Ehrenstamm". *Bulletin fur Mitglieder der Gesellschaft der Freunde des Leo Baeck Instituts*, n. 10, 1960.

HEINE, Heinrich. "Gedanken und Einfelle". *Heines Werke*, Leipzig, v. 7, 1922.

HERTZBERG, Arthur (Org.). *The Zionist Idea: A Historical Analysis and Reader*. Nova York, 1959, 1986.

HERZL, Theodor. "The Jewish State (1896)". In: HERTZBERG, Arthur (Org.). *The Zionist Idea*.

_____. *Old-New Land [Altneuland]*. Trad. de L. Levensohn. Nova York, 1960.

_____. *Der Judenstaat: Versuch einer modernen Lösung der Judenfrage*. Viena, 1896.

HIGGINS, Kathleen J. *The Slave Society in Eighteenth-Century Sabará: A Community Study in Colonial Brazil*. New Haven: Yale University, 1987. Tese (Doutorado).

HIRST, P. Q. "Althusser and the Theory of Ideology". *Economy and Society*, v. 5, n. 4, 1976.

HISKETT, Mervyn. *The Sword of Truth: The Life and Times of the Shehu Usuman Dan Fodio*. Nova York, 1973.

HOBSBAWM, E. J. *The Age of Capital, 1848-1875*. Nova York, 1975. [Ed. bras.: *A era do capital, 1848-1875*. Rio de Janeiro: Paz e Terra.]

HOCH, Clair. "Friendship and Kinship between Georges Duhamel and Stefan Zweig". In: SONNENFELD, Marion (Org.). *The World of Yesterday's Humanist Today: Proceedings of the Stefan Zweig Symposium*. Albany, 1983.

HOETINK, Harmannus. *Slavery and Race Relations in the Americas: Comparative Notes on Their Nature and Nexus*. Nova York, 1973.

HOGBEN, S. J.; KIRK-GREENE, A. H. M. *The Emirates of Northern Nigeria*. Londres, 1966.

HOLDEN, Edith. *Blyden of Liberia, An Account of the Life and Labors of Edward Wilmot Blyden, LL.D., As Recorded in Letters and in Print*. Nova York, 1967.

HOLT, C. "'An Empire over the Mind': Emancipation, Race, and Ideology in the British West Indies and the American South". In: KOUSSER, J. Morgan; MCPHERSON, James M. (Orgs.). *Region, Race, and Reconstruction: Essays in Honor of C. Vann Woodward*. Nova York, 1982.

HOLUB, Norman. "The Brazilian Sabinada (1837-38): Revolt of the Negro Masses". *Journal of Negro History*, v. 54, n. 3, jul. 1969.

HUGHES, Everett C. "Social Change and Status Protest: An Essay on the Marginal Man". *Phylon*, v. 10, n. 1, 1949.

HUMPHREYS, R. A. "Monarchy and Empire". In: LIVERMORE, H. V. (Org.). *Portugal and Brazil: An Introduction*. Oxford, 1963.

HYMAN, Paula. "The Other Half: Women in the Jewish Tradition". *Response: A Contemporary Jewish Review*, n. 18, verão 1973.

IANNI, Octavio. *As metamorfoses do escravo*. São Paulo: Difel, 1962.

IRELE, Abiola. "Négritude — Literature and Ideology". *Journal of Modern African Studies*, v. 3, n. 4, 1965.

JACKMAN, Jarrell C.; BORDEN, Carla M. (Orgs.). *The Muses Flee Hitler: Cultural Transfer and Adaptation, 1930-1945*. Washington, D.C., 1983.

JANIK, Alan; TOULMIN, Stephen. *Wittgenstein's Vienna*. Nova York, 1973.

JENKS, Leland H. "Emanzipation". In: KRUG, *Allgemeines Handwörterbuch*, v. 1.

———. "EMANCIPATION". In: *Encyclopedia of the Social Sciences*. Nova York, 1930.

———. "EMANZIPATION". In: *Religion in Geschichte und Gegenwart*. 3. ed. Tubingen, 1958. v. 2.

———. "EMANZIPATION". In: RITTER, Joachim. *Historisches Wörterbuch der Philosophie*. Basileia, Stuttgart, 1971-2.

JOHNSON, Samuel. *The History of the Yorubas, from the Earliest Times to the Beginning of the British Protectorate*. Londres, 1921.

JOHNSTON, H. A. S. *The Fulani Empire of Sokoto*. Londres, 1967.

JOHNSTON, Ruth. "The Concept of the 'Marginal Man': A Refinement of the Term". *Australia and New Zealand Journal of Sociology*, v. 12, n. 2, jun. 1976.

JOHNSTON, William M. *The Austrian Mind: An Intellectual and Social History, 1848-1938*. Berkeley, 1972.

JÚNIOR, R. Magalhães. *A vida turbulenta de José do Patrocínio*. Rio de Janeiro, 1969.

KAESTLE, C. (Org.). *Joseph Lancaster and the Monitorial School Movement: A Documentary History*. Nova York, 1973.

KASTEIN, Josef. *Wege und Irrwege, Drei Essays zur Kultur der Gegenwart*. Tel-Aviv, s/d.

KATZ, Jacob. "The Term 'Jewish Emancipation': Its Origin and Historical Impact". In: ALTMANN, Alexander (Org.). *Studies in Nineteenth-Century Jewish Intellectual History*. Cambridge, Mass., 1964.

KATZ, Jacob. *Emancipation and Assimilation: Studies in Modern Jewish History*. Londres, 1972.

———. *Out of the Ghetto: The Social Background of Jewish Emancipation, 1770-1870*. Nova York, 1978.

———. *From Prejudice to Destruction: Anti-Semitism, 1700-1933*. Cambridge, Mass., 1980.

KELLER, Evelyn Fox. *Reflections on Gender and Science*. New Haven, 1985.

KELLY, Joan. *Women, History, and Theory*. Chicago, 1984.

KERCHOFF, A. C. *An Investigation of Factors Operative in the Development of the Personality Characteristics of Marginality*. Madison: Universidade de Wisconsin, 1953. Tese (Doutorado).

KERCHOFF, A. C.; MCCORMICK, T. C. "Marginal Status and Marginal Personality". *Social Forces*, v. 34, n. 1, 1955.

KESTELOOT, Lilyan. *Black Writers in French: A Literary History of Negritude*. Trad. de E. C. Kennedy. Filadélfia, 1974.

KESTENBERG-GLADSTEIN, Ruth. "The Jews between Czechs and Germans in the Historic Lands, 1848-1918". In: *The Jews of Czechoslovakia*, Nova York, 1968. v. 1.

———. *Neuere Geschichte der Juden in den hämischen Ländern*. Tubingen, 1969. v. 1.

KIERNAN, V. G. *The Lords of Human Kind: Black Man, Yellow Man, and White Man in an Age of Empire*. Nova York, 1986.

KLAWITER, Randolph J. *Stefan Zweig: A Bibliography*. Chapel Hill, 1965.

KLEIN, Herbert S. "Nineteenth-Century Brazil". In: COHEN, David W.; GREENE, Jack P. (Orgs.). *Neither Slave nor Free*.

———. "The Colored Freedmen in Brazilian Slave Society". *Journal of Social History*, v. 3, n. 1, 1969.

KLIMA, A. "Industrial Development in Bohemia, 1648-1781". *Past and Present*, n. 11, p. 91, abr. 1957.

KNOX, Graham. "British Colonial Policy and the Problems of Establishing a Free Society in Jamaica, 1838-1865". *Caribbean Studies* 2, jan. 1963.

KRUG, Wilhelm. *Allgemeines Handwörterbuch*. v. 1.

KUPER, Leo. "Theories of Revolution and Race Relations". *Comparative Studies in Society and History*, v. 13, n. 1, 1971.

KURTH, Wolfram. *Genie, Irsinn und Ruhm: Genie-Mythos und Pathographie des Genies*. Munique, 1967.

LALEAU, Léon. "Trahison". Trad. de Samuel Allen. In: DRACHLER, Jacob (Org.). *African Heritage*. Nova York, 1963.

LANDER, R.; LANDER, J. *Journal of an Expedition to Explore the Course and Termination of the Niger*. Londres, 1832. v. 1.

LANDES, David S. "The Jewish Merchant: Typology and Stereotypology in Germany". In: *Leo Baeck Institute, Year Book XIX*. Londres, 1974.

LARSEN, Nella. *Quicksand*. Nova York, 1928.

_____. *Passing*. Nova York, 1929.

LAW, Robin. *The Oyo Empire, c. 1600-c. 1836: A West African Imperialism in the Era of the Atlantic Slave Trade*. Oxford, 1977.

LEARS, T. J. Jackson. "The Problem of Cultural Hegemony: Problems and Possibilities". *American Historical Review*, v. 9, n. 3, jun. 1985.

LEMOS, Miguel Roque dos Reys. *Anais Municipais de Ponte de Lima*. 2. ed. Ponte de Lima, Portugal, 1977.

LEWIN, Kurt. *Resolving Social Conflicts*. Nova York, 1948.

LEWISOHN, Ludwig. *Up Stream*. Nova York, 1922.

LLOYD, Christopher. *The Navy and the Slave Trade: The Suppression of the African Slave Trade in the Nineteenth Century*. Londres, 1949.

LORIMER, Douglas A. *Colour, Class, and the Victorians: English Attitudes to the Negro in the Mid-Nineteenth Century*. Nova York, 1978.

LOWENSTEIN, Steven M. "The Pace of Modernisation of German Jewry in the Nineteenth Century". In: *Leo Baeck Institute, Year Book XXI*, 1976.

LUNA, Luiz. *O negro na luta contra a escravidão*. Rio de Janeiro, 1968.

LUSTKANDL, Wenzel. *Die josephinischen Ideen und ihr Einfolg*. Viena, 1881.

LYNCH, Hollis R. *Edward Wilmot Blyden, Pan-Negro Patriot, 1832-1912*. Londres, 1967.

MACARTNEY, C. A. *The Habsburg Empire, 1790-1918*. Londres, 1969.

MACLEAN, Catherine M. U. "Yoruba Mothers: A Study of Changing Methods of Child-Rearing in Rural and Urban Nigeria". *Journal of Tropical Medicine and Hygiene*, v. 69, n. 11, nov. 1966.

MAHLER, Raphael (Org.). *Jewish Emancipation: A Selection of Documents by R. Mahler*. Nova York, 1941. (Pamphlet Series: Jews and the Post--War World, 1)

MANCHESTER, A. K. *British Preeminence in Brazil: Its Rise and Decline*. Chapel Hill, 1933.

MANDELBAUM, Hugo. *Jewish Life in the Village Communities of Southern Germany*. Nova York, 1985.

MANN, J. W. "Group Relations and the Marginal Personality". *Human Relations*, v. 11, n. 1, 1958.

MARKE, Charles. *Africa and the Africans*. Freetown, 1881.

_____. *Origin of Wesleyan Methodism in Sierra Leone and History of its Missions*. Londres, 1912.

MATTOSO, Katia M. *To Be a Slave in Brazil, 1550-1888*. New Brunswick, N. J., 1986.

MAXWELL, Kenneth R. *Conflicts and Conspiracies: Brazil and Portugal, 1750-1808*. Cambridge, 1973.

MAY, Joseph Boston. "Life and Experiences of Joseph Boston May". *Weekly News*, 6 jun. 1883.

_____. "The Social and Political Relations of Sierra Leone Native to the English People". *Weekly News*, 15 abr. 1883.

MAY, J. Claudius. *A Brief Sketch of the Life of the Rev. Joseph May, Native of the Yoruba Country, and late Wesleyan Minister of the Colony of Sierra Leone, Read at a Service of Song in Zion Church, Freetown, on Sunday, October 25, 1896*. Freetown, 1896.

MAYER, Sigmund. *Ein judischer Kaufmann, 1831-1911: Lebenserinnerungen*. Berlim, 1926.

ZMAZUR, Allan. "The Accuracy of Classic Types of Ethnic Personalities". *Jewish Social Studies*, abr. 1971.

MCCLELLAND, E. *The Cult of Ifá among the Yoruba: Folk Practice and Art*. Londres, 1982.

MELVILLE, Elizabeth. *A Residence at Sierra Leone, described from a journal kept on the spot, and from letters written to friends at home by Elizabeth Helen Melville*. Org. de Mrs. Norton. Londres, 1849.

MEMMI, Albert. *The Liberation of the Jew*. Nova York, 1966.

MENDES-FLOHR, Paul R.; REINHARZ, Jehuda (Orgs.). *The Jew in the Modern World*. Nova York, 1980.

MERRIMAN-LABOR, A. B. C. *An Epitome of a Series of Lectures on the Negro Race*. Freetown, 1900.

MILNER, David. *Children and Race*. Middlesex, 1975.

MINTZ, Sidney W. "Groups, Group Boundaries, and the Perception of 'Race'". *Comparative Studies in Society and History*, v. 13, n. 4, out. 1971.

MITTERARUER, Michael; SIEDER, Reinhard. *The European Family: Patriarchy to Partnership from the Middle Ages to the Present*. Chicago, 1983.

MONTEIRO, Tobias. *História do império*. Rio de Janeiro, 1939. 2 v.

MÖRNER, Magnus. *Race Mixture in the History of Latin America*. Boston, 1967.

MORTON, F. W. O. *The Conservative Revolution of Independence: Economy, Society, and Politics in Bahia, 1790-1840*. Oxford: Oxford University, 1974. Tese (Doutorado).

MORTON-WILLIAMS, Peter. "The Oyo Yoruba and the Atlantic Trade, 1670-1830". *Journal of the Historical Society of Nigeria*, v. 3, n. 1, dez. 1964.

MOTA, Carlos Guilherme (Org.). *1822: Dimensões*. São Paulo, 1972.

MOUFFE, Chantal. "Hegemony and Ideology in Gramsci". In: BENNETT et al. (Orgs.). *Culture, Ideology, and Social Process*.

NABUCO, Carolina. *The Life of Joaquim Nabuco*. Stanford, Califórnia, 1950.

NABUCO, Joaquim. *Minha formação*. Rio de Janeiro, 1900.

NICOLLS, Dulcie R. *The Effects of Western Education on the Social Attitudes of the Creoles in Sierra Leone*. Universidade de Durham-Fourah Bay College, 1960. Tese (Licenciatura em Pedagogia).

ODUYOYE, Modupe. *Yoruba Names: Their Structure and Meaning*. Londres, 1982.

OELSNER, Toni. "Three Jewish Families in Modern Germany: A Study of the Process of Emancipation". *Jewish Social Studies*, v. 4, n. 3, jul. 1942, e n. 4, out. 1942.

OJO, A. *Yoruba Culture*. Londres e Ife, 1966.

OLIVEIRA LIMA, Manuel de. *O movimento da independência, 1821-1822*. São Paulo, 1922.

OPPENHEIM, Berthold. "Geschichte der Juden in Olmutz". In: GOLD, Hugo (Org.). *Die Juden und Judengemeinden Mährens in Vergangenheit und Gegenwart*. Brunn, Áustria, 1929.

ORGLER, Bertha. *Alfred Adler: The Man and His Work*. Nova York, 1963.

PAGE, Jesse. *The Black Bishop*. Londres, 1910.

PARK, Robert E. "Human Migration and the Marginal Man". *American Journal of Sociology*, v. 33, n. 6, maio 1928.

PARK, Robert E.; BURGESS, E. W. *Introduction to the Science of Sociology*. Chicago, 1921.

PARSONS, Talcott. "The Problem of Polarization on the Axis of Color". In: FRANKLIN, John Hope (Org.). *Color and Race*. Boston, 1968.

PELLOW, Deborah. "Marginality and Individual Consciousness: Women in Modernizing Africa". Texto de estudo n. 28. East Easing, Universidade Estadual de Michigan, 1983.

PETERSON, John. *Province of Freedom: A History of Sierra Leone, 1787-1870*. Londres, 1969.

PFLANZE, Otto; CURTIN, Philip D. "Varieties of Nationalism in Europe and Africa". *The Review of Politics*, v. 28, n. 2, abr. 1966.

PIERSON, Donald. "Ascensão social do mulato brasileiro". *Revista do Arquivo Municipal (São Paulo)*, v. 87, 1942.

PINHO, José Wanderley de Araújo. "A Sabinada". *Revista do Instituto Histórico da Bahia*, v. 106, 1930.

POLLACK, Herman. *Jewish Folkways in Germanic Lands (1648-1806): Studies in Aspects of Daily Life*. Cambridge, Mass., 1971.

POPPEL, Stephen M. *Zionism in Germany, 1897-1933*. Filadélfia, 1977.

PORTER, Arthur. "Religious Affiliation in Freetown, Sierra Leone". *Africa*, v. 23, n. 1, jan. 1953.

PRATER, Donald A. *European of Yesterday: A Biography of Stefan Zweig*. Oxford, 1972.

PRATT, S. A. J. "The Government of Freetown". In: FYFE, Christopher; JONES, Eldred (Orgs.). *Freetown: A Symposium*. Freetown, 1968.

PRIBAM, Alfred. *Urkunden und Akten zur Geschichte der Juden in Wien*. Viena, 1918. v. 1.

PULZER, Peter G. J. *Rise of Political Anti-Semitism in Germany and Austria*. Nova York, 1964.

PURS, Jaroslav. "The Industrial Revolution in the Czech Lands", *Histórica*, Academia da Tchecoslováquia, Praga, v. 2, 1960.

REBOUÇAS, André. "Apontamentos Biographicos do Conselheiro Antônio Pereira Rebouças". Coleção A. P. Rebouças, Biblioteca Nacional. Rio de Janeiro.

_____. *Diário e notas autobiográficas*. Org. de Ana Flora e Ignacio José Veríssimo. Rio de Janeiro, 1938.

_____. *Registro de Correspondência*, coleção do dr. Carlos Souza Rebouças.

_____. *A questão do Brazil; cunho escravocrata do attentado contra a família imperial*. Lisboa, 1889-90.

REBOUÇAS, Antônio Pereira. *Recordações da vida parlamentar*. Rio de Janeiro, 1870. v. 1.

_____. *Recordações da vida patriótica: comprehendida nos acontecimentos políticos de fevereiro de 1821 a setembro de 1822; de abril a outubro de 1831; de fevereiro de 1832 e de novembro de 1837 a março de 1838*. Rio de Janeiro, 1879, n. 2.

REFFEL, J. *Liberated African Department Letterbook, 1820-1826*, 15 ago. 1822.

REIS, João José. "A elite baiana face aos movimentos sociais, Bahia: 1824-1840", São Paulo, *Revista de História*, n. 108, 1976.

_____. "Restless Times: Slave Revolts and Free People's Movements up to 1835". In: _____. *Slave Rebellion in Brazil: The African Muslim Uprising in Bahia, 1835*. University of Minnesota, 1982. Tese (Doutorado).

RENNER-MAXWELL, Joseph. *The Negro Question, or Hints for the Physical Improvement of the Negro Race, with Special Reference to West Africa*. Londres, 1892.

RICHARZ, Monika. "Jewish Social Mobility in Germany during the Time of Emancipation (1790-1871)". In: *Leo Baeck Institute, Year Book* XX. Londres, 1975.

RIEGER, Erwin. *Stefan Zweig, Der Mann und das Werk*, Berlim, 1928.

RIESMAN, David. "Some Observations Concerning Marginality". In: _____. *Individualism Reconsidered*. Glencoe, Illinois, 1954.

RILEY, Helene Kastinger. "The Quest for Reason: Stefan Zweig's and Romain Rolland's Struggle for Pan-European Unity". In: SONNENFELD, Marion. *Stefan Zweig, The World of Yesterday's Humanist Today: Proceedings of the Stefan Zweig Symposium*. Albany, 1983.

RITTER, Joachim et al. (Orgs.). *Historisches Wörterbuch der Philosophie*. Berlim, 1971-2007. v. 2.

RIVKIN, Ellis (Org.). *Readings in Modern Jewish History*. Cincinnati, 1957.

ROBERTS, David. *Paternalism in Early Victorian England*. New Brunswick N. J., 1979.

RODRIGUEZ, Richard. *Hunger of Memory: The Education of Richard Rodriguez*. Nova York, 1982.

ROTHSCHILD, Lothar. *Der jüdische Friedhof in Hohenems*, panfleto, s/l, s/d, Wiener Library Archives, Londres.

ROTTENBERG, Dan. *Finding Our Fathers*. Nova York, 1977.

ROZENBLIT, Marsha L. *The Jews of Vienna, 1867-1914: Assimilation and Identity*, Albany, 1983.

RUBINSTEIN, Amnon. *The Zionist Dream Revisited: From Herzl to Gush Emunim and Back*. Nova York, 1984.

RUESCH, Jurgen; JACOBSON, Annemarie; LOEB, Martin B. "Acculturation and Illness", *Psychological Monographs: General and Applied*, v. 62, n. 5.

RUNYAN, William M., *Life Histories and Psychobiography: Explorations in Theory and Method*. Nova York, 1984.

RÜRUP, Reinhard. "Emancipation". In: KRUG, Wilhelm Traugott. *Allgemeines Handwörterbuch der Philosophischen Wissenschaften.* Leipzig, 1832, v. 1.

_____. "Jewish Emancipation and Bourgeois Society". In: *Leo Baeck Institute, Year Book* XIV, 1969.

RUSSELL-WOOD. "Women and Society in Colonial Brazil". *Journal of Latin American Studies,* v. 9, n. 1.

_____. "Class, Creed, and Colour in Colonial Bahia: A Study in Prejudice". *Race,* v. 9, n. 2, 1967.

_____. "Colonial Brazil". In: COHEN, David; GREENE, Jack P. (Orgs.). *Neither Slave nor Free: The Freedmen of African Descent in the Slave Societies of the New World.* Baltimore, 1972.

_____. "Female and Family in the Economy and Society of Colonial Brazil". In: LAVRIN, Asunción (Org.). *Latin American Women: Historical Perspectives.* Westport, Conn., 1978.

SADIE, Stanley (Org.). *The New Grove Dictionary of American Music.* Nova York: 1986. v. 3.

SARTRE, Jean-Paul. *Search for a Method.* Nova York, 1968. [Ed. bras.: *Questão de método.* Trad. de Bento Prado Júnior. São Paulo: Difusão Europeia do Livro, 1966.]

SCHEUB, Harold "Soukeîna and Isabelle: Senghor and the West". In: CURTIN, Philip D. (Org.), *Africa and the West.* Madison, 1972.

SCHWARTZ, Arthur. "The Manumission of Slaves in Colonial Brazil, Bahia, 1648-1745". *Hispanic American Historical Review,* v. 54, n. 4, nov. 1974.

SCHWARTZ, Stuart B. *Sugar Plantations in the Formation of Brazilian Society.* Nova York, 1985.

SCHWARZ, Egon. "Melting Pot or Witch's Cauldron? Jews and Anti--Semites in Vienna at the Turn of the Century". In: BRONSEN, David (Org.). *Jews and Germans from 1860 to 1933: The Problematic Symbiosis.* Heidelberg, 1979.

SENGHOR, Léopold Sédar. "The Spirit of Civilisation, or the Laws of African Negro Culture". In: *The First Conference of Negro Writers and Artists.* Paris, 1956.

_____. "For Koras and Balafongs"In: _____. *Selected Poems.* Trad. de John Reed e Clive Wake. Nova York, 1964.

_____. *Anthologie de la nouvelle poésie nègre et malagache.* Paris, 1940.

SHOWALTER, Elaine, "The Dark Lady", palestra proferida na Universidade de Dartmouth, jul. 1986.

SIERRA Leone Weekly News. "Obituary for Cornelius May", 18 maio 1929.

SILVA, Joaquim Norberto de Souza e. *Investigações sobre os recenseamentos da população geral do império* (Documentos Censitários).

SILVEIRA, Carlos da. "Notas genealógicas sobre a família Rebouças da Palma, Oriunda do Vale do Paraíba do Sul, Estado de São Paulo". *Revista do Arquivo Municipal de São Paulo*, v. 27, set. 1936.

SIMMEL, Georg. "The Stranger". In: _____. *On Individuality and Social Forms*. Chicago, 1971.

SIU, Paul C. P. "The Sojourner". *American Journal of Sociology*, v. 58, n. 1, 1952.

SKIDMORE, Thomas E. *Black into White: Race and Nationality in Brazilian Thought*. Nova York, 1974. [Ed. bras.: *Preto no branco*. São Paulo: Companhia das Letras, 2012.]

SLOTKIN, S. "The Status of the Marginal Man". *Sociology and Social Research*, v. 28, n. 1, set. 1943.

SMITH, Raymond T. "Religion in the Formation of West Indian Society: Guyana and Jamaica". In: KILSON, Martin L.; ROTBERG, Robert I. (Orgs.). *The African Diaspora: Interpretive Essays*. Cambridge, Mass., 1976.

SMITH, Robert S. *Kingdoms of the Yoruba*. Londres, 1969.

SPITZER, Leo. *The Creoles of Sierra Leone: Responses to Colonialism 1870--1945*. Madison, 1974.

SPITZER, Manon. *The Settlement of Liberated Africans in the Mountain Villages of the Sierra Leone Colony, 1808-1841*. Madison: Universidade de Wisconsin, 1969. Dissertação (Mestrado).

STILLSCHWEIG, Kurt. "Jewish Assimilation as an Object of Legislation". *Historia judaica*, v. 8, n. 1, abr. 1946.

STONE, Lawrence (Org.). *Schooling and Society: Studies in the History of Education*. Baltimore, 1976.

STONEQUIST, Everett V. "The Problem of the Marginal Man". *American Journal of Sociology*, v. 41, n. 1, jul. 1935.

_____. "The Marginal Character of the Jews". In: GRAEBER, I.; BRITT, S. H. (Orgs.). *Jews in a Gentile World*. Nova York, 1942.

STRAUSS, Herbert A. "The Movement of People in a Time of Crisis". In: JACKMAN, Jarrell C.; BORDEN, Carla M. (Orgs.). *The Muses Flee Hitler: Cultural Transfer and Adaptation, 1930-1945*. Washington, D.C., 1983.

STRAUSS, Richard; ZWEIG, Stefan. *A Confidential Matter: The Letters of Richard Strauss and Stefan Zweig, 1931-1935*. Berkeley: University of California Press, 1977.

SUMNER, Doyle. L. *Education in Sierra Leone*. Freetown, 1963.
TÄNZER, A. *Die Geschichte der Juden in Hohenems und im ubrigen Vorarlberg*. Meran (na atual Itália), 1905.
_____. "Joseph Brettauer". In: *Oesterreichisches Biographisches Lexicon, 1815-1950*. Graz, 1957.
THEODORSON, G. A.; THEODORSON, A. G. *A Modern Dictionary of Sociology*. Nova York, 1969.
THOMPSON, Paul. "Life Histories and the Analysis of Social Change". In: BERTAUX, Daniel (Org.). *Biography and Society: The Life History Approach in the Social Sciences*. Londres, 1981.
TOLEDO, Lafayette de. "Os Rebouças". *Almanach da Companhia Mogyana, 1908-1909*. (Coleção CSR).
TOPLIN, Robert Brent. "Upheaval, Violence, and the Abolition of Slavery in Brazil: The Case of São Paulo". *Hispanic American Historical Review*, v. 49, n. 4, nov. 1969.
_____. *The Abolition of Slavery in Brazil*. Nova York, 1971.
TROVADOR: *Collecção de Modinhas, Recitativos, Árias, Lundus etc*. Rio de Janeiro, 1876, v. 1.
VARNHAGEN, F. Adolfo de. *História da independência do Brazil*. Instituto Histórico e Geographico Brasileiro, v. 173, 1938.
VERÍSSIMO, Ignacio José. *André Rebouças através de sua autobiografia*. Rio de Janeiro, 1939.
VICINUS, Martha. *Suffer and Be Still: Women in the Victorian Age*. Bloomington, 1972.
VON DOHM, Christian Wilhelm. *Über die bürgerliche Verbesserung der Juden*. Berlim, 1781.
WALKER, James W. St. G. *The Black Loyalists: The Search for a Promised Land in Nova Scotia and Sierra Leone, 1783-1870*. Nova York, 1976.
WASHINGTON, Mary Helen. "The Mulatta Trap: Nella Larsen's Women of the 1920's". In: _____. *Invented Lives: Narratives of Black Women, 1860-1960*. Nova York, 1987.
WAUTHIER, Claude. *The Literature and Thought of Modern Africa: A Survey*. Londres, 1966.
WERFEL, Alma Mahler. *Gustav Mahler: Memories and Letters*. Nova York, 1946; reeditado em 1968.
WERNER, Alfred. "Stefan Zweig's Tragedy", *Jewish Affairs*, Londres, fev. 1952.
WHITE, E. Frances. *Creole Women Traders in Sierra Leone: An Economic and Social History, 1792-1945*. Boston: Boston University. Tese (Doutorado).

WHITE, E. Frances. *Sierra Leone's Settler Women Traders: Women on the Afro-European Frontier*. Ann Arbor, 1987.

WHITE, Walter. *Flight*. Nova York, 1926.

WRIGHT, Joseph; CROWTHER, Samuel. In: CURTIN, Philip D. (Org.). *Africa Remembered*.

WYSE, Akintola J. G. "The Dissolution of Freetown City Council in 1926: A Negative Example of Political Apprenticeship in Colonial Sierra Leone". In: LAST, Murray; RICHARDS, Paul (Orgs.). *Sierra Leone, 1787-1987: Two Centuries of Intellectual Life*. Manchester, Inglaterra, 1987.

YOUNG-BRUEHL, Elizabeth. *Hannah Arendt: For Love of the World*. New Haven, 1984.

ZAHAR, Renate. *Frantz Fanon: Colonialism and Alienation*. Nova York, 1974.

ZOHN, Harry. "Karl Kraus: 'Judischer Selbsthasser' oder 'Erzjude'?". *Modern Austrian Literature*, v. 8, n. 1/2, 1975.

_____. "Stefan Zweig als Mittler in der europäischen Literatur". *Das Judische Echo*, Viena, v. 27, n. 1,set. 1978.

ZOLBERG, Aristide R. "Frantz Fanon: A Gospel for the Damned". *Encounter*, v. 27, n. 5, nov. 1966.

ZWEIG, Friderike. *Greatness Revisited*. Boston, 1971.

ZWEIG, Stefan. *Jeremias. Eine dramatische Dichtung in neun Bildern*. Leipzig, 1917.

_____. "Their Souls a Mass of Wounds: An address on the Jewish Children in Germany". Londres, 30 nov. 1933.

_____. *Triumph und Tragik des Erasmus von Rotterdam*. Viena, 1934.

_____. *The World of Yesterday*. Lincoln, Nebraska, 1943. [Ed. bras.: *Autobiografia: O mundo de ontem*. Rio de Janeiro: Zahar, 2014. Todas as passagens citadas conforme essa tradução.]

_____. *Tagebücher*. Frankfurt am Main, 1984.

Índice remissivo

Números de páginas em itálico referem-se a imagens

"A Quem", os, 75
Abiodun, alafim, 80-2; *ver também* Antigo Império Oió
abordagem "catequética" da emancipação *ver* emancipação
aculturação: como estágio de assimilação, 52
Adler, Alfred, *Individual Psychology*, 207-10
Adler, Victor, 278
Afonja, governante da província de Ilorin, 80, 83; *ver também* Antigo Império Oió
África francófona, 287
África Ocidental, 58, 65, 83, 98, 119-21, 250, 292, 307, 325n, 356-7n
"africanos instruídos", 243, 246
africanos libertos, 58, 65, 77-8, 180; como agentes da ideia de conversão, 97, 119-20; consciência alternativa à ideologia burguesa e, 216; *ver também* crioulos (Krio)
afro-brasileiros, 67, 179; homens e mulheres alforriados, 29, 43-4
Alagoas, navio, 237, 354n
"alteridade", conceito de, 19, 25, 272
Althusser, Louis, 33, 203, 207, 213-5, 350n; *ver também* ideologia
Alvarez, Alfred, *The Savage God*, 274, 277
amalgamação: como estágio de assimilação, 53
Anschluss austríaco, 261-2, 275
Antigo Império Oió, Nigéria, 15-6, 79-80, 92, 95, 304; origens do colapso e da guerra civil no, 79-83
antissemitismo: fatores demográficos do, 18; natureza mutável do, 163-5,

256-60, 279; sionismo e, 296-300; tal como percebido por Moritz e Ida Zweig, 220; tal como percebido por Stefan Zweig, 256-63
"aparelhos ideológicos de Estado" (AIE), 213, 350n; *ver também* ideologia
Arendt, Hannah, 259, 276; *The Jew as Pariah*, 274
"aspirantes inaceitáveis", 70
assimilação estrutural: definida como um "nível" do processo assimilacionista, 52
assimilação: aspirantes à assimilação, 19; como conformismo, 51-2; *como processo de adaptação e ajustamento em um continuum*, 52; durante o "século da emancipação", 18-9; "níveis" de, tal como definidos por Milton M. Gordon, 52-3; percepção do fracasso da, 286, 296, 310; reexaminada, 286-7; significado da, para as mulheres, 272; uso popular do termo, 51-2; *ver também* burguesia
"Ato de Aclamação", 189-91
Aufbau (jornal), 275
Áustria, 17-8, 64-6
austro-marxismo, 25
Awole, alafim, 82
axânti, 100, 304, 366-7n

babalaô de Ifá, 79, 84, 93
Badagry, Nigéria, 86-7, 89-91, 330n
Baechler, Jean, *Suicides*, 277
Bahia, Brasil, 16, 177, 183-4, 185, 188, 199-200; *ver também* Salvador, Brasil
Banbury, G. A. L., 244
Barbeton, Transval, África do Sul, 242, 355n

"barreira": conceito de, 14, 19-20, 208, 217-20; reações coletivas à, 285-312; reações "escapistas" individuais à, 277-86; salto por sobre a, 276; *ver também* "bloqueio", conceito de; "situação de marginalidade"
Barzun, Jacques, 20
Baudelaire, Charles, 257
Beauvoir, Simone de, 272
Benin, Nigéria, 304
Berlim, Alemanha, 49, 223
"bloqueio", conceito de, 69, 124-5; *ver também* "barreira"; "situação de marginalidade"
Blyden, Edward Wilmot: *Christianity, Islam, and the Negro Race*, 247-8; conceito de "personalidade negra", 287-8, 357n; *From West Africa to Palestine* [Da África Ocidental à Palestina], 292-3; importância para os crioulos, 248-50; Sociedade de Reforma da Indumentária e, 250-1; visão das diferenças entre as raças, 247-50; visão dos negros europeizados, 250
Boêmia, Tchecoslováquia, 16, 128, 131, 150, 284, 337n, 339n
Bolívia, 24-5
Bonifácio, José, 191
Borough Road Training College, Londres, 74, 118-9, 121
Boston, EUA, 28
Boston, Edmund, 106-9, 115
Boston, sra. Edmund, 107-9, 115
Brasil, 16, 65, 67; casamentos mistos no *ver* casamentos mistos, no Brasil; como "plantocracia", 17; emancipação dos escravos no, 16-7, 42-4, 173-4; embranquecimento no *ver* preconceito racial no Brasil; escravidão no, 16-7; império no, 38, 43, 167-8, 236-7; independência de Portugal, 188-91; miscigenação no, 17; sistema de clientelismo e proteção no, 192; sociedade multirracial no, 17; *ver também* "pessoas de cor" alforriadas no Brasil

Braun, Felix, 263, 266
Brettauer, Brendel, 134, 142
Brettauer, Emmanuel, 146-7, 153
Brettauer, família da Europa Central, 16-9, 30, 168, 207-9; alianças matrimoniais, 137, 142-5, *143*; assimilação e orientação burguesa, 159; do comércio para a atividade bancária, 145; do comércio para a indústria, 142, 144; família Zweig-Brettauer, 14, 18, 23, 29-33, 210, 218, 271, 312; pré-emancipação em Hohenems, 130, 134, 136-7
Brettauer, Fanny Wolf, 142
Brettauer, Hermann Ludwig, 145-6, 153
Brettauer, Herz Lämle, 130, 134, 137-8, 141-2
Brettauer, Jonas, 146-7
Brettauer, Josefine Landauer, 145, *146*
Brettauer, Ludwig, 142, 148
Brettauer, Raphael, 141-2, 339n
Brettauer, Samuel, 145-6, *147*; casa bancária em Ancona, Itália, 145
Brettauer, Simon, 141-2, 144
Brettauer, Venturina, 153, 158
British and Foreign Mission School Society, 74
Buber, Martin, 228
Buganda, 304
Bull, John Essex, 106
Bunyoro, 304
burguesia: ascendência da, 38; como definidora de valores e normas, 19, 25, 30-1, 119-20; "negra", 72
Burton, Richard, 244

Cabo da Boa Esperança, África do Sul, 241
Cachoeira, Brasil, 183, 189, 199
Campos, J. Pinto de, 66
casamentos mistos no Brasil, 67, 169-70
Casely-Hayford, J. E., 293
Cavaleiro da Ordem Imperial do Cruzeiro, 183, 192, *194*
Césaire, Aimé, *Cahier d'un retour au pays natal*, 288-90

clientelismo e proteção, sistema de: como veículo de ascensão social de negros e mulatos no Brasil, 192
Colônia do Cabo, África do Sul, 241
Companhia de Serra Leoa, 95-6
comunidades judaicas na Europa Central: antes da emancipação, 134, 137-41; o iídiche nas, 139
Confederação dos fantis, 304
Connaught, duque de, 247
"consciência contraditória" ver hegemonia; Gramsci, Antonio
conversão religiosa, 160, 168; benefícios da, entre as pessoas de cor e os judeus, 280-1; como forma de reação "escapista" à marginalização, 278-81
Cortes Constituintes (Portugal), 187-8, 190
Cowper, William, 124
crioulos (Krio), 14, 65, 180, 304; africanização da indumentária, 250-2; consciência alternativa à ideologia burguesa e, 216; importância das ideias de Blyden para os, 250; reações ao novo racismo, 244, 246-52
cristãos-novos, 176
Crosby, Benjamin, 111-2, 114
Crowther, Samuel Ajayi, 58, 83, 87-8, 92, 109-10, 115, 334n
currículo ver instrução
Curtin, Philip D., 304

d'Escragnolle, Alfred ver Taunay, visconde de
Damas, Léon, 290
Darwin, Charles, 121, 244
Declaração dos Direitos do Homem e do Cidadão, 42
Degler, Carl, 167-8
"Deus selvagem", 274-5; ver também suicídio
diáspora africana, 305-6
diáspora judaica, 297-9, 302
Dickie-Clark, H. F., 208, 351-2n
Dilthey, Wilhelm: círculo hermenêutico, 27

Diop, Cheikh Anta, *Nations nègres et culture*, 293, 364-5n
discriminação, 19; ver também "barreira"; exclusão, ideia de; perseguição; preconceito; preconceito racial no Brasil
Dohm, Christian Wilhelm von, *Über die bürgerliche Verbesserung der Juden*, 47-51; ideia de "transformação moral", 50-1; instrução como instrumento de mudança cultural, 48-9; "reforma" profissional e, 50-1; *Verbesserung*, duplo sentido da, 47-8; vestuário como indicador de transformação social e cultural, 49-50
Dois Amigos, 88-9, 91; viagens e situação a bordo do, 88-90
Dreyfus, caso, 256, 296-7
Duberman, Martin, 20
Durkheim, Émile, 277

Edito de Tolerância (1781), 50, 55-6, 137-9, 141, 147-8, 150, 159, 322n, 337n
Einstein, Albert, 261
Ellis, A. B., 244
emancipação: abordada nos moldes da "conversão", 46-51, 55, 119, 121-2, 168, 243-4, 280-1; abordada nos moldes do "laissez faire", 41-6, 51; ascensão do capitalismo e, 38-40; dos católicos, 39; dos escravos, 18, 39; dos grupos subalternos em geral, 18, 37, 39; dos judeus, 18, 39, 42, 55-6; implicando coletividades, 39; implicando indivíduos, 39; no Brasil, 42-4; no direito romano, 39; obstáculos à, 56; raízes modernas da, 39-40; significado da, para as mulheres, 272; variáveis que afetaram o curso da, 40, 217-8; ver também assimilação; "século da emancipação"; Dohm, Christian Wilhelm von; Serra Leoa
"embranquecimento", 67, 169, 172, 179-81, 186, 197, 201-4, 281-4; ver também preconceito racial no Brasil; na passabilidade

"empenho" compensatório *ver* psicologia adleriana
Engels, Friedrich, 37
Erasmo de Rotterdam, 262
Erikson, Erik, 15
Esk, HMS, 90
Esquadrão Antiescravagista, 16, 89
ética burguesa, 76; sua hegemonia através do "consentimento espontâneo", 214
"europeização", 55, 72, 168-9, 203, 293
Ewen, David, 260
"excluídos"/"marginalizados", status de, 68, 210
exclusão, ideia de, 69

Fanon, Frantz: *Os condenados da Terra*, 308; *Pele negra, máscaras brancas*, 222; rejeição da Europa e, 310-1; teoria da *verdadeira libertação* da dominação colonial, 308-10
"fardo do homem branco", 121
Feijó, Diogo Antônio, 191-2
Fernandes, Florestan, 202; *A integração do negro na sociedade de classes*, 43-4
Fourah Bay College, Serra Leoa, 109
Fowles, John, 268
Francisco II, imperador dos Habsburgo, 140; e a *Judenpatent*, 141
Frank, Bruno, 275
Freetown, Serra Leoa, 16, 28, 72-3, 75, 89-91, 95, 102, 107-11, 223, 226, 243-4, 252
Freizügigkeit, 154, 156-7
Freud, Sigmund, 224, 261, 349n
Friedell, Egon, 275
Fuller, Hoyt, 283
Funchal, ilha da Madeira, 242

Gana, 304, 366-7n
Gay, Peter, 124, 279-81
Geertz, Clifford, 27
Gestapo, 268
Ginsberg, Asher Zvi *ver* Ha'am, Ahad
Gomes, Carlos, 224-5, 352-3n

Gordon, Milton M., 52-3
Górki, Maksim, 224
Graft-Johnson, Charles de, *African Glory: The Story of Vanished Civilizations*, 293
Gramsci, Antonio, 33, 214, 216, 220, 350n; *ver também* hegemonia, conceito de,
"Grande Experimento" no Império Britânico do Caribe, 44

Ha'am, Ahad (Asher Zvi Ginsberg), 296, 301, 366n
Habsburgo, Império dos, 17, 180; conversão no, 160; diversidade cultural e étnica no, 17; *Freizügigkeit* no, 154, 156; guetos judaicos no, 127, 136, 140; imigração no, 17-8, 284-5; modernização econômica do, 150; tensões políticas no, 17-8; "terras dos Habsburgo", 17
"hebritude", 299
hegemonia, conceito de, 179; "consciência contraditória" e, 215-6; "consentimento espontâneo" e, 214, 220; ideologia burguesa e, 212-4
Heine, Heinrich, 278; *Reisebilder*, 37-8
Hertzberg, Arthur, 296
Herzl, Theodor, 229-30, 297-8; *Der Judenstaat*, 296-7, 300; sobre o caráter do Estado judaico, 300-2
história, emprego reconstrutivo da, 292-5
Hitler, Adolf, 260, 263, 265, 268
Hobsbawm, Eric, 156
Hoetink, Harmannus, 172
Hohenems, Vorarlberg (Áustria), 28; comunidade judaica em, 130, 134, 136-7, 140, 142, 144, 148, 153-4, 158, 315, 337n
"homem marginal", 217, 243, 351n
homens: atitudes em relação à esfera "apropriada" das mulheres, 65-6, 78; expectativas dos, em relação à emancipação e à assimilação, 63-6

Horton, James Africanus Beale, *West African Countries and Peoples*, 292

ideologia: como constructo promovedor da hegemonia dominante, 179-80, 203-4, 212-4; inculcação da, através dos "aparelhos ideológicos de Estado", 213, 215-6; invisibilidade como, 203; percepções imaginárias individuais das "relações reais" e, 203-4, 207; segundo a visão de Louis Althusser, 213-5

Ifá, deus ioruba da adivinhação, 79, 93-4

Ifacaié *ver* May, Joseph Boston

Ikotto, Antigo Império Oió, 82-3, 92, 329n

Ilorin, província de, Antigo Império Oió, 80-1, 83

"imagem somática normativa", 172; *ver também* "embranquecimento"

"inserido", status de, 68, 210

Instituto Histórico e Geográfico Brasileiro (IHGB), 29

instrução: como instrumento de transformação social e cultural, 48-9, 58-9, 102-5, 180-1, 243-4; currículo de ensino no Brasil, 180-1; currículo em Serra Leoa, 104; formação pedagógica de jovens africanos coloniais, 117-9; limites do sistema eurocêntrico, 293; Sistema Bell ou Nacional britânico, 103

"interpelação ideológica", ideia de, 214-5

ioruba: aldeias, 329n, 334n; como grupo étnico, 15, 28, 72, 75, 80, 83-4, 93-4, 105, 107, 109, 330n; cultura, 82, 92, 95, 111; Curso de Aperfeiçoamento em Ioruba, 77; língua, 73, 77, 79, 86, 93, 97, 105-6, 119, 326-8n; religião, 79, 93-4, 332n; Sociedade Ioruba, 77; Sociedade Sindical, 77; *ver também* Antigo Império Oió

Irele, Abiola, 288

Isabel, princesa, 234-7

Iwarré [Iware], Antigo Império Oió, 73, 79, 82, 93-5, 328n

Jabotinsky, Vladimir, 299
Jacobson, Annemarie, 60
Jaguaripe, Brasil, 183
jihad dos hauçás e peúles, 81
João VI, d., rei de Portugal, 187
Johnson, William Augustine, 100, 102-3, 115, 333n
José II, imperador dos Habsburgos, 18, 55-6, 137-8, 141, 159
  ver também Edito de Tolerância (1781)
judeus: combinação dos recursos financeiros dos, 142; consciência alternativa à ideologia burguesa e, 215-6; consequências do direito de se instalarem livremente em qualquer lugar, 156-8; conversão ao cristianismo, 278-81; Europa Oriental e, 18; emancipação dos, da Europa Central, 47-51, 55-7, 154; fugindo da opressão, 18, 24, 285; "modernização" dos nomes, 138, 154-5; padrões de mobilidade social e, 126-7, 155-6; relação com as comunidades judaicas das terras dos Habsburgo, 150-4; relação com o mundo dos dominadores, 151-2; "Retorno ao Sião", 298-302; situação no Império dos Habsburgo, 136-41, 150; suicídio entre os, 275-6; vienenses, 68
Junta Interina, Conciliatória e de Defesa, 189-91, 198-9

Katz, Jacob, 47, 49, 62, 64, 164
Keller, Evelyn Fox, 24, 319n
Kilham, Hannah, 105
King's Yard, Freetown, 91-2, 95, 97-8, 331n
Knight, Charles, 117-8
Kraus, Karl, 278
Krio *ver* crioulos (Krio)

Laforest, Edmond, 275
laissez-faire como abordagem da emancipação *ver* emancipação
Laleau, Léon, 294
Landes, David, 37
Lei de Emancipação (1834), 45
Lessing, Gotthold Ephraim, 46, 321n
língua: como instrumento de transformação social e cultural, 49-50; sobre a língua inglesa como meio de comunicação "adequado", 73
Lisboa, Portugal, 187-9, 239
Loeb, Martin, 60
Loncolá [Lonkólá], 79, 82, 84, 93-4
Lourenço Marques (atual Maputo), Moçambique, 242, 355n
Löwinau, Israel, 132
Löwinau, Solomon, 132, 140
Lueger, Karl, 256

MacCarthy, Charles, 98-102
Mahler, Alma, 279
Mahler, Gustav, 278-80
Manlawa [Mon'lawa], 79, 82, 84, 94-5
Mann, Thomas, 224, 261, 276
Maragogipe, Brasil, 177, 184
marginalização, 14-5, 70, 217; como categoria geral, 285-7; conversão religiosa como resposta à, 278-81; "embranquecimento" como resposta à, 281-2; emigração como resposta à, 284-5; nacionalismo colonial e, 302-6; negritude e, 287-92; passabilidade como resposta à, 282-4; psicologia adleriana e, 208-12; reações "escapistas" à, como categoria geral, 277-8; reações das mulheres à, 271-3; respostas coletivas à, 285-7; respostas intelectuais à, 287-98, 305; respostas políticas à, 287, 297-312; revolução social e, 307-12; sionismo intelectual e, 295-6; sionismo político e, 295-302; utilização reconstrutiva da história, 292-5
Marx, Karl, 37

May, Agnes Claribel, 255, 272
May, Ann Wilberforce, 16, 77-8, 272
May, Cornelius, 220-3, 225, 231, 247, 265, 282; desilusão com a promessa assimilacionista, 252-3; detenção e condenação de, 253-4, 255; educação na Inglaterra, 243-4; identificação baseada na classe, 226-7; indumentária e aparência, 223-4; "novo" racismo pseudocientífico e, 243-6; percepção do racismo e identidade racial, 252-4; prefeito de Freetown, 253-4, 255; Sociedade de Reforma da Indumentária e, 250-2
May, família de Serra Leoa, 14-5, 29-30, 180, 271, 312
May, John, 114
May, Joseph Boston, 16, 29, 58, 71-2, 77-8, 121-2, 123, 209, 217, 219, 227-8, 280; atividades de ensino, 116; atração do cristianismo metodista e da europeização, 114-7; batizado, 114; captura e escravização de, 83-90; casa dos Boston, 106-9; casa dos Crowther, 109-10; como agente missionário de catequese, 120; como alguém que "estivera lá", 120; concentração no cristianismo e conversão ao metodismo, 110-6; confrontação com os "idólatras", 117; "consentimento espontâneo" e, 214; cultura e língua iorubanas e, 92-4, 106-7, 119; formação e residência em Londres, 117-9; identificação baseada na classe, 118-9; Ifacaié, 15-6, 28, 72, 79-80, 82-100, 103, 105-6, 114, 168, 207, 211, 214, 328n; primeiros anos e instrução em Serra Leoa, 90-4, 97-8, 105-10; quando criança no Antigo Império Oió, 83, 93-5; reações ao crescimento do "novo" racismo, 121-5; rebatizado como Joseph, 106; vivenciando uma experiência religiosa, 112-4
May, Joseph Claudius, 78, 106-8, 112-3, 245, 246, 250

Melville, Elizabeth, *A Residence at Sierra Leone*, 71
Memmi, Albert, 279; *The Liberation of the Jew*, 13, 160; *The Colonizer and the Colonized*, 274
Mende, 58
"meta ficcional" *ver* psicologia adleriana
Methodist Herald (Serra Leoa), 250-1
metodismo: atrativos do, para Joseph May, 110-4; em Gâmbia, 72; em Serra Leoa, 72, 74, 111-2, 114-6
metodismo wesleyano *ver* metodismo
método da história de vida: através da perspectiva comparada e transcultural, 22-3, 30-1; discussão da fidedignidade do, 20-3; *ver também* respostas individuais
Minas Gerais, Brasil, 188
miscigenação, 17, 67, 169, 173, 179, 230, 282; *ver também* casamentos mistos no Brasil
missionários metodistas, 16, 74
Morávia, Tchecoslováquia, 16, 127-8, 131-2, 134, 140, 150, 284, 336n
Moses [Moisés] *ver* Zweig, Moses [Moisés]
mulata: atração sexual como veículo de promoção social, 182; como parceira sexual ideal, 174-5; *ver também* preconceito racial no Brasil
mulheres: engajamento no processo de assimilação, 61-6; ideologia delineadora dos papéis sexuais, 65-6; preconceito sexual como obstáculo à ascensão social, 181; relegadas à esfera doméstica, 64-6, 78, 272; "silêncios" das, 271-3

nacionalismo colonial, 302-6
nacionalismo não ocidental *ver* nacionalismo colonial
nazismo (nacional-socialismo), 24, 165, 260-1, 275, 285

negritude, 179, 287, 299, 305; como resposta intelectual à marginalização, 287-92
"negro é belo", conceito de, 290-1
Neue Freie Presse, 229
New Haven, EUA, 28
New Town West, Freetown, 75
New Town West School, Freetown, 72, 77-8, 120
Nigéria, 16, 79, 304
Nova Oió, Nigéria, 81
Nova York, EUA, 28
novos cativos *ver* africanos libertos

"ódio aos judeus" *ver* antissemitismo
Ogum, rio, Nigéria, 79, 94
Oió-Ilê, Antigo Império Oió, 80-2
Ojo Amepo, 83-4
Olmutz, Morávia, Tchecoslováquia, 128
ordem social baseada nas classes, 19

Paim, José de Barros, 200
Palestina, 302
pan-africanismo, ideia de, 305-6
pardos, 14, 16, 168, 170, 172-3, 177, 188, 192-3, 195, 197-201, 203-4, 218, 232, 238, 242, 257, 281-3; *ver também* miscigenação; preconceito racial no Brasil
Paris, França, 183-4, 267, 295-7
Parsons, Talcott, 281
"Partilha da África", 303
passabilidade, 277-8; como resposta à marginalização, 282-4; como tema para os escritores da Renascença do Harlem, 283; *ver também* "barreira"; preconceito racial no Brasil
Pedro, d., príncipe, 187, 192; coroado imperador do Brasil, 190-2; regência de, 187-90
Pedro II, d., imperador do Brasil, 233-4, 236, 237-8, 242
perseguição, 19
personalidade africana, conceito de, 289, 305, 357n; *ver também* Blyden, Edward Wilmot

"personalidade negra", conceito de, 287-8; ver também Blyden, Edward Wilmot; personalidade africana, conceito de
"pessoas de cor" alforriadas no Brasil: crescimento demográfico das, 169-70; cumplicidade inadvertida das, 178-80; discriminação contra as, 170-2; penetração no campo dos dominadores, 171-2
Petrópolis, Brasil, 236, 242, 267-8, 270, 276, 356n
Petrowitz, Josef, em Prossnitz, 131-2
Petrowitz, Moses Josef ver Zweig, Moses Josef
Pick, Otto, 275
Pinto de Silveira, André, 199
Ponte de Lima, Portugal, 28, 30, 176
Praga, República Tcheca, 28, 49, 128, 156
preconceito, 19; ver também "barreira"; discriminação; marginalização; perseguição; preconceito racial no Brasil
preconceito racial no Brasil, 169-75; atitudes em relação ao casamento misto, 169-73, 179; atitudes em relação aos mulatos e negros, 168-75; atração sexual como veículo da promoção social, 182; "embranquecimento no", 168-73, 179-80, 186-7, 202-4; legislação barrando pessoas de cor, 170-1; mulata como parceira sexual ideal, 174-5; "saída de emergência dos mulatos" e, 167-8, 174, 184, 197; ver também "pessoas de cor" alforriadas no Brasil
Présence Africaine, 295
processo assimilacionista, 24-5, 72-3; adaptações implicadas no, 53, 68-9; aspectos estruturais e psicológicos do, 207-20; clima social e, 54-5; diferenças do padrão de mobilidade entre as gerações, 121-2, 210-1; "distância cultural" e, 57-8; efeito das percepções e expectativas individuais, 68-9, 202; gênero e, 61-6; idade e, 58-61; ideia adleriana do empenho, 210-1; identificação com as classes e, 69, 286-7; ideologia burguesa e, 215; metas do, 67-8, 210-1; mudança ao longo do tempo e, 69; obstáculos ao, 55-7; resistência ao, 59; rompe os vínculos entre as gerações, 294
profissão, como indicador de transformação social e cultural, 50-1
Prossnitz (Prostějov), Morávia, Tchecoslováquia: comunidade judaica em, 127-8, 130, 134, 135, 140, 153, 157-8; família Zweig em, 127-32
proteção, sistema de ver clientelismo e proteção, sistema de
psicologia adleriana: experiência assimilacionista das famílias May, Rebouças, Zweig e Brettauer e, 209-12; fornecendo uma explicação parcial para a gama de reações à marginalização, 212; ideia de "empenho" compensatório, 209-11; "meta ficcional" e, 207-11; postulando a confrontação com o racismo como um estímulo positivo, 197

racismo, 55, 96; caráter do "novo" racismo, 121-5, 244-6; ideologia dominante e, 179; pseudocientífico, crescimento entre os britânicos, 120-2, 243-6; subjacente ao antissemitismo moderno, 164-5, 260, 279-80
Rebouças, André, 29, 178, 204, 220, 222-3, 227, 235, 252, 254, 261, 263, 265, 267-8; citando incidentes de preconceito racial, 232; engajamento na campanha abolicionista, 234-8; exílio na África, 239-42; exílio na Europa, 137-8; exílio na ilha da Madeira, 242-3; identificação baseada na classe, 224-6, 230; indumentária e aparência, 223-4; nova percepção do racismo e da identidade racial,

237-40; projeto de vestir os africanos, 240-1, 250; provável suicídio de, 275; reação à derrubada do império brasileiro, 236-7; reconhecimento pessoal no mundo da elite do Rio de Janeiro, 231-3; relacionamento com a família imperial e com o imperador d. Pedro II, 233-9; *Ydillios Africanos VI*, 241, 355n
Rebouças, Anna Rita, 181
Rebouças, Antônio Pereira, 17, 184-204, *186*, *194*, *209*, *217*, *219*, *232*, *234*; condecorado por seus serviços políticos, 192-3, 197; confiança na "saída de emergência dos mulatos", 184, 197, 200-1; "consentimento espontâneo" e, 214; formação jurídica e sucesso profissional, 185-6, 189, 192-3; identificado com os valores das elites dominantes e da sociedade da corte, 186-8, 197-201; instrução como veículo de ascensão social, 184; negação do preconceito racial, 196; papel na repressão da Sabinada, 199-201, 214; papel no movimento da independência, 188, 190-1; *Recordações da vida patriótica*, 189; vitimado por ataques de motivação racista, 193-5
Rebouças, Carolina Pinto, 199, 272
Rebouças, Eugênia, 181
Rebouças, família brasileira, 14, 16, 29, 166-204, 271, 312; grafias alternativas do sobrenome, 176; instrução como estratégia assimilacionista, 179-84; padrão de mobilidade social da, 167-8, 178-80; possível ligação com os sefardim, 176; preconceito sexual como empecilho à ascensão social, 181; processo de "embranquecimento", 179-84, 281-2
Rebouças, Gaspar Pereira, 166-7, 169-70, 173-84, 207
Rebouças, José Pereira, 177, 183-4

Rebouças, Luísa, 181
Rebouças, Manoel Pereira, 182-3, 185
Rebouças, Maria, 181
Rebouças, Maurício, 183, 185
Rebouças, Pedro, 176
Rebouças, Rita Brasília dos Santos, 166-7, 169-70, 173-4, 177-82, 184, 207, 272
Rebouças Filho, Antônio, 222, 232
Recôncavo Baiano, Brasil, 177, 183-4, 189, 199
"reforma dos nomes", Serra Leoa, 251, 366n
Regent, aldeia, Serra Leoa, 98-102, *101*, 105-6, 109, 115
Reino Unido, 39, 45, 95, 97, 103, 198
Renner-Maxwell, Joseph, 282, 343n
resposta intelectual à marginalização *ver* marginalização; negritude
respostas individuais: como função da percepção, 19-20, 68-9, 124, 212, 219; comparadas à análise no nível grupal, 21-2; estabelecendo vínculos com a coletividade, 285-312; fidedignidade das, para a reconstrução histórica, 21-3, 27-8; influenciadas pela ideologia, 212-4, 216-7; situações de marginalização e, 217; *ver também* método da história de vida
Revolta dos Alfaiates (1798), 178
Revolução Russa (1917), 307
Ricket, Betsy, 78
Rio de Janeiro, Brasil, 28-9, 185, 187-90, *191*, *193*, 222, 230, 232-3, 239
Rolland, Romain, 224, 257
Rosenkranz, Karl, 38
Rottenberg, Dan, *Finding Our Fathers*, 30
Rozenblit, Marsha, 68, 278-9
Rubinstein, Amnon, 298, 301
Ruesch, Jurgen, 60
Runyan, W. M., 21
Rürup, Reinhard, 42
Russell-Wood, A. J. R., 170, 341-2n

Sabinada, revolta, 186, 199-201, 214, 222; repressão brutal das "pessoas de cor" em Salvador, 200
"saída de emergência dos mulatos", 167-8, 174, 184, 197; *ver também* preconceito racial no Brasil
Salvador, Brasil, 28-9, 169, 174, 177, 183-5, 189-90, 200, 342-3n; *ver também* Bahia, Brasil
Santos, Rita Brasília dos *ver* Rebouças, Rita Brasília dos Santos
São Paulo, Brasil, 28-9, 188, 242
São Tiago do Fontão, Portugal, 166, 176
Sartre, Jean-Paul: *Anti-Semite and Jew*, 221; *Questão de método*, 22
Schnitzler, Arthur, 163
Schönberg, Arnold, 278, 362n
Schutzbriefe (salvo-condutos), 128, 135, 337n
Schwarz, Egon, 64
"século da emancipação", 14, 38-9, 63, 70, 210
Senghor, Léopold Sédar, 291
Sergipe, Brasil, 193, 196, 198
Serra Leoa, 16, 65, 180, 304; colônia da Coroa Britânica, 16-7, 95-7; colonos negros de, 16-7; como laboratório da "missão civilizadora" britânica ("experimento de Serra Leoa"), 54-5, 95-9, 102-3, 243-4; doenças tropicais em, 16, 100; instrução como instrumento de conversão, 102-5; papel das aldeias de africanos libertos, 96-106; papel dos missionários cristãos em, 104-7; racismo pseudocientífico e, 96, 121, 243-6; "sistema tutelar" como instrumento de conversão, 104-7; Sociedade de Reforma da Indumentária, 250-1; "Sociedade de Temperança", 76-7; *ver também* crioulos (Krio)
serra-leoneses *ver* africanos libertos
Showalter, Elaine, 23
Sierra Leone Weekly News, 221, 226, 246, 252

sionismo, 25, 266; como resposta intelectual e política ao fracasso da emancipação, 295-302; verdadeiro e autêntico caráter hebraico e, 299; visões diferentes do, entre os judeus da Europa Ocidental e Oriental, 301; *ver também* Herzl, Theodore; Ha'am, Ahad
"sistema tutelar" em Serra Leoa, 104-5
"situação de marginalidade", 307; conceito de "barreira" ou "bloqueio" e, 208, 217-9; definida como estrutura social hierárquica, 207-9; reações psicológicas e sociais individuais e, 217-9
"situação somática", 281
Skidmore, Thomas, *Preto no branco*, 172
SME *ver* Sociedade Missionária Eclesiástica
Sociedade de Reforma da Indumentária, 250-1
Sociedade Missionária Eclesiástica (SME), 98, 102, 106, 109-11, 331n, 335n
Sokoto, califado de, 81, 304
Spitzer, Elka Katti, 127; casamento com Moses Josef Zweig, 133-4
Spitzer, Elka Katti Zweig, 149
Spitzer, família, 30
Stonequist, Everett V., *The Marginal Man*, 207
subordinação: como característica mensurável, 211
suicídio: afinidade com a conversão religiosa, 279; como resposta à marginalização, 274-8, 283-4

Taine, Hippolyte, 223
Taunay, visconde de, 222, 225, 233, 237, 239, 243
Temne, 58, 304
Thompson, Paul, 31
tinham estado, conceito de, 120
Toland, John, 46, 321n
Trebitsch, Arthur, 278, 362n

"tribalismo", definição do, 306; de acordo com Fanon, 308-9
"túmulo do homem branco", 17, 102

Uffenheimer, família, 136, 144
Uffenheimer, Jonathan, 130
Uffenheimer, Maier Jonathan, 134, 141

Verbesserung, ideal do, 159, 162, 169, 203; ver também Dohm, Christian Wilhelm von
Verhaeren, Émile, 257
Verlaine, Paul, 257
Viena, Áustria, 17-8, 28-9, 162-3, 223, 257; conversão dos judeus em, 160, 278-9; judeus em, 68, 128, 156-8, 161
Viotti da Costa, Emilia, 192
Vorarlberg, Áustria, 16, 127, 130, 134, 140, 144-5, 150

Weininger, Otto, 278
Weiss, Ernst, 275
Werfel, Franz, 261
Wilberforce, William, 78, 96
Wittgenstein, Herman, 278
Wright, Joseph, 84

Young Men's Literary Association, 226

Zweig, Alfred, 29, 161, 258, 340n
Zweig, Eduard (Elkan), 149
Zweig, Elizabeth Charlotte (Lotte) Altmann, 267, 267; suicídio de, 269-75
Zweig, família da Europa Central, 14, 16-8, 168, 207-10; assimilação e orientação burguesa, 158-60; emancipação dos judeus e, 127; família Zweig-Brettauer, 14, 18, 23, 29-33, 210, 218, 271, 312; mudanças de profissão e mobilidade social, 148-50, 155; pré-emancipação em Prossnitz, 136-7
Zweig, Friderike, 268
Zweig, Hermann, 145-6, 149-50, 151
Zweig, Ida Brettauer, 155, 157, 158, 220, 272; identificação com a cultura dominante, 159-63, 272; percepção do antissemitismo como uma "barreira", 220; relação com o judaísmo, 159-62;
Zweig, Marcus, 148, 153
Zweig, Moritz, 155, 157, 220, 272; identificação com a cultura dominante, 159-63, 272; percepção do antissemitismo como uma "barreira", 220; relação com o judaísmo, 159-62
Zweig, Moses [Moisés], 131-2
Zweig, Moses Josef, 127, 132-4, 133, 138, 140, 211, 336-7n; casamento com Elka Katti Spitzer, 133-4
Zweig, Moyses Löb, 148-9
Zweig, Nanette Wolf, 152
Zweig, Salomon, 153
Zweig, Stefan, 29, 126-7, 164-5, 220, 222-3, 229, 230-1, 254, 258, 259, 267, 269, 277-8; atitudes e sentimentos em relação ao judaísmo e aos judeus, 262-6; Autobiografia: O mundo de ontem, 126, 268; como "cidadão da Europa", 256; como mediador nos círculos literários europeus, 257-8; crise de identidade de, 263-4; exílio no Brasil, 267-70; identificação baseada na classe, 224-30; indumentária e aparência, 224; mudança para a Inglaterra, 261; respostas ao antissemitismo racial, 256-66; "separado do mundo de sua própria língua", 262-3; suicídio de, 269-71, 274-8; viagem pelos Estados Unidos e América do Sul, 261-2; vítima da queima e da proibição de seus livros, 260-1; Xadrez, uma novela, 268

ESTA OBRA FOI COMPOSTA POR MARI TABOADA EM DANTE PRO E
IMPRESSA EM OFSETE PELA GRÁFICA PAYM SOBRE PAPEL PÓLEN NATURAL
DA SUZANO S.A. PARA A EDITORA SCHWARCZ EM SETEMBRO DE 2023

A marca FSC® é a garantia de que a madeira utilizada na fabricação do papel deste livro provém de florestas que foram gerenciadas de maneira ambientalmente correta, socialmente justa e economicamente viável, além de outras fontes de origem controlada.